Maritime Wirtschaft – Theorie, Empirie und Politik

Maritime Logistik

Herausgegeben von
Frank Arendt, Hans-Dietrich Haasis
und Burkhard Lemper

Band 2

PETER LANG
Frankfurt am Main · Berlin · Bern · Bruxelles · New York · Oxford · Wien

Maritime Wirtschaft – Theorie, Empirie und Politik

Festschrift zum 65. Geburtstag von Manfred Zachcial

Herausgegeben von Hans-Dietrich Haasis, Holger Kramer und Burkhard Lemper

PETER LANG
Internationaler Verlag der Wissenschaften

Bibliografische Information der Deutschen Nationalbibliothek
Die Deutsche Nationalbibliothek verzeichnet diese Publikation
in der Deutschen Nationalbibliografie; detaillierte bibliografische
Daten sind im Internet über http://dnb.d-nb.de abrufbar.

Gedruckt auf alterungsbeständigem,
säurefreiem Papier.

ISSN 1868-369X
ISBN 978-3-631-60960-6
© Peter Lang GmbH
Internationaler Verlag der Wissenschaften
Frankfurt am Main 2010
Alle Rechte vorbehalten.

Das Werk einschließlich aller seiner Teile ist urheberrechtlich geschützt. Jede Verwertung außerhalb der engen Grenzen des Urheberrechtsgesetzes ist ohne Zustimmung des Verlages unzulässig und strafbar. Das gilt insbesondere für Vervielfältigungen, Übersetzungen, Mikroverfilmungen und die Einspeicherung und Verarbeitung in elektronischen Systemen.

www.peterlang.de

Inhalt

Geleitwort 9

1. Infrastrukturentwicklung in den Bremischen Häfen -
   Eine Darstellung von A bis Z (Iven Krämer) 11
2. Finanzierung der Seehafeninfrastruktur im Föderalismus
   (Prof. Dr. Rolf W. Stuchtey) 27
3. The Co-Operation Process between Ports of Hamina and Kotka
   (Prof. Dr. Juhani Vainio) 39
4. Perspektiven intelligenter Seehafenlogistik in den deutschen Seehäfen
   (Dr. Jens-Albert Oppel) 47
5. Die Auswirkungen der Finanz- und Wirtschaftskrise auf den
   Automobilumschlag in der Nordrange
   (Prof. Dr. Klaus Harald Holocher, Dr. Peter Wengelowski) 59
6. Wirtschaftlichkeit der Container-Binnenschifffahrt im
   Seehafenhinterlandverkehr (Prof. Dr. Heiner Hautau) 73
7. Evolution des Kaskadeneffektes in der Linienschifffahrt
   (Prof. Dr. Burkhard Lemper, Sönke Maatsch, Michael Tasto) 95
8. Fährschifffahrt in Indonesien - Weiterentwicklung eines wesentlichen
   Verkehrsträgers (Arnulf Hader) 109
9. AMATRAK - Künstliche Intelligenz in der Tourenplanung
   (Prof. Dr. Hans-Dietrich Haasis, Dr. Hendrik Wildebrand, Falko
   Zimmermann) 127
10. Enhancing Security and Visibility in International Intermodal Container
    Supply Chains
    (Prof. Dr. Frank Arendt, Dr. Nils Meyer-Larsen, Rainer Müller) 143
11. Green Maritime Logistics: Some Simple Models
    (Prof. Dr. Harilaos N. Psaraftis) 161
12. Ansätze zur Realisierung von Green-Shipping (J. Andreas Hübscher) 173
13. Die Verkehrspolitik der Europäischen Union - Ziele, Fortschritte,
    Hindernisse (Dr. Holger Kramer) 191
14. Die EU-Ostseestrategie und der maritime Verkehr - Erkenntnisse und
    Defizite (Prof. Dr. Karl-Heinz Breitzmann) 207

Geleitwort

Mit dieser Festschrift ehren wir unseren geschätzten Kollegen, den beliebten Hochschullehrer an der Universität Bremen und den langjährigen Direktor des ISL – Institut für Seeverkehrswirtschaft und Logistik.

Manfred Zachcial wird am 27. Oktober 2010 fünfundsechzig Jahre alt. Damit scheidet er nach 22 Jahren zwar aus seinem aktiven Berufsleben als Direktor am ISL und als Hochschullehrer an der Universität Bremen aus, steht, so wie wir ihn kennen, aber mit all seinen unschätzbaren Kenntnissen und zahlreichen Erfahrungen der maritimen Wirtschaft umso mehr für Studien und Interviews als international anerkannter Experte zur Verfügung.

Professor Zachcial studierte Volkswirtschaftslehre an der Universität Bonn. Mit dem Ziel einer Promotion war er anschließend zunächst als wissenschaftlicher Mitarbeiter am Institut für Industrie und Verkehrspolitik der Universität Bonn, dann bereits 1973 am Institut für Seeverkehrswirtschaft und Logistik, Bremen, tätig. Seine Doktorarbeit zum Thema „Der Kleingutverkehr der Deutschen Bundespost" verteidigte er 1974 äußerst erfolgreich an der Rechts und Staatswissenschaftlichen Fakultät der Universität Bonn unter Leitung seines Doktorvaters Professor Fritz Voigt. Weitere Stationen seiner anschließenden beruflichen und akademischen Laufbahn waren wissenschaftlicher Mitarbeiter der Gesellschaft für Wirtschafts- und Verkehrswissenschaftliche Forschung e.V., Bonn, geschäftsführender Assistent am Institut für Industrie- und Verkehrspolitik der Universität Bonn und Geschäftsführer der Gesellschaft für Wirtschafts- und Verkehrswissenschaftliche Forschung.

Sicherlich kann man sagen, dass Kollegen Zachcial neben seinen berufspraktischen und seinen wissenschaftlichen Arbeiten in erster Linie seine internationalen Aktivitäten prägten. So war er seit 1977 und ist er bis heute Berater für deutsche und internationale Entwicklungshilfeorganisationen in Lateinamerika, Afrika, Asien und Osteuropa. Diese umfangreichen Erfahrungen brachte er auch konsequent in seine Arbeiten im ISL ein.

Seit 1988 ist Professor Zachcial Direktor am Institut für Seeverkehrswirtschaft und Logistik und Leiter der Abteilung Maritime Wirtschaft und Verkehr. Von 2001 bis 2006 war er Vorsitzender des Direktoriums. Ebenfalls seit 1988 ist er Professor für Wirtschaftswissenschaft, insbesondere Verkehrswissenschaft, zunächst an der Hochschule Bremen und dann ab 1993 an der Universität Bremen.

Zu seinen Forschungsschwerpunkten gehören vor allem die Verkehrspolitik, die Preisgestaltung und Preispolitik im Verkehrswesen, die Verkehrsmodellierung und -planung, Verkehrsprognosen sowie natürlich die betriebs- und volkswirtschaftliche Bewertung von hafen- und seeverkehrswirtschaftlichen Entwicklungen weltweit.

In der Lehre, und hier insbesondere an der Universität Bremen, hielt er Vorlesungen zu maritimer Logistik und zu verkehrswissenschaftlichen Themen, aber gerade auch im Grund- oder Bachelorstudium zu Grundlagen der Statistik und zur volkswirtschaftlichen Mikro- und Makrotheorie. Als begeisterter Hochschullehrer machten ihm bei all seinen Verpflichtungen diese Veranstaltungen und die Diskussionen mit Studierenden viel Freude. Wesentlich für ihn sind hierbei eine interessante Vermittlung anspruchsvoller wissenschaftlicher Inhalte und der aufmerksame Dialog mit den Studierenden. Dieses zeigt sich auch in der Übernahme und erfolgreichen Ausgestaltung des Amtes des Prüfungsausschuss-Vorsitzenden im Fachbereich in den letzten Jahren.

Manfred Zachcial ist Autor zahlreicher Publikationen und Mitglied mehrerer wissenschaftlicher Beiräte, Herausgeberbeiräte und Expertengremien. Besonders hervorheben möchten wir seine Tätigkeit als Herausgeber des jährlich erscheinenden Shipping Statistics Yearbook sowie der monatlichen Hefte des ISL Shipping Statistics and Market Review. Außerdem sind die regelmäßigen Aufsätze und Beiträge zu nationalen und internationalen Fachbüchern aus den Bereichen Seeverkehrswirtschaft und maritime Logistik zu nennen.

Manfred Zachcial ist nicht nur ein beliebter Lehrer und Chef, sondern ein erfolgreicher dazu. Ein Grund liegt sicherlich in seiner ausgleichenden Persönlichkeit und in seiner ausgeprägten Fähigkeit, Wissenschaft und Praxis zu verbinden. Über viele Jahre hat er das ISL inhaltlich gestaltet und durch „Wind und Wetter" sicher navigiert. Wir danken Professor Dr. Manfred Zachcial für sein immer aktives und erfolgreiches Wirken im ISL und der Universität Bremen.

Hans-Dietrich Haasis
Holger Kramer
Burkhard Lemper

1. Infrastrukturentwicklung in den Bremischen Häfen - Eine Darstellung von A bis Z

Iven Krämer, Der Senator für Wirtschaft und Häfen, Freie Hansestadt Bremen

Vorbemerkung

Die infrastrukturelle Entwicklung der bremischen Häfen erstreckt sich über einen Zeitraum mehrerer Jahrhunderte, in denen unzählige kleine und viele große Hafen- und Wasserbauprojekte realisiert wurden. Im Ergebnis dessen zählen die Häfen in Bremen und Bremerhaven heute zu den bedeutendsten auf dem europäischen Kontinent und in einigen Bereichen wie dem Automobilumschlag oder der Verknüpfung der Hafen- und Logistikwirtschaft nehmen sie von Beginn an eine Führungsrolle ein. Die Infrastruktur ist dabei die Grundlage wirtschaftlichen Handelns. Sie ermöglicht das sichere Anlegen der Schiffe, den Güterumschlag mit Großgeräten wie den modernen Containerbrücken, die Zwischenlagerung der Waren und letztlich auch die An- und Abfuhr der Güter zu den Häfen im so genannten Seehafenhinterlandtransport.

Die Entwicklung der bremischen Hafeninfrastrukturen ist vor dem Hintergrund dieser vielfältigen Aspekte und der langen Zeitspanne nicht ohne Weiteres darzustellen und weder eine Erläuterung einzelner Projekte noch eine wissenschaftlich untermauerte chronologische Darlegung der wesentlichen Meilensteine bzw. Ereignisse würde am Ende ein vollständiges Bild ergeben. Im Wissen um diese Unzulänglichkeit soll die Entwicklung der bremischen Hafeninfrastruktur hier deshalb in einer auf den ersten Blick ungewöhnlichen Struktur, nämlich einer Darstellung von A bis Z, erfolgen. Das A wird dabei nicht, wie es vielleicht zu erwarten wäre, für den Automobilumschlag stehen und das Z wird hier im Rahmen der vorliegenden Gesamtpublikation einer Person zugeordnet, die in vielfältiger Weise Einfluss auf die bremische Hafenentwicklung genommen hat.

A wie Arbeit

Arbeit ist die Triebfeder der Hafenentwicklung nicht nur in Bremen, sondern in praktisch allen Hafenstädten der Welt. Die Hafenarbeit hat über Jahrzehnte hinweg das Bild und das Selbstverständnis von Hafenstädten geprägt. So auch in Bremen und Bremerhaven, wo bis heute ein großer Teil der Menschen im Hafen arbeitet oder in Bereichen tätig ist, die direkt und indirekt vom Hafen profitieren bzw. auf dessen Existenz angewiesen sind. Jüngere Studien zur Hafenabhängigkeit der bremischen Gesamtwirtschaft aus dem Jahre 2007 zeigen auf, dass mehr als 86.000 Arbeitsplätze im Land Bremen und noch einmal die gleiche Größenordnung im gesamten Bundesgebiet eine enge Bindung zu den Häfen aufweisen, was bedeutet, dass etwa jeder vierte Arbeitsplatz im Land mit den Häfen verbunden ist.

Die Schaffung neuer und der Erhalt bestehender Arbeitsplätze ist deshalb auch stets die zentrale Begründung, wenn es darum geht, die infrastrukturelle Entwicklung voranzutreiben. In den erforderlichen Planfeststellungsverfahren zum stufenweisen Ausbau des Containerterminals, aber auch bei den Planungen zum Neubau der Kaiserschleuse, zum Ausbau von Außen- und Unterweser oder auch zum ganz aktuell in Planung befindlichen Offshore-Terminal im Süden Bremerhavens, stets wird im Vorwege der Entscheidung ermittelt, ob das Vorhaben geeignet ist, neue Beschäftigung zu schaffen bzw. am Standort zu erhalten. In Folge der zum Beginn 2010 noch nicht abgeschlossenen weltwirtschaftlichen Schieflage ist zu beobachten, dass sich die infrastrukturelle Entwicklung der Häfen vorübergehend von der Nachfrageseite abgekoppelt hat. Sehr vereinfacht lässt sich sagen, dass es in Häfen derzeit zu wenig Arbeit gibt, um all Jene zu beschäftigen, die in Erwartung steigender Umschlagmengen noch bis Mitte 2008 von den Unternehmen der Hafenwirtschaft und deren Dienstleistern eingestellt worden waren. Zum Frühjahr 2010 zeichnet sich nun ab, dass das Arbeitsvolumen in den Häfen von einer niedrigeren Basis aus wieder ansteigt, so dass ein Großteil der europäischen Hafenplaner und Ökonomen davon ausgeht, in etwa zwei bis vier Jahren wieder das Umschlag- und Beschäftigungsniveau des Jahres 2008 zu erreichen.

B wie Bananen

Bananen haben für die bremischen Häfen einen besonderen Stellenwert, denn etwa jede zweite Banane, die in Deutschland verzehrt wird, gelangt über die Anlagen in Bremerhaven in den nationalen Groß und Einzelhandel. Das B der Bananen steht darüber hinaus für einen früher häufig für die Außendarstellung der bremischen Häfen verwendeten Slogan. Bremerhaven nämlich wurde gern als ABC – Hafen dargestellt. Das A steht für die Automobile und das C für die Container, und auch wenn der Slogan heute weniger Verwendung findet, richtig bleibt er weiterhin.

Zu den sichtbaren Elementen der Hafenstruktur zählen, was das Umschlaggut Banane angeht, die so genannten Elevatorenanlagen im Verbindungshafen. Dort direkt angrenzend findet sich eine Reiferei, in der Bananen nach dem Seetransport auf den bevorstehenden Verkauf durch Temperaturerhöhung und Sauerstoffzufuhr vorbereitet werden. Über Lagerhallen und Versandanlagen wird sicher gestellt, dass die Waren per LKW oder auch auf der Schiene fristgerecht zu den Kunden gelangen. Neben den Anlagen direkt am Verbindungshafen werden Bananen aber auch die gesamte Palette weiterer Früchte auch im südlichen Bereich der Columbusinsel, der sich direkt nördlich an die derzeit im Neubau befindliche Kaiserschleuse anschließt, verladen und gelagert. Da Früchte heute immer seltener in speziellen Kühlschiffen, sondern mehr und mehr in Kühlcontainern transportiert werden, ändern sich die Anforderungen an die bremische Hafeninfrastruktur. Dies wird bei künftigen Planungen Berücksichtigung finden müssen.

C wie Container

Container und die dazugehörigen Terminals haben die jüngere bremische Hafenentwicklung dominiert. Seit dem Beginn des Ausbaus der Stromkaje in Bremerhaven am Ende der 1960er Jahre wurden hier in mehreren Baustufen immer wieder Erweiterungsmaßnahmen umgesetzt, so dass Bremerhaven heute auf dem europäischen Kontinent eine Position als viertgrößter Containerhafen nach Rotterdam, Antwerpen und Hamburg einnimmt. Die wesentlichen Meilensteine lagen in der Eröffnung des Container-Terminal 1 mit zunächst 1.000 Meter Kajenlänge im Jahr 1972. 1983 wurde der Container-Terminal 2, 1997 dann der Terminal 3 und im Jahr 2003 der aus finanziellen sowie bautechnischen Aspekten zunächst zurückgestellte Abschnitt 3a seiner Bestimmung übergeben. Die jüngste Baustufe, der Container-Terminal 4, wurde im Jahr 2008 feierlich eingeweiht und wird als Gesamtmaßnahme mit der Fertigstellung eines Schlepperhafens am nördlichen Ende voraussichtlich im Jahr 2010 vollendet. Wesentliche Bausteine des CT 4 Großprojektes lagen in der Verlängerung der Stromkaje um 1.680 Meter, der Gewinnung von rund 90 Hektar zusätzlicher Hafenfläche und der Herstellung eines Wendebeckens, das zwei Großcontainerschiffen mit 400 Metern Länge das gleichzeitige Drehen ermöglicht. Aber auch die Umsetzung großräumiger Kompensations- und Ausgleichsmaßnahmen an der Wurster Küste sowie im Bereich der Großen Luneplate im Süden Bremerhavens sind Bestandteil des Gesamtprojektes.

Losgelöst vom milliardenschweren Ausbau des Container-Terminals Bremerhaven belegt ein Rückblick auf die infrastrukturelle Entwicklung der bremischen Häfen, dass das Containerzeitalter hier bereits am 6. Mai 1966 begann. Damals nämlich setzte das US Containerschiff MS „Fairland" mit einem eigenen Bordkran im Bremer Überseehafen den ersten Container auf deutschem Boden ab. Schon kurz darauf war im gerade neu geschaffenen Neustädter Hafen auf Bremens linker Weserseite ein eigener Container-Terminal mit einer speziellen Containerverladebrücke eingeweiht worden. Perspektivisch ist zu erwarten, dass der Containertransport über Bremerhaven weiter wachsen wird und dass auch die Hafenbereiche in Bremen-Stadt, in denen Container heute optisch genauso präsent sind wie in Bremerhaven, hieran ihren Anteil haben werden.

D wie Dockgruben

Dockgruben sind unverzichtbare betriebliche Voraussetzungen der Werften in den bremischen Häfen. Sie sind Teil der Hafeninfrastruktur, werden aber aufgrund ihrer exklusiven Nutzung und den vertraglichen geregelten Rahmenbedingungen von den jeweiligen Werftbetrieben errichtet und unterhalten. Dockgruben werden benötigt, um das Ein- und Ausfahren von Schiffen in die Schwimmdocks der Werften sicher zu stellen. Sind die Gruben nicht tief genug, können die Docks nicht ausreichend abgesenkt und die jeweiligen Schiffe nicht aufgenommen werden. Insofern ist die unternehmerische Perspektive der Werften und damit die des Schiffbau- und Reparaturstandortes Bremerhaven eng mit der Aufnahmekapazität der Dockgruben verbunden.

E wie Erreichbarkeit

Erreichbarkeit, dies ist heute eines der, wenn nicht das zentrale Kriterium in einer wettbewerblichen Betrachtung von Hafenanlagen und Standorten. In den bremischen Häfen wird die seeseitige Erreichbarkeit vieler Anlagen durch Schleusen gesichert. So liegen der Bremer Industriehafen hinter der Oslebshauser Schleuse und der Bremerhavener Fischereihafen hinter der Fischereihafen-Doppelschleuse. Das stadtbremische Überseehafengebiet in Bremerhaven ist für Seeschiffe zugänglich durch die Nordschleuse und ab Anfang 2011 durch den dann fertig gestellten Neubau der Kaiserschleuse.

Letzterer war notwenig geworden, weil die ursprünglich im Jahr 1897 eingeweihte Anlage wegen ihrer altersbedingt hohen Reparaturanfälligkeit zuletzt nur noch eingeschränkt nutzbar und außerdem für die modernen Automobiltransportschiffe mit einer Regelbreite von 32 m und einer Länge von bis zu 240 m längst zu klein geworden war. Der mit Gesamtprojektkosten von 230 Millionen Euro verbundene Neubau wird deutlich größer ausfallen und die Passage von 305 m langen, 50 m breiten und tideunabhängig bis zu 11 m tiefgehenden Schiffen ermöglichen, so dass langfristig nicht nur die störungsfreie Erreichbarkeit des Automobile-Logistics-Centers, sondern auch die Perspektive der sonstigen im abgeschleusten Überseehafenbereich gelegenen Unternehmen wie der Werften gesichert wird.

F wie Fischereihafen

Fischereihafen, der Name war lange Zeit Programm, doch wie kaum ein anderes bremisches Gewerbegebiet wurde das Areal in den vergangenen Jahrzehnten vom strukturellen Wandel ergriffen und verändert. Wo früher Fisch vom Kutter angelandet wurde, wird heute an der Energieversorgung der Zukunft gearbeitet. Die Planung, Projektierung, Produktion und Erforschung der Offshore-Windenergietechnik hat sich binnen weniger Jahre zum zentralen Zukunftsfeld des mit etwa 6.000 Arbeitsplätzen größten Gewerbegebietes der Stadt Bremerhaven entwickelt. Im Entstehen begriffen oder besser im Ausbau ist eine maritime Wissenschaftsmeile. Und ein weiterer Schwerpunkt liegt unverändert im Bereich der Lebensmittelwirtschaft, wobei neue Bereiche der Aquakultur, ein Innovationszentrum der Lebensmittelwirtschaft sowie die Ansiedlung eines Instituts für Fischereiökologie und eines für Seefischerei und Fischereitechnik die Brücke zu den historischen Wirtschaftsaktivitäten schlagen. Die Hafeninfrastruktur im Fischereihafen selbst ist im Zuge des Strukturwandels ebenfalls weiter entwickelt worden. Zu Beginn des neuen Jahrhunderts ist die Fischereihafen-Doppelschleuse neu errichtet worden, Kajen im Bereich einzelner Werftbetriebe wurden saniert und im Jahr 2009 konnten für die Unternehmen der Offshore Windindustrie Schwerlast geeignete Kajen im Kopfbereich des Labradorhafens ihrer Bestimmung übergeben werden.

Zur weiteren Entwicklung der Infrastrukturen im Fischereihafen gibt es derzeit eine Reihe von Ideen und Planungen, wobei dem Bau einer Offshore–Montage- und Verladeplattform an der Weser höchste Priorität zukommt. Neue Entwicklungen im Bereich der Energiewirtschaft oder auch bei Schiffsantriebstechnologien z.B. im Bereich LNG können zudem schon bald zu weiteren Impulsen führen.

G wie Großmotorgüterschiff

Großmotorgüterschiff, ein schwieriger Name, der erst dank der üblichen Abkürzung GMS etwas verständlicher wirkt. Das Großmotorgüterschiff ist ein Hoffnungsträger für die Binnenschifffahrt von und zu den bremischen Häfen. Bislang nämlich ist Bremen durch solche 110 m langen Binnenschiffe weder über den Küstenkanal noch über die Mittelweser erreichbar.

Der Bund, in dessen Verantwortung die Wasserstraße Mittelweser liegt, hat nach intensiven Planungen und einer mehrjährigen rechtlichen Auseinandersetzung im Jahr 2007 damit begonnen, die Engpässe in der Fahrrinne durch Vertiefungsbaggerungen, die Verbreiterung von Schleusenkanälen sowie Kurvenrückverlegungen zu beseitigen. Zudem werden voraussichtlich bis 2013 die Schleusen in Dörverden und Minden zukunftsgerecht ausgebaut. Das hat zur Folge, dass die bremischen Häfen in Bremen und Bremerhaven gemeinsam mit den niedersächsischen Häfen an der Unterweser zukünftig über eine leistungsfähige, für den Transport mit Großmotorgüterschiffen sowie mit Schubschiffseinheiten von bis zu 139 m Länge geeignete Binnenwasserstraßenanbindung verfügen werden. Im Vergleich zur bisherigen Situation ermöglicht der Einsatz solcher Schiffseinheiten im Seehafenhinterlandverkehr die Bildung ökonomisch tragfähigerer Transportketten, ein Vorteil, der sich durch steigende Kosten und kapazitätsbedingten Restriktionen der landgebundenen Transportwege in den kommenden Jahren möglicherweise noch verstärken wird. Zur Steigerung der Binnenschifffahrtsaktivitäten kann darüber hinaus beitragen, dass die für bremische Binnenschiffstransporte relevanten Häfen am Mittellandkanal in letzter Zeit unter Ausnutzung nationaler Förderprogramme große Investitionsanstrengungen unternommen haben bzw. weitere Ausbauten planen, um sich ihrerseits auf deutlich steigende Gütermengen einzustellen.

Das Großmotorgüterschiff stellt zudem auch neue Anforderungen an die bremische Hafeninfrastruktur, was sich in den notwendigen Liegeplätzen und derer Ausstattung mit Strom- und Wasserversorgungsmöglichkeiten ausdrückt. Hieran wird im engen Dialog mit den Unternehmen der Binnenschifffahrt kontinuierlich gearbeitet. Als konkreter Beleg hierfür mag die im Frühjahr 2010 erfolgte Ausweisung eines GMS geeigneten Liegeplatzes an der Geeste in Bremerhaven gelten.

H wie Hochwasserschutz

Hochwasserschutz, auch dazu dienen die bremischen Hafenanlagen, und da sich im Zuge des globalen Meeresspiegelanstiegs und des Klimawandels die Anforderungen in dieser Hinsicht erhöhen, ergeben sich gerade zwangsläufig auch neue Anforderungen an die bremische Hafeninfrastrukturentwicklung. Im März 2007 wurde der gemeinsam von Bremen und Niedersachsen aufgestellte Generalplan Küstenschutz vorgelegt. Dieser Generalplan zeigt auf, dass zahlreiche Hochwasserschutzeinrichtungen keinen ausreichenden Schutz gegen extreme Sturmflutereignisse aufweisen. So sind im Land Bremen rd. 75 % aller Hochwasserschutzanlagen zu erhöhen und verstärken. Das erforderliche Investitionsvolumen wird auf rd. 200 Mio. € geschätzt. Auch mehrere Hafenanlagen in Bremen liegen tiefer als die neuen Bemessungswasserstände aus dem General-plan Küstenschutz. Betroffen ist vor allem der Neustädter Hafen, dessen Kajenhöhen mit NN + 6,50 m bis NN + 6,70 m unterhalb des Bemessungswasserstandes von NN + 7,25 m liegen. Die Konsequenzen für den Hafen sind zum Einen die Gefährdung durch Hochwasser mit potentiellen Schäden in Millionenhöhe und zum Anderen möglicherweise höhere Kosten für entsprechende Versicherungen.

Vor diesem Hintergrund werden in Bremen derzeit alle außendeichs liegenden Hafen- und Gewerbegebiete einer besonderen Prüfung unterzogen und es wird nach Wegen gesucht, diese Gebiete vor Hochwasser zu schützen. Im Fall des Neustädter Hafens wurden mehrere Varianten untersucht. Eine beinhaltet die Erhöhung der jeweiligen Kajenwände auf das geforderte Maß. Dies würde bedeuten, dass an der Kaje eine 1,20 m bis 1,40 m hohe Wand entstünde. Als Folge dessen ergäben sich erhebliche Probleme beim Hafenbetrieb. Vor allem das Festmachen der Schiffe wäre nur mit großem Aufwand möglich. Eine weitere Option sieht die Verlegung der Hochwasserschutzlinie an die Schuppenfront vor. Dies würde im Hochwasserfall jedoch das Schließen von über 60 Hochwassertoren in den Schuppeneinfahrten zur Folge haben. Noch weitere Alternativen bestünden in dem Bau eines Hochwassersperrwerkes, was unabhängig von der Standortwahl mit erheblichen Kosten verbunden ist. In der Wechselwirkung zwischen den Belangen des Hochwasserschutzes und denen einer hafenbetrieblich optimierten Infrastruktur zeigt sich folglich ein Widerspruch, der am Beispiel des Neustädter Hafens durch keine der Optionen aufgelöst werden kann. In der Konsequenz wird auch stets eine sogenannte Nullvariante untersucht. Diese beinhaltet jeweils eine Anpassung der bestehenden Hochwasserschutzlinie. Solche Nullvarianten sind in der Regel deutlich günstiger umzusetzen, bedeuten jedoch, dass bestimmte Hafengebiete außendeichs verbleiben und damit im Falle von Extremereignissen hochwassergefährdet sind.

I wie Industriehafen

Mit einem Jahresumschlag von etwa 6 Mill. t stellt das Industriehafenareal trotz des auch in den Häfen von Bremen-Stadt tief greifenden strukturellen Wandels nach wie vor einen bedeutenden Standort der bremischen Hafenwirtschaft dar. Ein besonderes Merkmal dieses Areals liegt in der unmittelbaren Nachbarschaft zu den Stahlwerken Bremen und zum Bremer Industriepark. Das Industriehafenareal, in dem unter anderem auch ein Kraftwerk beheimatet ist, ist somit ein Standort, der den Anforderungen von Gewerbe- und Industrieunternehmen gleichermaßen entspricht und der darüber hinaus durch das Vorhalten von Umschlaganlagen für die im Stahlwerk erzeugten Produkte sowie die hier verbrauchten Grundstoffe gleichwohl selbst einen Standortvorteil für die ortsansässigen Industrieunternehmen darstellt.

In den vergangenen Jahren konnten die Standortbedingungen für den Industriehafen und seine hafennahen Betriebe mit dem Ausbau der Hafenrandstraße, der Sanierung von Gleisbereichen sowie der im Jahr 2000 beschlossenen und zügig umgesetzten Vertiefung der Oslebshauser Schleuse verbessert werden. Aktuell steht eine Optimierung der nautischen Durchfahrt im Hafen A an. Diese Maßnahme soll noch im Jahr 2010 begonnen werden. Im Anschluss ist eine Vertiefung von Teilen des Hafens vorgesehen sowie ebenfalls eine nautische Optimierung der Durchfahrt im Hüttenhafen. Bremen, aber auch die im Hafengebiet ansässigen Unternehmen, die teilweise selbst Eigentümer der wasserseitigen Infrastrukturen wie der Kajen sind, stellen sich damit auf zukünftig größere Schiffsgefäße ein.

Nicht vergessen werden sollte hier die Tatsache, dass der Bremer Industriehafen im Jahr 2010 einhundert Jahre alt wird, was mit entsprechenden Feierlichkeiten verbunden sein wird.

J wie Jade-Weser-Port

Aus bremischer Sicht wurde der Jade-Weser-Port über lange Zeit als natürliche Erweiterung der Containerhafenanlagen in Bremerhaven betrachtet und von Einigen in diesem Zusammenhang sogar als Container-Terminal 5 bezeichnet. Hintergrund hierfür war, dass der CT 4 in Bremerhaven bis an die Landesgrenze zu Niedersachsen und damit den Nationalpark Wattenmeer heranreicht. Eine zusätzliche nördliche Erweiterung erschien wenig realistisch und in der Erwartung beständig steigender Containertransportmengen reifte die Idee, einen neuen deutschen Container-Tiefwasserhafen zu errichten. Mit Wilhelmshaven und Cuxhaven standen zunächst zwei Standorte zur Debatte wobei jedoch schon bald dem Standort Wilhelmshaven wegen dessen langfristigen Erweiterungsoptionen der Vorzug gewährt wurde. Hamburg, das neben Bremen und Niedersachsen anfänglich ebenfalls Interesse an einem deutschen ContainerTiefwasserhafen hatte, stieg aus dem Projekt bald wieder aus, so dass die Planung und der Bau von Niedersachsen und Bremen nunmehr mit Hilfe einer gemeinsamen Gesellschaft weiter vorangetrieben wurden. Nach einigen Verzögerungen und erheblichen Kostensteigerungen ist mit einer Inbetriebnahme ab 2011 zu rechnen.

Auch wenn der Bedarf für den Jade-Weser-Port zum Zeitpunkt der Fertigstellung nach der aktuellen Marktlage nicht belegt werden kann, ist dennoch davon auszugehen, dass hier mittelfristig die erwartete Entlastungswirkung für die das Hafensystem Deutsche Bucht realisiert werden kann. Mögliche künftige Erweiterungsschritte werden sich an der realen Marktentwicklung orientieren müssen.

K wie Kooperation

Kooperation ist, wie das Beispiel des Jade-Weser-Ports zeigt, nicht mehr nur eine gerne gebrauchte Vokabel im Dialog der norddeutschen Länder, sondern sie rückt immer stärker in den Vordergrund der aktiven Hafenpolitik.

Hintergrund hierfür ist, dass die öffentlichen Mittel, mit denen bislang üblicherweise die Hafeninfrastrukturen in Hamburg, Bremen und Niedersachsen errichtet wurden, auf absehbare Zeit nicht ausreichen werden, um größere Projekte um zusetzen. Zudem üben globale Trends in der Schifffahrt mit einer starken Konzentration der Akteure und potenzielle Veränderungen von Warenströmen einen zunehmenden Druck auf die klassischen Hafenstandorte aus. Nur in einer Bündelung der Stärken, so die weit verbreitete Annahme, kann deshalb die Zukunft des Hafensystems Deutsche Bucht liegen.

Ein praktisches Beispiel der Kooperation liegt im Hafenmarketing. So werben Bremens und Niedersachsens Häfen seit einigen Jahren gemeinsam unter der Dachmarke „Seaports of Germany" für die Leistungsfähigkeit der norddeutschen Hafen- und Logistikwirtschaft. Auch die Hafengesellschaften der Länder unterstützen sich auf der Basis marktwirtschaftlicher Strukturen bei wichtigen Projekten, indem sie zum Beispiel Baggerarbeiten koordinieren oder gegenseitig Ingenieurleistungen erbringen. Der Austausch von Erfahrungen, die gemeinsame Beschaffung erforderlicher Produkte und Dienstleistungen oder auch gemeinsame Aktivitäten in den vorhandenen Kompetenzfeldern sind weitere Aspekte einer künftig engeren Kooperation.

Für die noch etwas fernere Zukunft ist zu erwarten, dass sich der Trend zu stärkerer Kooperation der Länder auch in der Entwicklung der Hafeninfrastrukturen manifestieren wird.

L wie Logistik

Logistik ist aus dem Blickwinkel des Hafens nichts Neues, denn im Hafen war die Logistik schon präsent, als es das Wort selbst noch gar nicht gab. In den frühen 1970er Jahren verstand man unter Logistik vorrangig den Transport, den Umschlag und die Lagerung von Waren, also Funktionen, die in den Häfen zu Hause waren. Und auch heute, wo Logistik globale Wertschöpfungsketten meint, sind die Häfen als Schnittstellen Kontinente umspannender Logistikketten noch immer zentrale Dreh- und Angelpunkte mit multimodalen Angebotsstrukturen. Die enge Wechselwirkung der Häfen mit der Logistik wird besonders augenfällig bei einem Blick auf die zentralen Unternehmen der deutschen Hafenwirtschaft. Fast alle, die früher „Hafen- und Lagerhausgesellschaft" hießen, haben das „Lagerhaus" von einst durch „Logistik" ersetzt. Bei der Namensänderung allein ist es aber nicht geblieben, denn die deutschen Hafenunternehmen zählen mit der Vielfalt und Größe ihrer logistischen Dienstleistungen heute zu den wichtigsten Akteuren in der nationalen Logistikwirtschaft. In Bremen gibt es mit dem Güterverkehrszentrum (GVZ) des Weiteren ein logistisches Highlight, denn hier wurde in Nachbarschaft zum Neustädter Hafen erstmals ein Gewerbegebiet mit dem Schwerpunkt logistischer Aktivitäten entwickelt. Das Bremer GVZ, das zu den leistungsfähigsten überhaupt zählt, ist eine wichtige und inzwischen unabdingbare Ergänzung der Hafeninfrastrukturen in Bremen und Bremerhaven, auch wenn eine direkte Verbindung zwischen GVZ und Hafen bis heute nicht besteht.

M wie Mut

Bei der infrastrukturellen Entwicklung der bremischen Häfen spielte der Mut, Entscheidungen zu treffen, immer eine große Rolle, denn zum einen waren und sind Infrastrukturvorhaben stets mit einem sehr hohen Aufwand verbunden und zum anderen zahlt sich der Erfolg der Entscheidungen meist nicht unmittelbar, sondern erst über einen längeren Zeitraum aus. Ohne eine gehörige Portion Mut beispielsweise wäre der Ankauf von Land an der Wesermündung, der 1827 zur Gründung der Stadt Bremerhaven führte, die große Weserkorrektion unter Ludwig Franzius oder auch der frühe Einstig ins Containerzeitalter mit dem Ausbau der Bremerhavener Stromkaje kaum denkbar gewesen. Als mutig mag es auch bezeichnet werden, dass der anstehende Bau eines Offshore Hafens im Süden Bremerhavens mit privaten Mitteln finanziert werden soll. Bremen beschreitet hier einen Weg, der, wenn er erfolgreich ist, beispielgebend für die Infrastrukturentwicklung auch in den anderen deutschen Häfen sein wird.

N wie Neustädter Hafen

Der Bau des Neustädter Hafens auf Bremens linker Weserseite wurde nach frühen Ideen aus den 1920ern ab Mitte der 1960er Jahre in Angriff genommen. Dem entsprechenden Senatsbeschluss zu Folge bestand das Ziel darin, in der Nachbarschaft zur Bremer Neustadt ein neues Hafenrevier für den Umschlag von Stück- und Schüttgütern sowie die Ansiedlung von wassergebundenen Industriebetrieben zu errichten. Es war vorgesehen, das neue Hafengebiet Schritt für Schritt nachfragegerecht auf bis zu fünf Hafenbecken auszubauen. Daraus wurde letztlich nichts, auch wenn der Hafen mehrfach Erweiterungen und Ausbauten erfuhr. So wurde ab Mitte der 1970er Jahre auf der Ostseite ein Teil der Uferböschung durch eine neue Kajenanlage ersetzt und der Lankenauer Hafen errichtet und in den frühen 1990er Jahren wurde die Kaje auf der Ostseite verlängert. Heute dient der Neustädter Hafen noch immer dem Stückgutumschlag, doch hat die Veränderung der internationalen Seeverkehrswirtschaft zur Folge, dass das Potenzial dieses Gebietes derzeit nicht zur Gänze ausgeschöpft wird. In einer engeren Verbindung der hafenwirtschaftlichen Aktivitäten mit denen im Bereich des GVZ werden für die Zukunft die bedeutendsten Entwicklungsoptionen gesehen.

Infrastrukturentwicklung in den Bremischen Häfen

O wie Offshore Terminal

Offshore – darin liegt die Zukunft, so lautet zu Beginn des Jahrzehnts die feste Überzeugung der Hafenentwickler an der gesamten deutschen und europäischen Küste. Und so nimmt es nicht Wunder, dass etliche Standorte Infrastrukturen für den Bau, die Montage und Verladung von Offshore-Windkraftanlagen planen und zum Teil umsetzen. Bremerhaven ist in diesem Kontext in einer außergewöhnlichen Situation, denn mit der bereits erfolgten Ansiedlung diverser Unternehmen, die praktisch die gesamte Produktionspalette abdecken, einer im Ausbau befindlichen Forschungs- und Entwicklungslandschaft, bestehenden Schwerlastverlademöglichkeiten und dem größten Unternehmensnetzwerk der Branche sind die Rahmenbedingungen zur Weiterentwicklung des Sektors hier besonders gut ausgeprägt.

Mit Blick auf die Anzahl und Größe der Anlagen für die Offshore Windparks in der Nordsee aber auch darüber hinaus, wird derzeit in Bremerhaven direkt an der Weser eine Offshore – Montage und Verladeplattform geplant. Ziel ist eine Realisierung bis 2014.

P wie Planung

Die Planung von Infrastrukturvorhaben im Hafenbereich ist heutzutage ein hoch komplexer, aufwändiger und relativ lang andauernder Vorgang. So weisen Kritiker immer wieder darauf hin, dass es ein Jahr dauere, ein neues Schiff zu planen und zu bauen, während die für dieses Schiff nötige Hafenanlage mindestens 10 Jahre bis zur Realisierung benötige. Hintergrund hierfür sind gesetzliche Rahmenbedingungen und vor allem neue Erkenntnisse über die Wirkungen von Infrastrukturvorhaben insbesondere auf Natur und Menschen. In den bremischen Häfen hat man sich früh auf die veränderten Planungsanforderungen eingestellt und so zum Beispiel die Erweiterungen des Containerterminals in Bremerhaven unter enger Einbindung von Umweltverbänden durchgeführt. Im Ergebnis konnte der Hafen wachsen und gleichzeitig die Natur durch umfassende Kompensations- und Ausgleichsmaßnahmen profitieren.

Q wie Querkaje

Querkaje am Wendebecken, so lautet die Bezeichnung eines kleineren Infrastrukturvorhabens, dass im Jahr 2006 in Bremerhaven umgesetzt worden ist. Im Südbereich des Containerterminals bzw. aus nautischer Sicht hinter der Nordschleuse ist ein 140 m langer kombinierter Liegeplatz für Short-Sea und Binnenschiffe errichtet worden. Mit dieser Maßnahme wurde der Flächenzuschnitt des

Container Terminals optimiert und zudem die Möglichkeit des direkten und ungestörten Binnenschiffsumschlags am Terminal geschaffen.

R wie Ro-Ro

Ro-Ro oder Roll-on – Roll-off ist die Bezeichnung für das Umschlaggeschäft mit Automobilen, Bussen, Landmaschinen, Baufahrzeugen usw. Neben dem Containerumschlag liegt in diesem Sektor das zweite zentrale Standbein des Hafens in Bremerhaven. 2007 und 2008 wurden hier jeweils mehr als zwei Millionen Autos umgeschlagen, wobei der Schwerpunkt im Export von Fahrzeugen der deutschen Hersteller lag. Importseitig wurden die Kunden im deutschen und europäischen Hinterland über Bremerhaven mit Fahrzeugen fast aller Hersteller versorgt, so dass das Bremerhavener Automobile-Logistics-Center trotz eines vorübergehenden Mengeneinbruchs im Jahr 2009 die weltgrößte interkontinentale Automobildrehscheibe darstellt.

Ro-Ro-Verkehre stellen besondere Anforderungen an die Infrastruktur eines Hafens, denn die modernen Automobilschiffe verfügen in der Regel über eine Seitenrampe auf Steuerbordseite sowie eine Heckrampe, über die jeweils die Be- und Entladung der Schiffe erfolgt. Zur Auflage dieser Rampen finden sich im Nordhafen, im Kaiserhafen sowie im umgestalteten Osthafen ausreichend dimensionierte Flächen. Im Neustädter Hafen befindet sich zudem eine schwimmende Ro-Ro Anlage. Diese ist erforderlich, da der Bereich dem Tideeinfluss ausgesetzt ist und eine störungsfreie Be- und Entladung von Ro-Ro Schiffen ansonsten nicht möglich wäre.

S wie Schlick

Schlick und Sand lagern sich immer wieder in den Hafenbecken, in den Liegewannen und auch in den Fahrrinnen ab. In einen Tideästuar wie der Weser ist das ein vollkommen normaler Vorgang, der aber bedeutet, dass mit dem Ziel der Erhaltung von Sicherheit und Leichtigkeit des Schiffsverkehrs beständig die notwendigen Wassertiefen aufrecht erhalten werden müssen. Dazu ist es erforderlich, das abgesetzte Sediment auszubaggern bzw. das Absetzen durch Wasserinjektion zu vermeiden. Da es aufgrund hoher Umweltstandards nicht möglich ist, mit Schadstoffen belastetes Material insbesondere vom Grund der Hafenbecken einfach umzulagern bzw. im Stromgebiet zu verklappen, musste im Zuge der Infrastrukturentwicklung hierauf Bezug genommen werden. In Bremerhaven wurde deshalb der so genannte Freilaufkanal errichtet, der eine Zufuhr relativ schwebstofffreien Wassers in den Kaiserhafen 1 ermöglicht und dadurch die Sedimentationsmengen im stadtbremischen Überseehafen insgesamt reduziert. Daneben wurde in Bremen Seehausen zum Ende der 1990er Jahre eine

Baggergutentsorgungsanlage mit angrenzender Deponie errichtet, in der das Baggergut getrocknet und behandelt und unter bestimmten Voraussetzungen einer anschließenden Verwertung zugeführt wird. In den bremischen Häfen sind dauerhaft verschiedene Fahrzeuge wie Klappschuten, Bagger, Peilschiffe und Wasserinjektionsfahrzeuge im Einsatz, um die Wassertiefen sicher zu stellen. Ein notwendiger Aufwand, der jährlich mit einigen Millionen Euro verbunden ist.

Bei der Umgestaltung des Osthafens in den Jahren 2005 bis 2007 wurde der Schlick des Hafenbeckens zudem zum Gegenstand eines innovativen Großversuchs, da hier nicht im konventionellen Sinne gebaggert wurde, sondern das Sediment vielmehr mit verschiedenen Sandschichten und Geotextilien überlagert und per Vertikaldrainage getrocknet wurde.

T wie Touristen

Touristen bzw. Kreuzfahrer sind ebenso wie Container, Röhren und Automobile wichtige „Umschlaggüter" in den bremischen Häfen. Etwa 130.000 von ihnen nutzen im Jahr 2009 den Bremerhavener Kreuzfahrtterminal, Columbus Cruise Center, um von hier aus eine Reise anzutreten bzw. einen Zwischenstopp einzulegen. Der Kreuzfahrtterminal liegt auf der Columbusinsel in Bremerhaven in einer Anlage, die Anfang der 1960er Jahre für die Passagier-Linienschifffahrt errichtet und 2003 modernisiert worden ist. Zum Ein- und Aussteigen bzw. zum Übergang zwischen den Schiffen und dem Kreuzfahrtterminal nutzen die Passagiere so genannte Landungsbrücken, die zwar Teil der Suprastruktur sind, aber auf der Infrastruktur aufliegen. Im Bereich des Kreuzfahrtterminals ist dies die Columbuskaje, die aufgrund ihres Baualters in absehbarer Zukunft wird erneuert werden müssen.

U wie Unterhaltung

Im Fokus der Hafenentwicklung stehen stets die Planung und der Bau von neuen Projekten. Die Planung wird gewöhnlich von einer Vielzahl öffentlicher Termine begleitet, die lokalen und regionalen Medien berichten und Internetdarstellungen werden eingerichtet. Der Baubeginn und noch mehr die Fertigstellung eines Projektes werden als mediales Ereignis inszeniert. Aber was dann? Dann sind die Projekte fertig, die Anlagen erstellt, dann beginnt der Hafenbetrieb. Dann fängt aber auch Stahl an zu rosten, bewegliche Teile z.B. in Schleusen beginnen zu verschleißen, Farbe platzt ab und Belastungen beginnen zu wirken. Dann fängt die Unterhaltung der Anlagen an.

Die Infrastrukturentwicklung in den Häfen wäre undenkbar ohne eine effiziente Hafenunterhaltung. Anlagen verschiedenster Baualter und Bauweisen gilt es, dauerhaft zu pflegen, um ihre Leistungsfähigkeit und damit den Wert der getätigten Investition zu erhalten. Zum Werterhalt der bremischen Hafeninfrastruktur werden jährlich einige Millionen Euro aufgewandt.

V wie Verwaltung

Das Eigentum an der Hafeninfrastruktur im Land Bremen liegt mit wenigen Ausnahmen bei der Stadt Bremen und damit in der Verantwortung des Senators für Wirtschaft und Häfen. Die Verwaltung bzw. das Management übernimmt seit 2002 die privatrechtlich organisierte bremenports GmbH & Co. KG. Diese sorgt für den Unterhalt der bremischen Hafeninfrastruktur, plant Projekte und verantwortet Neubauvorhaben.

W wie Weser

Die Weser ist die Lebensader der bremischen Häfen und beide stehen in einer unmittelbaren, sehr engen Wechselwirkung zueinander. So wie die bremischen Häfen beginnend mit der großen Weserkorrektion am Ende des 19. Jahrhunderts den Fluss verändert haben, so sehr prägt dieser die wirtschaftlichen Möglichkeiten in den Häfen.

Aktuell hat Bremen beim Bund, in dessen Verantwortung die Weser als Bundeswasserstraße liegt, eine Anpassung der Außen- und Unterweser beantragt. Im Fall der Außenweser geht es darum, die seewärtige Zufahrt zum Container Terminal Bremerhaven der Größenentwicklung bei den Containerschiffen durch eine tideunabhängige Erreichbarkeit mit einem Tiefgang von 13,50 m anzupassen. Bei der Unterweser liegt das Ziel darin, die zukünftige Erreichbarkeit des Hafens Bremen für Schiffe mit einem Abladetiefgang von 11,10 m zu gewährleisten. Die Genehmigung für diese Vorhaben wird im Spätsommer 2010 erwartet. Bis 2013 wird zudem die Mittelweser mit den Schleusen in Dörverden und Minden auf einen Abladetiefgang von 2,5 m für das so genannte Großmotorgüterschiff ausgebaut.

X wie X-Ray

X-Ray, im Sinne einer technischen Übersetzung das Röntgen, beinhaltet im Falle von Containern neue Herausforderungen. Hintergrund für derartige Erwägungen ist, dass die US-Administration im Zuge ihrer allgemeinen Sicherheitsphilosophie ein Gesetz erlassen hat, in dessen Folge Container mit dem Transportziel USA zukünftig geröntgt werden sollen. Zwar wird die Einführung des

Gesetzes aufgrund erheblicher Schwierigkeiten von 2012 zunächst auf 2014 verschoben, aber dennoch setzen sich Unternehmen und Institutionen in Bremen und Bremerhaven mit den potentiellen Folgen dieses Gesetzes seit längerem auseinander. Im dem Falle, dass tatsächlich irgendwann sämtliche Container vor der Verladung durchleuchtet werden müssten, wäre der entsprechende Platz vorzuhalten und auch etwaige Quarantänebereiche für auffällig gewordene Container einzurichten. Noch ist es nicht so weit, und Bremen versucht, dieser rigiden Anordnung eine intelligente Lösung, die mehr Sicherheit für die Gesamttransportkette brächte, entgegen zu setzen, aber das Beispiel zeigt, dass erhöhte Sicherheitsanforderungen unmittelbare Folgen für infrastrukturelle Entwicklungen im Hafen entfalten können.

Y wie Y-Trasse

Die Y-Trasse ist das Paradebeispiel für die Maßnahmen des Seehafenhinterlandverkehrs, fast jeder kennt sie, steht sie doch seit nunmehr gut 20 Jahren ganz oben auf der Liste der verkehrspolitisch bedeutsamsten Projekte zur Bewältigung des Schienengüterverkehrs von und zu den deutschen Häfen. Dabei, das muss man leider konstatieren, ist in diesem Zeitraum nicht viel passiert. Während in den Häfen des Wettbewerbs, wie z.B. in Rotterdam mit dem kompletten Neubau der Betuwe Linie die Voraussetzung für eine deutliche Steigerung der Schienentransportmengen gelegt wurde, steht die Y-Trasse noch weitgehend am Beginn eines komplexen Planungsprozesses. Und hinter den Kulissen, so hört man, werden bereits Wetten bezüglich eines möglichen Fertigstellungstermins abgeschlossen. Das darf aber nicht darüber hinwegtäuschen, dass in einer Volkswirtschaft, die aufs engste dem Außenhandel verschrieben ist und zu weiten Teilen vom Export lebt, dem Ausbau der Infrastrukturen im Seehafenhinterlandverkehr höchste Priorität einzuräumen ist. Es gilt, die Planungen zur Y-Trasse sowie zu den weiteren von den fünf Norddeutschen Ländern in der so genannten „Ahrensburger Liste" gemeinsam formulierten Vorhaben voranzutreiben und auch in der angespannten finanziellen Situation zügig zu realisieren. Ohne leistungsfähige Hinterlandverkehrswege nämlich, ist eine Hafeninfrastruktur, sei es in Bremen, Bremerhaven oder andernorts ohne Wert.

Z wie Zachcial

Zachcial, M., so steht es mit den jeweiligen Zusätzen in unzähligen Literaturverzeichnissen, so steht es in den Teilnehmerlisten der wichtigsten nationalen und internationalen Veranstaltungen zu Hafen- und Schifffahrtsfragen und so steht es auch in einer Vielzahl von Gutachten und Prognosen, die zur Grundlage der bremischen Hafeninfrastrukturentwicklung von den 1970er Jahren bis heute geworden sind.

2. Finanzierung der Seehafeninfrastruktur im Föderalismus

Prof. Dr. Rolf W. Stuchtey, Institut für Seeverkehrswirtschaft und Logistik

2.1. Vorbemerkungen

Bis zum dem Beginn der Finanzkrise galten Seehäfen im Allgemeinen und insbesondere die Seehafeninfrastruktur als einer der Engpässe in der Transportkette der Land See Logistik. Diese Sicht hat sich sehr schnell geändert, nachdem im Jahr 2009 die Umschlagszahlen der Häfen und die finanziellen Ergebnisse der Betreiber drastisch eingebrochen sind. Die Ausbauforderungen verwandelten sich nunmehr in das Gegenteil, laufende Projekte wurden gestreckt oder storniert.

Die Vertreter der Küstenländer im Gleichklang mit dem Zentralverband der deutschen Seehafenbetriebe forderten vor diesem Hintergrund Teile der nicht genutzten Anlagen stillzulegen (das sogenannte Projekt Winterschlaf) und die Kosten dieser Anlagen, wie z. B. Zinsen und Abschreibung, dem Steuerzahler anzulasten. Diese ökonomisch wie ordnungspolitisch fragwürdige Forderung spielt offensichtlich nach dem Regierungswechsel keine Rolle mehr.

Reaktionen der maritimen Wirtschaft auf Nachfrageschwankungen in bezug auf Leistungen der Land See Logistik zeigen immer wieder einen typisch zyklischen Verlauf. In der Boom Phase, u.a. ausgelöst durch die Globalisierung, sind die Kapazitäten stark, zum Teil ungezügelt ausgebaut worden. Genauso drastisch wandelt sich jedoch das Bild in der Phase des Abschwungs. Diese zyklische Verhaltensweise ist in der Seeverkehrswirtschaft seit Beginn der Linienschifffahrt empirisch nachzuweisen und Lerneffekte, die diesen „Schweinezyklus" durchbrechen sind bisher nicht nachzuweisen.

Erst langsam scheinen wir jetzt wieder zu einer normalen Einschätzung dieser zyklischen Bewegungen der Konjunkturverläufe zu kommen. Die Einsicht, dass insbesondere bei Planung und Bau der Seehafeninfrastruktur langfristig über mehrere Konjunkturzyklen hinweg gedacht werden muss nimmt, so ist zu hoffen, an Bedeutung zu.

2.2. Organisationsformen der Hafeninfrastrukturverwaltung

Der Verantwortungsbereich der öffentlichen Hände für Planung, Bau, Unterhaltung sowie das juristische Eigentum an der Seehafeninfrastruktur streut weltweit erheblich. Bedauerlicherweise gibt es auch in den Seehäfen innerhalb der EU und in Deutschland keine auch nur annähernd gleiche Organisationsform.

Die heutigen Strukturen der Finanzierung und Organisationsform der Seehafeninfrastruktur sind in der EU weitgehend historisch gewachsen. Erst in den letzten Jahren, um es für Deutschland genau zu sagen, erst nach der Wiedervereinigung, wird der Versuch gemacht, durch Umwandlung der Ämter mit Zuständigkeit für die Hafeninfrastruktur in organisationsprivatisierte handelsrechtliche Formen annähernd die Transparenz, Beweglichkeit und später auch Kapitalmarktfähigkeit von Wirtschaftsunternehmen zu erreichen.

Der Seehafen Rostock hat hier die Vorreiterrolle als erster deutscher Hafen übernommen. Die bremischen und niedersächsischen Häfen haben vergleichbare Strukturen in handelsrechtlicher Gesellschaftsform eingeführt. Hamburg hat die Form der „Port Authority" gewählt, die in ihrer betriebswirtschaftlichen Aussagefähigkeit mit den handelsrechtlichen Lösungen vergleichbar ist.

Die Weltbank hat 2001 den Versuch gemacht, die Vielzahl der weltweiten Verwaltungsmodelle zu gruppieren und einzelne Häfen den Gruppen zuzuordnen. Dabei sind vier Formen herausgearbeitet worden, die im Folgenden in der Reihenfolge ihrer Bedeutung vorgestellt werden.

- Der „Tool Port":

Von einem Tool Port spricht die Weltbank, wenn Planung, Bau, Unterhaltung und Eigentum der Hafeninfrastruktur und Hafensuprastruktur bei der öffentlichen Hand liegen und die kompletten Anlagen den privaten Unternehmen zum Betrieb übergeben werden. Die öffentliche Hand verwaltet in diesem Fall als rechtlicher Eigentümer den gesamten Hafen (Infrastruktur und Suprastruktur) und überträgt den Betrieb vertraglich an Private.

Häufig findet sich dieses Modell in den amerikanischen oder von den USA beeinflussten Häfen. Aber auch in Europa gibt es hierfür Beispiele.

Bei einer Stärken - Schwächen - Analyse wird als wesentliche Kritik an diesem Modell auf die latente Gefahr hingewiesen, dass die öffentlichen Hände in ihrer Investitionspolitik zu marktfern agieren und dass die Kosten für Planung, Bau

Finanzierung der Seehafeninfrastruktur im Föderalismus

und Unterhaltung überhöht und darüber hinaus die Finanzierung der Investitionen zu stark von laufenden Haushalten abhängig ist.

- Der „Landlord Port":

Zwischen Infrastrukturinvestitionen und Suprastrukturinvestitionen besteht in diesem Modell eine stringente Trennung. Planung, Bau, Unterhaltung und Eigentum an der Infrastruktur liegen bei der öffentlichen Hand, während die Betreiber in die Suprastruktur investieren und die Infrastruktur auf Zeit oder auch unbegrenzt pachten. Betreiber können private Unternehmen aber auch organisationsprivatisierte Unternehmen der öffentlichen Hand sein.

Schwäche dieses Modells ist es, dass zwischen den Betreibern einerseits und der öffentlichen Hand als Eigentümer und Investor andererseits ein erheblicher Abstimmungsbedarf notwendig wird, wobei beide durchaus unterschiedliche Zielvorstellungen haben können. Es besteht die Gefahr, dass durch marktferne sowie haushaltsbedingte Finanzengpässe der öffentlichen Hände auf Marktänderungen zu langsam und falsch reagiert wird oder auch politische nicht ökonomische Ziele der öffentlichen Hände zu Zielkonflikten mit privaten Betreibern führen können. Private Betreiber, die den „time lag" zwischen einer Nachfragesteigerung und dem kapazitätswirksam werden der Infrastrukturinvestition erkennen, neigen bei diesem Modell dazu, ihre Marktmacht und ihren Wissensvorsprung zu nutzen, um sich Infrastrukturreserven zu schaffen.

Eine Vielzahl, insbesondere von europäischen Häfen, ist nach diesem Modell organisiert. Die Weltbank geht in ihrer Schätzung davon aus, dass ca. 82 % der Weltseehäfen in der Form des „Tool Port" und des „Landlord Port" organisiert sind.

- Der „Private Service Port" :

Im Modell des „Private Service Port" liegen Planung, Bau, Unterhaltung, Finanzierung und Eigentum sowie der Betrieb der Seehafeninfrastruktur und Seehafensuprastruktur bei Privaten. Bei allen Vorteilen, die dieses Modell aufweist, wie Marktnähe, kostengünstiger Bau und Unterhaltung u.a. durch Zeitgewinne bei der Realisierung der Investition sowie hohe Auslastung der Infrastruktur, darf das nicht zu dem Trugschluss führen, dass in diesem Modell keine öffentlichen Beihilfen gezahlt werden. Weiterhin liegen auch hier die hoheitlichen Aufgaben, z.B. der Hafenplanung, bei der öffentlichen Hand.

Am häufigsten findet sich dieses Modell in ostasiatischen und südostasiatischen Häfen, die sich durch einen hohen internationalen Leistungsstandard, hohen Infrastrukturauslastungsgrad aber auch hohe Kosten für die Nutzer auszeichnen. In Europa finden sich für dieses Modell nur wenige Referenzbeispiele, z.b. der Hafen Nordenham in Deutschland und der Hafen Felixtow in England. Es wird geschätzt, dass ca. 10 % der Welthäfen unter diese Gruppe fallen.

- Der „Public Service Port":

Der "Public Service Port" ist das Gegenmodell zum „Private Service Port". Planung, Bau, Finanzierung, Unterhaltung und Eigentum sowie Besitz der Seehafeninfrastruktur und - Seehafensuprastruktur liegen bei der öffentlichen Hand. Der Staat ist also gleichzeitig Eigentümer und Betreiber des Hafens.

Neben den Häfen der Staatshandelsländer findet sich diese Organisationsform überwiegend bei kleinen Häfen auch in Europa und Deutschland. In der Regel weisen diese Häfen eine geringe Wirtschaftlichkeit und damit einen hohen öffentlichen Zuschussbedarf auf. Es wird von der Weltbank geschätzt, dass ihr Anteil bei % liegt.[1]

Neben diesen vier klaren Abgrenzungen gibt es in der Praxis eine Vielzahl von Mischformen, die je nach Überwiegen der bestimmenden Merkmale den einzelnen Gruppen zuzuordnen sind.

2.3. Besonderheiten der Seehafeninfrastrukturfinanzierung in Deutschland

Es wurde deutlich gemacht, dass es keine einheitliche Zuordnung und Organisationsform der Hafeninfrastruktur in der EU gibt. Jahrelange Bemühungen der Harmonisierung mit dem Ziel, vergleichbare Strukturen zu schaffen, haben bisher nur marginale Erfolge gezeigt. Nach wie vor sind vor allen Dingen die finanziellen Beziehungen zwischen den öffentlichen Händen und den Seehafenbetreibern intransparent. Die Versuche der EU Kommission, über das sogenannte „Port Package I und II" u. a. mehr Transparenz zu schaffen, sind bekanntlich gescheitert. Die Ursachen hierfür liegen an den handwerklichen Fehlern und Marktfehleinschätzungen in den mehrfach überarbeiteten Verordnungsentwürfen der Kommission.

Die Hafenentwicklung ist weltweit in den meisten Häfen und auch in Europa eine nationale Aufgabe der Zentralregierung. In Deutschland sind die bedeuten-

---

[1] Quelle: World Bank Port Reform Tool Kit. Alternative Port Management Structures and Ownership Models, 2001

den Seehäfen Teil der Bundesverkehrswegeplanung. Dennoch liegt die Zuständigkeit in Deutschland aus historischen Gründen bei den Ländern. Diese Zuständigkeit der Länder für die Hafeninfrastruktur hat einen hohen Abstimmungsbedarf zwischen Bund und Ländern zur Folge, da für die wasserseitigen und landseitigen Anbindungen der Seehafeninfrastruktur wiederum der Bund verantwortlich ist. Die wasser- und landseitige Erreichbarkeit eines Seehafens ist aber ein bestimmender Parameter für die Wettbewerbsfähigkeit.

Soll die Wettbewerbsfähigkeit der Häfen als Schnittstelle des globalen Güterverkehrs nachhaltig erhalten bleiben, müssen alle drei Infrastrukturbereiche, nämlich Wasserstraßen, Seehafen und landseitige Anbindung in enger Abstimmung weiterentwickelt werden.

Der Standortwettbewerb der fünf Küstenländer untereinander sowie die parteipolitischen Regierungsverhältnisse und die Stimmenverhältnisse im Bundesrat führen häufig zu Zielkonflikten, die der Bund nur politisch lösen kann. Die so gefundenen Lösungen müssen nicht notwendigerweise zu der wirtschaftlichsten finanziellen Ressourcenverteilung führen.

Die Bundesregierung hat deshalb 2004 in einem Kabinettsbeschluss entschieden, eine nationale Strategie der land- und wasserseitigen Anbindung der Seehäfen zu entwickeln. Daraus folgende Vorschläge, die eine stärkere Kooperation der Häfen zum Ziel haben, sind aber nur dann zielführend, wenn die Seehafenbetreiber länderübergreifende wirtschaftliche Interessen an mehreren Standorten haben, d. h. die Betreiber also nicht nur einen standortgebundenen Terminal, sondern als sogenannte „Network Provider" ein Netzwerk von Terminals ihren Kunden anbieten.

In der Praxis ist die geforderte Kooperation in einem System des oligopolistischen Hafenwettbewerbs auf Dauer schwer vorstellbar. Es wird interessant sein zu sehen, ob diese politisch gewollte Form der Kooperation im Falle des im Bau befindlichen Containerhafens Wilhelmshaven funktioniert, insbesondere, dann wenn die Anlagen in der Anlaufphase nicht optimal ausgelastet sind und der wenig wertschöpfungsintensive Transshipmentverkehr sich stärker auf einen Hafen konzentriert.

Zunehmend treten die Kunden der Häfen selbst auch als Hafenbetreiber auf. Reedereien sind bestrebt, die Liegezeit ihrer Container und Ro/Ro Schiffe zu minimieren. Besonders gilt dies für den Container-Fährverkehr mit RoPax Schiffen, die an einen genau kalkulierten und veröffentlichten Fahrplan gebunden sind. Daraus hat sich ein Trend zum sogenannten „Dedicated Terminal" entwickelt. Eigentümer oder Teilhaber der Betreibergesellschaften sind Reeder

Bekanntestes Referenzbeispiel ist das Unternehmen APM Terminals, das zum Konzern der größten Containerreederei Maersk gehört und als solches Containerterminals weltweit betreibt. Das neue Geschäftsfeld „Terminalbetrieb" hat sich für die Reeder als sehr profitabel erwiesen.

Die deutschen Nordseehäfen als Infrastruktureigentümer verfolgen selbst differenzierte Strategien. In Bremerhaven und zukünftig in Wilhelmshaven wird als Ergänzung das Modell der „Dedicated Terminals" favorisiert, u. a. um Marktanteile zu gewinnen. Der Reeder als Terminalbetreiber hat die Möglichkeit, einen Teil der Ladung über den Hafen seiner Wahl zu disponieren. Insbesondere gilt dies für die wenig wertschöpfungsintensive Transshipmentladung. Entsprechend hoch sind die Transshipmentanteile in den „Dedicated Terminals". Gleichzeitig ist aber die Auslastung der Seehafeninfrastruktur an den „Dedicated Terminals" aus Gründen der Eigenwirtschaftlichkeit und Dispositionsflexibilität der Reeder deutlich höher als an den öffentlichen Terminals.

Bemerkenswert ist, dass Gutachter des Bundesministeriums für Umwelt durch Befragung herausgefunden haben, dass der Kostendeckungsgrad, also das Verhältnis von Einnahmen der öffentlichen Hand aus Pachten und Gebühren zu den Kosten der Seehafeninfrastruktur mit 30 bis 40 % im Vergleich zu dem Infrastrukturkostendeckungsgrad anderer Verkehrsträger gering ist. So liegt der Kostendeckungsgrad z. B bei dem Rad - Schiene - System bei 55 %, im Straßengüterverkehr ist er noch deutlich höher. Nur in der Binnenschifffahrt liegt er mit ca. 10 % deutlich darunter.

Im Einzelnen wird der Kostendeckungsgrad 2004 in Hamburg mit 30 – 40 %, in den Bremischen Häfen mit 35 % und in Niedersachsen mit 30 % angegeben. Während die Angaben für Hamburg und Bremen durch Befragungen ermittelt wurden, verfügt Niedersachsen für seine Häfen über eine detaillierte Kosten- und Leistungsrechnung. Aus dem Gesagten ergibt sich, dass die Angaben für Hamburg und Bremen in Zukunft weiter durch betriebswirtschaftliche Angaben untermauert werden müssen.[2]

Der niedrige Kostendeckungsgrad bleibt auch nicht ohne Einfluss auf die betrieblichen Umschlagssysteme der Terminalbetreiber. Generell kann man sagen, dass bei steigenden Kosten der Infrastruktur, die den Betreibern angelastet

---

2   Vgl. Gutachten der Progtrans A.G., im Auftrag des Bundesministeriums für Umwelt und Naturschutz aus dem Jahr 2006.
    Anmerkung: Die Internalisierung von externen Effekten ist in all diesen Angaben nicht berücksichtigt. Es wäre zum jetzigen Zeitpunkt auch zu ambitioniert, diese mit einzubeziehen zu wollen.

werden, vorzugsweise Betriebssysteme gewählt werden, die zu einer größeren dynamischen Kapazität bei vorgegebener Seehafeninfrastruktur führen.

Im Rahmen der Privatisierungsbemühungen der staatlichen Hamburger Hafen und Lagerhaus A.G. in den Jahren 2006/7 haben potentielle Investoren dies bei der Bewertung ihrer Angebote zu einem entscheiden Kriterium gemacht. Ein Vergleich der Kapazitäten des automatisierten Terminals Altenwerder mit dem nach dem gemischten Van Carrier Prinzip arbeitenden Terminal Burchardkai zeigte, dass bei einem Übergang auf ein automatisiertes System bei gegebener Infrastruktur erhebliche stille Kapazitätsreserven gehoben werden könnten.

Der Bund gewährt im Rahmen des Finanzausgleichs Hilfen zur Deckung der Kosten der Seehafeninfrastruktur der Länder. Im Einzelnen werden zur Milderung der Hafenlasten folgende Beträge im Rahmen des Finanzausgleichs vergütet:

Hamburg	€	21	Mio. jährlich
Bremen	€	10,7	Mio. jährlich
Mecklenburg Vorpommern	€	2,6	Mio. jährlich
Schleswig Holstein	€	2	Mio. jährlich
Niedersachsen	€	2	Mio. jährlich

Wie die Beträge der Hafenlasten errechnet sind und begründet werden, bleibt unklar. Ihre Höhe steht jedoch zweifelsfrei in keinem Verhältnis zu den tatsächlich entstandenen Infrastrukturkosten.

In seinem Beitrag zur „Finanzierung der bremischen Seehafeninfrastruktur hat Günter Dannemann auf der Grundlage detaillierter Berechnungen für das Jahr 2005 deutlich gemacht, wie stark die fiskalischen Hafenlasten von dem Hafennutzen für das Küstenland Bremen voneinander abweichen.

Aus der folgenden Aufstellung ist zu ersehen, dass für das Jahr 2005 in den bremischen Häfen Hafenlasten von 123,4 Mio. € entstanden sind, wovon im Finanzausgleich 10,7 Mio. € erstattet wurden. Gleichzeitig belief sich der errechnete Gesamtnutzen auf 1.084 Mio. €. Nur 57 Mio. € von diesem Nutzen lagen im Land Bremen. Der weitaus größte Nutzen von 1.027 Mio. € ist den übrigen Bundesländern zuzuordnen. Mit anderen Worten: Aus dem bremischen Haushalt wurden 2005 112,7 Mio. € gezahlt, deren Nutzen im Wesentlichen den übrigen Ländern zugute kam.[3]

---

3 Vgl. Günter Dannemann, Finanzierung der Bremischen Seehafeninfrastruktur, in: Schriftenreihe der Kieserling Stiftung Band 3, S. 64

2005	insgesamt	Verteilung	
		Bremen in Mio. €	Bund / übrige Länder in Mio. €
1. Hafenlasten	123,4	112,7	10,7
2. Hafennutzen	1.084	57	1.027
Saldo gerundet (2 – 1)	+ 960	- 56	+ 1.016

2.4. Entwicklungsstrategien

Bei schneller, eventuell auch zu oberflächlicher Beurteilung könnte man nunmehr zu dem Schluss kommen, dass sich der Infrastrukturbereich der Seehäfen besonders dazu eignet, das Modell der vollen Finanzierung durch die Nutzer der Infrastruktur zu realisieren. In dem Fall müssten die öffentlichen Gebühren und die Pachten so angehoben werden, dass sie die Kosten für Planung, Bau, Unterhaltung und Finanzierung einschließlich der Abschreibungen decken.

Die Ankündigung der Hamburg Port Authority die Pachten der 2005 auslaufenden Betreiberverträge um 6 statt 2 % anzuheben, lässt vermuten, dass langfristig diese Denkweise umgesetzt werden soll. Die Betreiber, bei denen die Zahllast liegt, würden dann versuchen, die höheren Kosten der Infrastrukturüberlassung auf ihre Kunden zu überwälzen. Inwieweit das gelingt hängt von der Elastizität der Nachfrage ab. Spielräume zu einer zumindest teilweisen Überwälzung scheinen vorhanden zu sein, da Reeder in den Container- und Ro/Ro Verkehren in ihrer Hafenentscheidung zunehmend an Spielraum verloren haben. Zu begründen ist dies u.a. durch die Bildung von Konsortien, revolwierenden Fahrplänen und durch die Marktmacht von Spediteuren und Logistikanbietern, die auf die Hafenwahl Einfluss nehmen. Weiterhin ist die Seehafeninfrastruktur durch den überproportionalen Anstieg des Weltseehandels zu einem knappen Gut geworden.[4]

Eine solche Vorgehensweise erfordert viel Augenmaß, um die Betreiber finanziell nicht zu überfordern. Sinkende Margen werden sich zunächst auf deren Investitionsbereitschaft und dann auch auf die Beschäftigung nieder-schlagen.

Diese Einschätzung wäre optimistischer, wenn es gelingen würde, die Wettbewerbsbedingungen zwischen den Häfen weitgehend zu harmonisieren. Darunter

---

4 Anmerkung: Die direkte Finanzierung der Seehafeninfrastruktur durch den Nutzer wird im Wesentlichen mit der LKW Maut in Verbindung gebracht. In den deutschen Seehäfen wird diese Finanzierungsform bisher vernachlässigt. G. Aberle weist mit Recht daraufhin, dass dies kein Tabu Thema sein darf, sondern verkehrs – und finanzpolitische Notwendigkeit sein muss. Vgl. Gerd Aberle, in Internationales Verkehrswesen Nr. 1+2 Feb. 2010, S. 6

sind die Anpassung der Bedingungen im landseitigen Zu- und Ablaufverkehr, der wasserseitigen Erreichbarkeit und die finanziellen Beziehungen zwischen der öffentlichen Hand und den Seehafenbetreibern zu verstehen.

Der entscheidende Bremsklotz einer verstärkten Nutzerfinanzierung ist also die fehlende Harmonisierung der Wettbewerbsbedingungen und die mangelnde Transparenz der Finanzströme. Die Zuständigkeit hierfür liegt bei den Trägern der Verkehrspolitik auf nationaler sowie auch auf EU Ebene. Solange die Harmonisierung nicht umgesetzt ist, liegt Politikversagen vor, das den Trägern der Verkehrspolitik anzulasten ist, die damit Spielräume zur Entlastung der öffentlichen Haushalte ungenutzt lassen.

Der Ansatz der EU Kommission, dies auf dem Verordnungswege durch das sogenannte "Port Package" durchzusetzen, ist – wie bereits dargestellt – fehlgeschlagen. Ursächlich hierfür war insbesondere die Fehleinschätzung des Marktes für Seehafenverkehrsleistungen durch die Kommission. Es sollte mit Hilfe des Verordnungsentwurfes Wettbewerb auf einem Markt geschaffen werden, der sowohl morphologisch als auch in der Verhaltensweise der Akteure durch intensive oligopolistische Wettbewerbsbeziehungen gekennzeichnet ist. Weiterhin bestand eine Fehleinschätzung darin, dass es Ziel des Entwurfes war, die Hafenkosten zu senken. Tatsächlich wird mehr Transparenz dazu führen, dass die Kosten der Infrastruktur verstärkt auf den Nutzer durchschlagen und, wie das Beispiel der Häfen in Ost- und Südostasien zeigt, letztlich zu höheren Umschlagskosten führen wird.

Zielführend vor diesem Hintergrund ist es, durch Harmonisierung und Anwendung der Transparenzrichtlinien die Kassen der öffentlichen Hände fühlbar zu entlasten. Ansätze hierzu finden sich in dem Grünbuch der Kommission der Europäischen Gemeinschaft zur künftigen Meerespolitik der EU: Eine Vision für Ozeane und Meere.

Die Erfahrungen der Vergangenheit zeigen, dass die Umsetzung ein steiniger und langfristiger Prozess ist. Derzeit ist noch nicht einmal bekannt, wie hoch, ausgedrückt in Euro, der Harmonisierungsbedarf zwischen den einzelnen im Wettbewerb befindlichen EU Häfen ist.

Ein erster Ansatz wäre die Schaffung einer „Harmonisierungsdatei", in der nicht nur die Defizite verbal erfasst werden, sondern in der auch eine Valutierung der einzelnen Unterschiede vorgenommen wird. Immer dann, wenn eine exakte Bewertung aufgrund fehlender Informationen nicht möglich ist, müssen Schätzungen als zweitbeste Lösung vorgenommen werden, die mit zunehmender Transparenz immer wieder angepasst werden können.

Auf diese komplizierte und langwierige Vorgehensweise nimmt der expandierende Markt der Land – See – Logistik keine Rücksicht. Deshalb sind Zwischenlösungen wie der Einsatz privaten Kapitals zur Teilfinanzierung der Infrastruktur in Form der „Private Public Partnership" (PPP) ein geeignetes Mittel, sich abzeichnende Seehafeninfrastrukturengpässe bei engen öffentlichen Kassen zu mildern. Diese Form der Finanzierung der Verkehrsinfrastruktur durch Einbindung privaten Kapitals hat in Europa in den letzten Jahren stark an Bedeutung gewonnen. In Deutschland finden sich dazu allerdings nur erste zaghafte Ansätze.

Das Bundesfinanzministerium weist darauf hin, dass der Anteil von PPP Finanzierungen bei öffentlichen Investitionen von derzeit 4% auf 15% steigen soll. Dabei hofft der Finanzminister neben Investitionen im Hochbau auf Investitionen nach PPP Modellen insbesondere im Verkehrssektor. Um die Entwicklung zu stützen, ist in der Novelle zum Investitionsgesetz die Möglichkeit der Infrastrukturfonds als neue Anlageklasse im Entwurf des Finanzministeriums vorgesehen.

Durch diese neue Finanzierungsform hofft die öffentliche Hand auch auf Kostenersparnisse bei den Infrastrukturkosten. Die Hoffnungen begründen sich auf Erfahrungen aus Großbritannien. Nach Berechnungen des dortigen „National Audit Office" sind die Kosten neuer Infrastrukturinvestitionen durch die Vergabe an Private um rund 17 % gesunken. Es wird sich zeigen müssen, ob diese Entwicklung auch auf deutsche Verhältnisse zu übertragen sind.

Die Besonderheiten des Marktes der Seehafenverkehrswirtschaft lassen diese Vorgehensweise jedoch erfolgversprechend aussehen. Viele Betreiber weisen trotz der Finanzkrise noch erfreuliche Gewinne in ihren Jahresabschlüssen auf: Gleichzeitig sind die Marktführer immer noch ganz oder teilweise im Eigentum der öffentlichen Hand. Daraus lassen sich auch interessante Rückschlüsse auf Gewinnbesteuerung und Finanzausgleich bei gleichzeitigem Eigentum der öffentlichen Hand an den Betreibergesellschaften ziehen, die hier nicht näher untersucht werden.

2.5. Schlussbemerkungen

Es ist deutlich geworden, dass für die Substitution der Steuerfinanzierung durch eine weitgehende Nutzerfinanzierung die zumindest annähernde Harmonisierung der Wettbewerbsbedingungen auf europäischer Ebene eine notwendige, wenn auch nicht hinreichende Bedingung ist. Bei einseitigem Handeln nur einzelner Häfen besteht die Gefahr, dass die Betreiber in ihrer wirtschaftlichen

Substanz zu Lasten der Wettbewerber geschwächt werden. Hier ist Handeln der Träger der Verkehrspolitik gefordert.

Die derzeitigen Prognosen der Wissenschaft haben zwar die Richtung der Nachfrageentwicklung richtig eingeschätzt, ihr Ausmaß aber häufig unterschätzt. Um Marktentwicklungen und -störungen frühzeitig zu erkennen, müssen die Möglichkeiten der Marktforschung systematisiert werden. Dazu gehört neben der regelmäßigen Erfassung der Marktdaten auch die laufende Überarbeitung der Prognosen, um frühzeitig den Planungsverantwortlichen belastbare Mengengerüste zur Verfügung zu stellen. Auf der Grundlage der Langfristigkeit von Infrastrukturinvestitionen sind die Umschlagseinbrüche nach der Finanzkrise kein Grund dafür, die langfristigen Prognosen zu ändern.

Vor dem Hintergrund der weiteren Entwicklung der Außenhandelsverflechtung durch Globalisierung und vertiefte Arbeitsteilung sind Kapazitätsengpässe in allen Verkehrsbereichen auch in Zukunft zu erwarten. Diese werden durch die Defizite in den Länder- und Bundesverkehrshaushalten verstärkt. Die unterschiedlichen Zuständigkeiten zwingen zu einer verstärkten Kooperation zwischen Bund und Ländern, wobei die Rolle von beiden überdacht werden muss. Kooperation kann sich nicht darauf beschränken, zusätzliche Investitionsmittel vom Bund zu verlangen. Da die Kooperationsfähigkeit in einem System des Wettbewerbs schnell an seine Grenzen stößt, erscheint es an der Zeit, auch die Grenzen der Verantwortung des Bundes für die Seehafeninfrastruktur neu zu überdenken, z.B. indem die Hafenlasten im Rahmen des Finanzausgleichs überarbeitet werden.

Es ist am Beispiel der bremischen Häfen gezeigt worden, dass die Kosten für Planung, Bau und Unterhaltung der Seehafeninfrastruktur im Wesentlichen von den Küstenländern getragen werden. Der größte Nutzen dieser Infrastrukturinvestitionen liegt aber bei den Bundesländern außerhalb der Küste. Die Vergütung der Hafenlasten im Rahmen des Finanzausgleichs gleicht diese Diskrepanz bei Weitem nicht aus. Gleichzeitig haben die Küstenländer erhebliche Haushaltsprobleme. Als Beispiel seien hier die Länder Bremen und Schleswig Holstein genannt, die sich in der Situation einer Haushaltsnotlage befinden.

Vorschläge, die Küstenländer von der Verantwortung für die Seehafeninfrastruktur zu befreien und diese wie bei allen anderen übergeordneten Verkehrsbereichen auf den Bund zu übertragen, mögen sinnvoll sein, sind aber politisch nicht umzusetzen. Ein denkbarer realistischer Lösungsansatz wäre, die Seehäfen zu einer Gemeinschaftsaufgabe von Bund und Ländern zu machen. Dies würde eine größere Kostenverantwortung auf den Bund übertragen, aber dem Bund auch ein größeres Mitspracherecht einräumen. Vor allem Letzteres würde den

Koordinations- und Planungsaufwand verschlanken. Die Gefahr potentieller Ressourcenverschwendung würde gleichzeitig verringert.

Die Möglichkeiten, verstärkt privates Kapital einzusetzen, müssen zum Teil geschaffen oder zumindest deutlich verbessert werden. Dazu gehört, dass die für die Infrastruktur zuständigen, organisationsprivatisierten Verwaltungen so weiterentwickelt werden, dass sie auch die volle Kapitalmarktfähigkeit erhalten. Diese Aussage bezieht sich nicht nur auf die Seehäfen, sondern gilt allgemein für den gesamten Verkehrsbereich.

Die Eigenwirtschaftlichkeit der Seehafeninfrastruktur ist durch den schrittweisen Übergang zur Nutzerfinanzierung zu erhöhen. Eine steigende Anlastung der Infrastrukturkosten erhöht den Anreiz der Nutzer, die Infrastruktur intensiver auszulasten. Dass hier noch Spielraum besteht, zeigt der unterschiedliche Auslastungsgrad von „Dedicated Terminals" im Vergleich zu den öffentlichen Terminals und der Kapazitätsvergleich der einzelnen Terminals im Hamburger Hafen.

3. The Co-Operation Process between Ports of Hamina and Kotka

Prof. Dr. Juhani Vainio, Centre for Maritime Studies, University of Turku, Finland

I would like to express my most cordial congratulations to Professor Manfred Zachcial for his outstanding, long career and wish him success for his retirement days, the period of time sometimes referred to as the third phase of life. We have been working together for more than 20 years, managing similar organizations. I retired from work already at the end of last year, and now I would like to wish you a happy retirement and welcome you aboard!

The ports of Hamina and Kotka are located on the Baltic Sea, at the bottom of the Gulf of Finland, near the Russian border. The distance between the two ports measures only slightly over 20 kilometres. Administratively, the ports are limited companies owned by the cities in which they are located. The competion between the two is very intense. This has led to overinvestments in Finland and contract debts. Kotka has become Finland's second largest port, while also being the largest transit port in the country. Hamina again is 7th on the list.

The purpose of this report is to investigate whether the co-operation of the ports of Hamina and Kotka is possible and what kinds of options for joint efforts are accomplishable. At present, both ports are in good physical condition. Both have gone through major developments in the last ten years. In the Finnish scale, an exceptionally great deal of newly built quays and plenty of field space are available in both ports. Hamina has 500 ha and Kotka 750 ha of land at their clients' disposal. Both ports also have extensive plans for expansion. When the 12.5 meter Hamina fairway becomes completed next year, both ports are capable of accommodating virtually the largest ships that operate on the Baltic Sea. Dock cranes and storage capacity will meet future requirements for an extensive period of time without new investments.

The administration of the ports is in responsible, experienced hands. The executives of the companies are also major policy-makers on municipality level in the two cities.

So, one might wonder why we are investigating possibilities for co-operation, even though the administration and the physical constructions of the ports are functioning perfectly. Without doubt, a major reason for this is the hard competetion between the two ports that has lasted for years, which has become economically unsustainable due to the current recession and a significant drop in the amount of cargo. It is also natural that two ports that are geographically in very close proximity would like to start co-operating with each other. Similar examples from other countries show that usually some external factor functions as a trigger in the situation of long-term negotiations for co-operation. In the case of Copenhagen and Malmö, this was the controversial Öresund Bridge, with regard to Szczecin and Świnoujście it was the deepening of the fairway and the situation of Terneuzen and Vlissingen, the catalyst was a tunnel built between the two ports. The incentive for Hamina and Kotka was probably the overtly extensive future investments and the global depression, which has burdened the transit traffic through Russia and the forest industry, which has been particularly important for both ports.

Even though the ports are in good condition by definition, there are differences in their capabilities to survive a long-lasting recession. During the ongoing recession, the biggest obstacle for Hamina will be the ability to control investment costs. As the biggest transit port in Finland, Kotka will survive better through the trying economic situation. Fortunately the ports are specialized in various services. Hamina stands out with the chemical industry established on the port area and its good inland railway connections. Kotka, again, is a well-established general port, where container traffic, the export of forest industry products, as well as the export of automobiles are the primary areas of specialization.

Extensive improvements in the co-operation of the ports would be visible and would affect transports on the whole Baltic Sea region. Currently, Kotka is the 20th largest port on the Baltic Sea. Hamina and Kotka together would rank in the top 15 largest ports. This would essentially improve the ports' competetiveness in Russian transports. The companies' credible image as prospective operators capable of handling large undertakings would undoubtedly work to benefit the pair.

In terms of sea transport, some type of co-operation between the ports would be advantageous for the owner cities. Without doubt, Russia's economical growth will accelerate as crude oil prices rise. This will lead to an increase in the buying power of the middle-class and a demand for foreign consumer goods. The need for a reliable and dynamic transit route is constantly growing.

The ports cannot rely too heavily on the Finnish wood processing industry. Simultaneously, even when experiencing growth, the technology industry offers only project cargo. This does not maintain liner traffic, but complements it. Hamina offers good prerequisites for the development of oil industry and oil refining. This should not be undermined by unfair competition. Effective and co-operatively established logistic management of port services and specialization would warrant economic profit even during recession, and notably after it, when the economy begins to expand and a competition in the handling of new cargo begins at the Gulf of Finland and widely around the Baltic Sea.

The traditional Finnish industries demand transport services solely for new export products. Increasing amounts of mass shipments can only be found in the mining industry, and even in this case, the transports are targeted to northern ports. There clearly is a need for increased transport in the field of biotechnology, but it is impossible to even make an educated guess on the amounts of possible cargo. The situation is similar with bioenergy, but the prognosis for the need of transport lies even further in the future. The growth potential of Russia opens up nearly the only opportunity to increased transports, what would require co-operation between ports, not competition.

Although the two ports together already have the necessary capacity to deal with the container traffic of entire Finland, the consumer goods shipping to the capital area will not take a detour to reach their destination, nor will they do so in the future. The toughest contestants in the future will emerge from the new ports in Russia, while the competition will particularly concern sea transport to and from the country.

Container transport is a growing field globally, as well as in the context of Finnish transport. Both ports have put a considerable amount of effort into this growing field of transport. The co-operation of the ports of Hamina and Kotka should not cause any disturbance to container traffic, if we look at the situation in reference to corresponding international examples. Larger ports consist of several separate or adjacent areas that are controlled by different container operators. The close geographical proximity between Hamina and Kotka could rather attract international operators than hold them back. Since large-sized unit and intermodal transport is constantly increasing, the two ports have the advantage of operating not far from Russia in collaboration. The co-operation of the ports is also supported by a clear global trend to centralize the flow of goods.

So what kind of co-operation schemes would be appropriate? This question was tackled with a theoretical examination of the different options for co-operation. The degree of collaboration depends on what goals and strategies are specified for the co-operation.

Because the ports are already collaborating in several projects, and partaking in a joint venture, it was decided that a report would examine the three highest levels of co-operation: a joint venture, joint unit and merger.

The advantages and disadvantages of these co-operation models were examined on a theoretical level, as well as by looking at interview results on the matter.

Results of thematic interview surveys and an analysis based on them form one of the central parts of the report. The interviews were aiming for the best representation and the largest set of interviewees that the time allocated for the investigation allowed. The interview comprised of 48 persons divided into three different groups: political policy-makers, state-level experts and major clients of the two ports.

The initial question concerning the possible co-operation was the same for every participant. 69%, which counted 33 of the total 48 answers, were in favour of a merger. If we take into account that half of the joint unit supporters, a total of 5 participants, and all of the three experts considered that the merger would happen relatively soon after the joint unit phase, the group in favour of the merger would include 41 participants (80%). The results were quite unambiguous.

It is understandable that the decision-makers tread carefully, seeing that the political responsibility for the merger of the port companies owned by the two cities would be something unheard of in the Finnish context. In any case, the made decision will be a result of thorough preparations that take the interests of the cities into account. It was surprising that the interviewed companies were absolutely unanimous in their support for the merger as some were operating in only one and some in both of the ports. According to the supporters of the merger, the most significant advantages gained from merging were increased resources and new possibilities for development. The strong support for the merger from state-level experts reflects extensive regional farsightedness.

The question concerning the need for the allocation of tasks between the two ports received a positive answer from all of the participants in the interview. The development of Hamina is believed to be best supported by liquid bulk cargo, enterprises operating within the port, heavy project cargo and winter trafficking in Saimaa. Kotka again specializes in container traffic, transport of automobiles and the shipping of forest industry products in its role as a large general port. All the interviewed groups estimated that container traffic will remain and continue to be developed in both port divisions, as well as the transport of automobiles.

The suggestion concerning the centralization of port operations, trafficking and storage during the development of increased co-operation was positively received by almost all participants. A majority within the administration placed confidence on the expertise of the operators and other clients in the matter. The experts were drawing attention to the careful targeting and timing of investment making in terms of real need and the resulting synergy benefits. The operators reported that the centralization would have an effect particularly on vessel traffic and consequently also to port operations.

Enhancing the possibilities of obtaining a larger share of transition traffic is one obvious goal of the co-operation. According to all interviewed groups, the goal can be reached by utilizing a combination of economy of scale and shared expertise, through administering traffic and manpower, as well as handling connecting services to even out the peaks and valleys of business. Co-operatively, it is possible to create a dependable cluster of ports to take part in the Russian market, and seek partnership there.

The risks and possibilities for the co-operation of the two ports were thoroughly introduced. The policymakers regard that the greatest risks are, on one hand, a danger that the equal development of both ports could be threatened, and on the other, a political risk of not finding a common determination and solutions to the arguments. Furthermore, the greatest risk according to the experts would arise from the resentment and lack of trust between the policymakers and from a so called powerless merger, where the determination of the owners is lacking and does not lead to any actual co-operation. The leading risks for the clients come from similar political problems, historical baggage and slowdowns in policy making, which eventually lead to indecisiveness. Therefore the bearers of political responsibility have a unique undertaking ahead of them. The solution fundamentally possesses great expectations.

At the other end of the scale, the possibilities that the co-operation introduces need to be discovered. Policy makers promote the power of joint marketing and shared future visions and emphasize the value and external appeal of a large single unit. The experts are able to find even more possibilities. These were (in the order of most often mentioned in the interview): the possibility to increase and rationalize traffic flow, the boost in operations through synergy, the positive experiences of clients concerning co-operation, a wider trade area and better visibility, the economy of scale on the Baltic Sea, the improved efficiency of decision making and the disconnection from local politics, as well as the rationalization of investments and the utilization of released resources for common good. The list of the most important possibilities by company representatives is somewhat shorter. These include: the economy of scale, the reduced need for investments, specialization and well developed administrative solutions.

A benefit analysis regarding the co-operation clearly supports a merger between the two ports. The benefits of both the joint venture and joint unit are multiplied in the merger, which would, in addition, also provide increased possibilities. Through their accomplished work, the joint ventures currently owned by the port companies give support to the merger as well. The merger also creates the possibility to co-ordinate and rationalize investments. It widely utilizes the concepts in industrial policy, land use planning and sociopolitics in general. A merger has a tendency to attract even better qualified workforce to the area and especially offer employment to young people. The merger will also improve the financial base of the two ports. In the Finnish context, it would be an exceptional display of power from Southeast Finland's part to the rest of the country.

Obviously a merger comes with certain risks. In the analysis, the major ones found were: losing the previous independence of the ports, the issues of dividing of risks and profits in the partnership, as well as the adaptation between two different corporate cultures and the commitment of key persons of the companies. These risks should not be ignored, but they can be compensated for through active work and openness. An unbalanced relationship between profits and risks can be solved by negotiating and following a mutually satisfactory shareholder's agreement. The losing of independence of the individual ports is a highly sentimental issue. Did the ports lose a part of their local independence already when they became limited companies?

At present we know that during 2010, the government will decide that all Finnish ports have to be incorporated on accelerated schedule. In consequence, Port of Hamina Ltd and Port of Kotka Ltd have a significant advantage. In the future, other ports will have to each work hard to find an economically viable base for a company. As ready limited companies, Kotka and Hamina can focus on an entirely different matter, the development of a co-operative basis for operation.

The analysis of the options from an economical perspective reveals the definite superiority of an extensive and well-developed co-operative model. As the two ports are merged into a single unit, this creates possibilities for better use of shared capacities. Possible peaks in the usage of quays, terminals and other physical and personal infrastructure can be balanced between the two subdivisions. As a result of more efficient use of existing capacity, the need for investments will decrease and operating expenses will lower. The merger will also cause savings in the administration of port operations and the combining of support systems. It is important to keep in mind that the merger will also offer significant advantages to the clients of the port, mainly shipping and ground transport companies.

Based on everything mentioned above, I have decided to recommend the merger between the port companies of Hamina and Kotka. The investigation on the matter included interviews of the best experts in the country. The central companies involved in the operations of the ports of Hamina and Kotka have all presented their statements. Positive feedback has been received from the political and organizational leaders of the communities and regional admin-istration. Results of the survey conducted by the Centre for Maritime Studies at the University of Turku reflected similar acceptance. Taking into account the cases above, I also consider the merger to be the best option. My suggestion would be a swift direct merger. If the cities of Hamina and Kotka would choose to take the merger through a somewhat risky intermediate stage, it would simply postpone the making of the necessary decisions. My opinion is that in the current economic situation, the merger would be a bold decision, which would work for the common interest of both ports.

The investigation report presented above, with conclusions, was delivered to the cities of Hamina and Kotka in January 2010. The report will be discussed by the authorities of the two cities during the spring.

The decisions on the principles of co-operation are expected to be made in May 2010. When the jubilee book of Professor Manfred Zachcial is published, the decision has been made and the applicability of the recommendations in the survey can be assessed.

References

Blankenburg Holm, D., Eriksson, K., Johanson, J. (1999): Creating value through mutual commitment to business network relationships. Strategic Management Journal, Volume 20 Issue 5, 467-486

BOFIT (2009): Venäjä-ennuste 2009-2011. Saatavissa: http://www.bof.fi/NR/rdonlyres/ 30FF6D9B-2DD6-41ED-B7F9-733CBC6A52FD/0/bve209.pdf

Centre for Maritime Studies & BPO Baltic Ports Organization (2009): Baltic Port Barometer - Port development in the Baltic Sea Region, Views of the Baltic ports for the year 2010. Saatavissa: http://mkk.utu.fi/dok/tutkimus/Baltic_Port_Barometer_2009.pdf

Energy Information Administration (2009): International Energy Outlook 2009. Saatavissa: http://www.eia.doe.gov/oiaf/ieo/highlights.html

Haminan satama (2009): http://www.portofhamina.fi/

International Monetary Fund (2009a): Russian Federation and the IMF. http://www.imf.org/external/country/RUS/index.htm

International Monetary Fund (2009b): Republic of Estonia and the IMF. http://www.imf.org/external/country/EST/index.htm

Kotkan satama (2009): http://www.portofkotka.fi/

Kuronen, J. Helminen, R., Lehikoinen, A., Tapaninen, U. (2008): Maritime transportation in the Gulf of Finland in 2007 and in 2015. Publications from the Centre for Maritime Studies A49/2009. Saatavissa: http://mkk.utu.fi/dok/pub/A45-maritime%20transportation.pdf

Lloyd's Register Fairplay (2007): North Sea Baltic Hub - Market analysis, scenario and port action points. Saatavissa: http://www.westsweden.se/fileadmin/mediabank/ www.westsweden.se/ resources/Rapporter/North%20Sea%20Baltic%20Hub.pdf

Naski, K. (2004): Eigentums- und Organisationsstrukturen von Ostseehäfen - Gemeinsamkeiten und Unterschiede in Marktwirtschafts- und Transformationsländern. Väitöskirja. Turun yliopiston Merenkulkualan koulutus- ja tutkimuskeskuksen julkaisuja A 40

North West Alliance LLC (2009): Russian marine oil terminal "Vistino". Esite. Saatavissa: http://vistino.ru/pdf/brochure_en.pdf

Port Szczecin and Swinoujscie (2009): http://www.port.szczecin.pl/eng/

Särkijärvi, J., Stenberg, J., Tuomarmäki, H., Saurama, A. (2009): Baltic Port List 2008 – Annual cargo statistics of ports in the Baltic Sea Region

Zeeland Seaports (2009): http://www.zeeland-seaports.com

4. Perspektiven intelligenter Seehafenlogistik in den deutschen Seehäfen

Dr. Jens-Albert Oppel, Niedersachsen Ports GmbH & Co. KG

4.1. Vorstellung

Dr. Oppel ist seit dem Jahr 1995 in der Hafenwirtschaft tätig. Nach seiner Promotion zum Thema „Strategische Hafenplanung" war er Assistent der Geschäftsführung der Lübecker Hafen-Gesellschaft mbH und leitete anschließend die ISL-Baltic Consult GmbH, ein Beratungsunternehmen für Häfen und Schifffahrt. Dabei war er u. a. maßgeblich an der Entwicklung des Forschungsvorhabens „Innovative Seehafentechnologien" (ISETEC II) des Bundesministerium für Wirtschaft und Technologie beteiligt. Seit dem Jahr 2010 ist Dr. Oppel Geschäftsführer der Niedersachsen Ports GmbH & Co. KG.

4.2. Die Herausforderung: Knappe Infra- und Suprastruktur

Aufgrund des stetig wachsenden Güterumschlages sehen sich die deutschen Seehäfen bereits heute und vor allem zukünftig mit Kapazitätsproblemen konfrontiert. Diese zeigen sich insbesondere im Bereich der Umschlags- und Lagerkapazitäten sowie beim landseitigen Warenzu- und -abfluss. Der wirtschaftliche Erfolg der deutschen Häfen wird daher zukünftig um so stärker davon abhängen, inwieweit es ihnen gelingen wird, langfristig ausreichende Infra- und Suprastrukturkapazitäten bereit zu stellen als auch deren optimale see- und landseitige Erreichbarkeit zu gewährleisten. Da bereits heute vielerorts nur noch ein stark begrenztes Flächenangebot in den jeweiligen Seehäfen vorhanden ist, gilt es – um neue Flächenerschließungen im Hinterland und eine damit verbundene zeit- und kostenintensive Verlagerung der Waren von den Terminals zu vermeiden – eine nachhaltige Leistungs- und Effizienzsteigerung durch die Optimierung der bestehenden Transport-, Umschlag- und Lagerprozesse im Hinblick auf deren Automatisierung und Integration zu erzielen. Dem Einsatz intelligenter Seehafenlogistik zur Steigerung der Effizienz in den deutschen Seehäfen wird deshalb zukünftig eine weitaus größere Bedeutung als bisher zukommen. Unter dem Begriff „Intelligente Seehafenlogistik" werden dabei im Folgenden prozessorientierte Betriebskonzepte und Leitsysteme verstanden, durch deren systematische Vernetzung, das heißt das Integrieren von operativen und IT-Prozessen hin zu einer interaktiven Kommunikationsstruktur, eine nachhaltige und stetige Prognose, Simulation, Planung, Steuerung, Flexibilisierung und Monitoring der operativen Prozesse und ihnen zugrunde liegender strategischer Entscheidungen gewährleistet werden soll. Die adressierten Einsatzfelder intelligenter Seehafenlogistik erstrecken sich dabei hauptsächlich auf operative Planungs- und Steuerungssysteme, Lade- und Löschsysteme, Identifikationstechnologien, Informationsdienste, Zu- und Ablaufsteuerung, Konzepte für Bahnhinterlandverkehre, Schiffsverkehrssteuerungssysteme und hafenzentrierte SCM-Services, wobei sie jeweils nach Container-, Massengut- und RoRo-Hafen unterschiedliche Entwicklungsschwerpunkte aufweisen können.[1,2]

4.3. Operative Planungs- und Steuerungssysteme

Insbesondere automatisierte Container-Terminals sind stärker als manuell betriebene Anlagen von effizienten logistischen Steuerungsverfahren zum Erhalt und zur weiteren Steigerung der Produktivitäten abhängig. Über die integrierte Planung und Steuerung des operativen Betriebs hinaus können dabei vor allem durch vernetzte Optimierungsansätze weitere Reserven erschlossen werden, das heißt weg von einer rein lokalen Planung und Optimierung einzelner isolierter Arbeitsprozesse. Da beim Containerumschlag eine Vielzahl verschiedener Umschlagsprozesse von der Schiffsbe- und -entladung über den Horizontaltransport bis zur Einlagerung in der Fläche ineinander greifen, wird die reibungslose Interaktion der unterschiedlichen Geräte unabdingbar, um effizient arbeiten zu können. Dies können nur zentrale rechnergestützte Terminalleitstände bewerkstelligen. Darüber hinaus können Leitstandtechnologien zukünftig in die präoperative Planungsphase integriert werden und eine halbautomatische beziehungsweise langfristig eine vollautomatische Steuerung und Überwachung der Prozesse in Echtzeit ermöglichen.

In den Massenguthäfen wird der Fokus zukünftig stärker auf die Optimierung der Lagerplatzausnutzung gelegt, da diese bereits heute hohe Anforderungen an die Planer und deren Planungsinstrumente stellt. Vorhandene Planungs- und Steuerungssysteme bewegen sich jedoch ausschließlich in Planungsräumen mit festen Lagerplatztopologien, zum Beispiel Container-Terminals oder Hochregallager, so dass diese Systeme für den Zweck einer Planung und Disposition von Haldenlagern nicht in Frage kommen. Für die Effizienzsteigerung des Massen-

---

1   Zur Abgrenzung der Themenfelder intelligenter Seehafenlogistik zu denen innovativer Umschlagtechnologien vgl. Bundesministerium für Wirtschaft und Technologie (Hrsg.), ISETEC II – Innovative Seehafentechnologien, Definitionsphase Voruntersuchung / Programmbericht, Berlin 2007, S. 37.

2   Die nachfolgende Darstellung der zukünftigen Einsatzfelder intelligenter Seehafenlogistik orientiert sich hauptsächlich an der Programmdefinition des Forschungsprogramms „Innovative Seehafentechnologien" (ISETEC II) des Bundesministeriums für Wirtschaft und Technologie, an dessen inhaltlicher Aus-gestaltung der Autor wesentlich mitgewirkt hat.

Perspektiven intelligenter Seehafenlogistik

gutumschlages wird daher die Entwicklung innovativer Softwaresysteme erforderlich, die einerseits Möglichkeiten zur Erfassung und Darstellung des derzeitigen Lagerbestands bieten, andererseits die vorgesehenen Anlieferungen und Abholungen planerisch erfassen können. Ziel der Optimierungen muss daher neben der verbesserten Auslastung der Flächen beispielsweise auch die Reduktion von kostenintensiven Umfuhren von Partien innerhalb des Terminalgeländes sein.

Die Bereitstellung und Einteilung der Hafenressourcen in RoRo-Häfen, insbesondere von Personal und Geräten, erfolgt heute überwiegend auf Basis von Erfahrungs- und Erwartungswerten. Dies hat zur Folge, dass Überkapazitäten vorhanden sind, die zur Bewältigung von Arbeitsspitzen herangezogen werden können. Reichen diese nicht aus, um angemessen auf Störungen zu reagieren, entstehen auf Seiten der Hafenkunden Wartezeiten. Eine nach wirtschaftlichen Kriterien optimale Einteilung der Ressourcen wird unter den gegebenen Bedingungen daher zukünftig kaum noch möglich sein. Diese Tatsache wirkt sich insbesondere in den Häfen aus, die aus räumlich getrennten Teilen bestehen. Hier werden in jedem Hafenteil Überkapazitäten bereit gehalten, da der Austausch von Ressourcen über die Hafenterminalgrenzen hinweg kurzfristig nicht mehr möglich ist. Der kontinuierliche Abgleich zwischen den geplanten Abläufen und den tatsächlichen Arbeitsfortschritten sowie eine Einschätzung der Auswirkungen von Störungen auf den Ressourcenbedarf wird daher zukünftig durch entsprechende Leitstände unterstützt werden. Diese müssen dazu geeignet sein, die vorliegenden Informationen zu bündeln, den entsprechenden Ressourcenbedarf zu ermitteln, die zeitlichen Abläufe der Prozesse zu planen, den Arbeitsfortschritt abzubilden und Auswirkungen von Ressourcenverschiebungen und Störungen zu simulieren.

4.4. Lade- und Löschsysteme

In den Containerhäfen stellt insbesondere der landseitige Umschlag beziehungsweise die Steuerung der Transportkette zwischen Schiff und Lager häufig eine Hürde für die Entwicklung und Einführung effizienterer Lade- und Löschverfahren dar. Dazu zählen beispielsweise Doppelhubwerke für den Twin- bzw. Tandembetrieb, das heißt den gleichzeitigen Umschlag von bis zu vier 20 ft oder zwei 40 ft Containern. Diese Technik würde eine spontane Verdopplung der Produktivität bewirken, da pro Lade- beziehungsweise Löschzyklus statt zwei TEU dann vier TEU umgeschlagen werden. Selbst wenn dieser ideale Wert im Durchschnitt unter realen Bedingungen nicht erreicht werden kann, so ist doch mit einer deutlichen Steigerung der Produktivität an der Kaikante zu rechnen. Die Einbindung derartig ausgestatteter Containerbrücken in ein Terminal wird sowohl aus technischer Sicht als auch aus Sicht der Ablaufplanung und Steuerung neue logistische Lösungen für den kombinierten Betrieb mit Straddle Carriern erfordern, da eine vergleichsweise hohe und stark schwankende Produktivität der Containerbrücke erhöhte Anforderungen an die Abstimmung mit Horizontaltransportmitteln stellt. Mittel- und langfristig werden weitere alternative Umschlagskonzepte entwickelt, die komplementär zur Optimierung von Planung und Steuerung der Terminallogistik einen Beitrag zur Steigerung der Umschlagsleistung liefern können. Dazu gehört unter anderem auch die gleichzeitige Zuordnung mehrerer Ressourcen zu unterschiedlichen Aufgabenbereichen (Pooling), mit der eine bessere Auslastung der Geräte erreicht werden kann. Bei der heutzutage üblichen festen Zuordnung, zum Beispiel einer Gruppe von Straddle Carriern zu einer Containerbrücke, kommt es zwangsläufig zu Leerfahrten. Diese unproduktiven Transportwege können in Pooling-Strategien durch Auswahl geeigneter Anschlusstouren aus anderen Aufgabenbereichen eliminiert werden.

Voraussetzung für die erfolgreiche Umsetzung von Pooling wird dabei die Dynamisierung der Zuordnung von Aufträgen auf Ressourcen sein. Weitere Voraussetzung ist die Berechnung von optimierten Routen, um die jeweils geeigneten Ressourcen auswählen zu können. Die dafür notwendigen Anpassungen der Steuerungssysteme werden sich dann bis auf die Fahrerkabinen der Straddle Carrier in Form von Fahrer-Leitsystemen erstrecken.

Eine weiterer Ansatz zur Steigerung der Produktivität wird in der Durchführung von Lösch- und Ladeoperationen in einem Arbeitsgang am Schiff („Dual Cycle") liegen mi dem Ziel, Leerbewegungen der Katze des Containerkrans zu vermeiden. Diese Art des Umschlags ist der wohl anspruchsvollste Versuch weiterer Effizienzsteigerung im Containerumschlag, da für den Erfolg die optimale Abstimmung mit den Prozessen sowohl an der Land- als auch an der Wasserseite gegeben sein muss.

4.5. Identifikationstechnologien

Die Identifikation von Containern und Umschlagsgeräten bildet die Grundlage für die weitere Optimierung der Planung und Steuerung der Terminallogistik. Zusammen mit der elektronischen Ortung von Horizontal-Umschlagsgeräten und Transportträgern stellt der Einsatz von automatische Identifikationstechnologien auch eine essenzielle Voraussetzung für die Automatisierung von Containerterminals dar. Die Radiofrequenzidentifikationstechnik (RFID) bietet hierfür einen technisch standardisierten Lösungsbaustein für die Containerlogistik (Containertag) und wird zusammen mit dem elektronischen Siegel (eSeal) dazu beitragen, neben der Erhöhung der Wirtschaftlichkeit auch den steigenden Sicherheitsanforderungen in der Transportkette gerecht zu werden. In diesem

Perspektiven intelligenter Seehafenlogistik 51

Zusammenhang bietet der verstärkte Einsatz von Ortungssystemen auf Container-Terminals ein großes Potenzial, um den zukünftigen Herausforderungen durch steigende Umschlagzahlen begegnen zu können. Insbesondere die Integration von Ortungstechnologien in das auf dem Terminal eingesetzte Logistiksystem bietet die Möglichkeit zu zusätzlichen Optimierungen der Terminalprozesse. Die kontinuierliche Ortung von fahrbaren Umschlagsgeräten in Echtzeit versetzt die Terminal-Steuerung in die Lage, neue Optimierungs-potenziale zu erschließen. Dazu zählen u. a. die Verbesserung der Umschlagszeiten durch Optimierung der Umfuhren, d. h. kürzere Wege, die Vermeidung von Fehlbewegungen und die Verbesserung der Stellplatzplanung. Da satellitengestützte Ortungstechnologien (GPS/Galileo) heute nicht flächendeckend für den Einsatzbereich eines Seehafenterminal geeignet sind, z.B. ist die Positionserfassung unterhalb von Containerbrücken nicht möglich, werden für die spezifischen Einsatzbedingungen eines Terminals mittelfristig Erweiterungen und innovative Ortungstechnologien, wie z. B. Sensornetzwerke, spezifiziert und entwickelt werden.

In Bezug auf RoRo-Häfen sind die Informationen über Art, Zustand, Standort, Ursprung und Ziel der Einheiten, die sich innerhalb des Hafengeländes befinden, für die Planung und Steuerung von entscheidender Bedeutung. Die Informationen bilden die Grundlage zur Erfüllung der Hafenfunktionen und sollten möglichst zeitnah an den relevanten Stellen zur Verfügung gestellt werden. In den meisten RoRo-Häfen ist der Ladungsmix heterogen, was den Einsatz standardisierter und automatischer Verfahren erschwert. Die notwendigen Informationen werden deshalb in der Regel manuell erfasst. Dieses Verfahren ist zeitaufwändig und fehlerhaft, darüber hinaus finden die Aufnahmen nur punktuell statt, z. B. beim Eintreffen oder Verlassen des Hafengeländes. Um die eigentlichen Umschlagverfahren in den Häfen zu beschleunigen, die Fehler- bzw. Schadensquote zu verringern und den Aufwand von Inventuren zu reduzieren, werden daher auch in RoRo-Häfen Systeme zur Kontrolle von Orts- und Status-Veränderungen definierter Objekte innerhalb des Hafengeländes entwickelt. Dazu können bereits heute verfügbare Technologien zum Einsatz kommen, die jedoch an die spezifischen Anforderungen in den Häfen noch angepasst werden müssen. Dazu zählen beispielsweise Galileo, RFID, Texterkennung oder optische Zeichenerkennung, die sich für die Registrierung und Verfolgung von Objekten eignen. Teilweise sind eigenständige und aktive Meldungen möglich, die eine direkte Interaktion zwischen dem Hafensystem und bestimmten Objekten, beispielsweise Umschlaggeräten, Transporteinheiten oder Umschlaggütern, erlauben. Dadurch entfallen umständliche und zeitintensive Vorgänge für die Übertragung der auf dem Hafenterminal gesammelten Informationen in die systemseitigen Datenbanken.

Die teil- oder vollautomatisierte Identifikation bietet insbesondere für Stückgüter bzw. Transporteinheiten Vorteile, die entweder regelmäßig oder massenhaft das Hafengelände passieren. Dazu zählen insbesondere Trailer, Container, Automobile, Reedereieinheiten und Forstprodukte in Form von Papierrollen. Damit die erfassten Daten nutzbar sind, müssen sie in das zentrale System des Hafens eingepflegt werden. Im Idealfall geschieht dies automatisch und ohne nennenswerte Verzögerung.

4.6. Informationsdienste

In den heterogen gewachsenen Strukturen der deutschen Seehäfen hat sich eine Vielzahl von elektronischen Informations- und Meldediensten entwickelt, die heutzutage einen großen Stellenwert bei der Abwicklung der Umschlagsprozesse einnehmen. Ohne diese Informationssysteme wäre der Umschlag in den Seehäfen organisatorisch nicht mehr möglich.

Ebenso wie die Terminals, so ist auch die Landschaft der Informationssysteme heute von einer großen Heterogenität geprägt. Im Laufe der letzten dreißig Jahren sind an den verschiedenen Standorten teilweise sehr unterschiedliche Systeme entstanden, die mitunter auch unterschiedliche Geschäftprozesse abbilden. Bestrebungen der letzten Jahre, vorhandene Strukturen und Prozesse in den verschiedenen Seehäfen zu vereinheitlichen, sind aufgrund der hohen Investitionsrisiken und der unklaren Lastenverteilung bislang nicht weiter verfolgt worden. Die lokalen Unterschiede in den Prozeduren der einzelnen Hafenstandorte, die sich bis auf die technische Ebene der Datenkommunikations-Schnittstellen erstrecken, stellen jedoch insbesondere für die am Hinterlandtransport beteiligten Firmen, wie Spediteure, Frachtführer, Eisenbahnverkehrsunternehmen (EVU's) und Binnenschiffsreedereien eine technische und organisatorische Hürde dar. Diesbezüglich bietet eine umfassende Harmonisierung und Standardisierung von Informationsdiensten in Seehäfen über die Schaffung einheitlicher Datenstrukturen und EDI-Schnittstellen erhebliche Potenziale zur Effizienzsteigerung. Dies erfordert jedoch ein gemeinsames Vorgehen von Terminals, Informationsprovidern und deren Kooperationspartner.

Einen Sonderfall bilden die Informationsdienste für die landseitigen Transporte auf dem Schienennetz und die damit im Zusammenhang stehenden EVU's, für die diese Schnittstellen den Zugang zu den Häfen bilden. Diese sind vor dem Hintergrund des steigenden Umschlag- und Transportvolumens sowie der fortgeschrittenen Liberalisierung des Gütertransportmarktes als unzureichend einzustufen. Die Durchsatzfähigkeit der bestehenden Infrastruktur kann daher durch deren Verbesserung deutlich gesteigert werden.

4.7. Zu- und Ablaufsteuerung

Die Straße wird auf absehbare Zeit den wichtigsten Hinterlandverkehrsträger der deutschen Seehäfen darstellen. Im Hinblick auf die schon heute vielerorts überlastete Verkehrsinfrastruktur im Nahbereich der deutschen Seehäfen wird die intelligente Steuerung von Zu- und Ablaufströmen per LKW eines der wesentlichen Kriterien für die Wachstumschancen der Häfen sein. Darüber hinaus stellt der hafenbezogene LKW-Verkehr aufgrund der Nähe der Terminals zu Ballungszentren auch eine große Belastung der regionalen Infrastruktur dar, da die Verkehrsströme größtenteils über das öffentliche Straßennetz in den Städten geleitet werden, was wiederum weitreichende Folgen auf die Wirtschaftsstandorte der Hafenstädte insgesamt hat. So ist z. B. die Elbquerung in Hamburg nicht nur als Anbindung der Häfen von großer Bedeutung, sondern stellt auch eine wichtige überregionale Nord-Süd-Achse dar. Ein Rückstau aus den Häfen, der diese Verbindung beeinträchtigt, könnte zu weitreichenden Stauungen bis hin zu einem Verkehrsinfarkt in weiten Teilen des Stadtgebiets führen.

Aus der operativen Sicht der Terminals liegen die Probleme in der schlechten Planbarkeit der LKW-Abfertigung. Außer empirischen Erkenntnissen aus der Vergangenheit liegen den Terminals häufig keinerlei Informationen über die zu erwartenden LKW-Anzahlen an den Gates vor. Staus außerhalb des Terminalgeländes betreffen das Terminal zwar nicht direkt in seinen Umschlagsprozessen, doch die bedarfsgerechte Bereitstellung von Personal und Gerät gehört zu den Faktoren, die Effizienz und Wirtschaftlichkeit der Häfen beeinflussen. Beim Containerumschlag kommt hinzu, dass den Terminals häufig Informationen fehlen, über welche Container in der anstehenden Schicht verfügt werden soll–eine wichtige Grundlage für die Planung und Optimierung der Vorstauung, die eine reibungslose LKW-Abfertigung ermöglicht.

Für die Terminals wäre daher vor allem durch verbesserte Planungsgrundlage in Form von Avisierungen der LKW-Unternehmen eine Optimierung der landseitigen Umschlagsprozesse möglich. Die LKW-Unternehmen profitieren ihrerseits durch die Verringerung unproduktiver Zeiten, z. B. beim Warten vor dem Terminal oder in Staus, und durch die Einsparung von Leerfahrten.[3] Da bereits ähnliche Lösungen in Industrie und Handel existieren und über mehrere Jahre praxiserprobt sind, muss es hauptsächlich darum gehen, diese auf die Seehäfen zu übertragen.[4]

---

3   Die theoretischen Grundlagen für die Entwicklung eines LKW-Avise-Moduls für den Hamburger Hafen existieren bereits. Vgl. hierzu insbesondere Evelyn Eggers, EDI-Handbuch von DAKOSY für die LKW-Avisierung an Kaibetrieben, Hamburg 2002.
4   Beispielsweise bietet das Softwareunternehmen Transporeon GmbH mit Sitz in Ulm seit mehreren Jahren ein Tool zur LKW-Voranmeldung an.

Die Verteilung der Güter in das Hinterland der deutschen Seehäfen erfolgt neben der Strasse und der Schiene auch über wasserseitige Anbindungen. Zum einen kommen für die Verteilung der Güter im Hafenhinterland sowohl in der Nordsee als auch in der Ostsee Binnenschiffe zum Einsatz. Zum anderen werden in den Nordseehäfen Feederschiffe eingesetzt, die seeseitig als Zubringer und Verteiler für die großen Containerterminals dienen. Die Koordination der Feederschiffsabfertigung in den Häfen ist derzeit durch eine fehlende Transparenz gekennzeichnet. Die transportrelevanten Informationen erreichen den Hafen zu spät oder gar nicht, so dass eine verlässliche Planung der Prozesse erschwert wird. Davon sind insbesondere diejenigen Verkehre betroffen, die in einem Hafen mehrere räumlich voneinander getrennte Terminals adressieren. Vor dem Hintergrund der stark ansteigenden Containerverkehre wird daher eine Lösung für die Optimierung der Daten- und Informationsflüsse gefunden werden müssen, um die Auslastung der Feederschiffskapazitäten zu erhöhen. Erreicht werden kann dies durch die Schaffung einer zentralen Koordinierungsstelle für die Feederschiffsabfertigung. Als Grundvoraussetzung dafür müssen die technischen und systemseitigen Voraussetzungen zur Bündelung der vielschichtigen Informationen geschaffen werden. Die zeitnahe Erfassung, Aufbereitung und Verteilung der so gewonnen Informationen im Sinne eines Leitstandes stützen die zentrale Koordinierung der Feederabfertigung.[5]

Während bei der Feederschifffahrt die beschleunigte und systematisierte Abwicklung der Verkehre ein Potenzial zur Leistungssteigerung der Containerhäfen bietet, zielen die Ansätze bei der Binnenschifffahrt auf eine Erschließung des Verkehrsträgers für Stückguttransporte im Hinterland der Seehäfen ab, denen die größten Wachstumspotenziale zugeschrieben werden. Der Einsatz des Verkehrsträgers in diesem Segment wird derzeit im Wesentlichen durch unzureichende Abmessungen großer Teile des Binnenwasserstraßennetzes, die Ausrichtung des Verkehrsträgers auf Massenguttransporte sowie eine mangelnde Kenntnis über die Transportmöglichkeiten eingeschränkt. Es besteht weder ein Angebot an Linienverbindungen, das einem breiten Nutzerkreis zugänglich ist, noch werden die freien Kapazitäten auf bestimmten Relationen veröffentlicht. Der Binnenschifffahrtsmarkt ist geprägt durch Spotgeschäfte und bilaterale Transportrahmenverträgen, was den Marktzugang und die Verkehrsbündelung erschwert.

Um die Leistungsfähigkeit des Verkehrsträgers Binnenschiff im Hinterland der Seehäfen zu erhöhen, müssen daher Lösungen entwickelt werden, die eine Eignung des bestehenden Equipments für den Transport von Stückgütern herstellen.

---

5 Die Inbetriebnahme der Feeder-Logistik-Zentrale in Hamburg stellt eine geeignete Maßnahme dar. Vgl. hierzu beispielsweise o. V., HHLA und Eurogate wollen weiter in Feeder Logistik Zentrale investieren, in: Deutsche Verkehrszeitung vom 07.01.2010

Hier sind in der Containerschifffahrt bereits Fortschritte erzielt worden, die sich derzeit aber auf den Rhein konzentrieren. Eine Modifizierung und anschließende Übertragung dieser Systeme auf das deutsche Kanalnetz könnte zu einem vermehrten Aufkommen auf den Wasserstraßen führen. Neben den containerisierten Stückgütern würden dafür auch massenhafte Stückgüter für solche Lösungen in Betracht kommen. Dabei wären nicht nur die technischen Voraussetzungen zu schaffen, sondern auch die damit zusammenhängenden logistischen Verfahren unter Berücksichtigung der Summe an Anforderungen in der Transportkette. Beispielhaft sei hier die geringe Priorität der Binnenschiffe in den Seehäfen genannt, die sich insbesondere in den Containerhäfen auf die Abwicklung der Seeschiffe konzentrieren. Denkbare Ansätze bestehen in der Einrichtung von „Hub and Spoke"-Systemen oder spezieller Umschlaganlagen für die Binnenschiffe, die kostengünstig im Betrieb sind und sich nicht störend auf die Prozesse der Seeschifffahrt auswirken. Ein weiterer Lösungsansatz kann sich auch unter Verwendung von Transportmitteln ergeben, die sowohl die seeseitigen Hafenzufahrten als auch einen Großteil der Binnenhäfen erreichen können. Dies käme insbesondere bei Seehäfen zur Anwendung, die über keinen eigenen Binnenwasserstraßenanschluss verfügen, wie z. B. für den im Bau befindlichen Jade-Weser Port in Wilhelmshaven.[6]

4.8. Konzepte für Bahnhinterlandverkehre

Insbesondere im Containerverkehr existieren große Potenziale zur weiteren Verschiebung des Modalsplit zugunsten des Schienenverkehrs, zumal der weitaus größere Teil der in den deutschen Seehäfen umgeschlagenen Container mit Herkunfts- bzw. Bestimmungsland Deutschland nicht für den erweiterten Nahbereich in Norddeutschland bestimmt ist, sondern für die großen Industrie- und Handelsstandorte im Süden und der Mitte Deutschlands. Bei diesen Strecken überwiegen die Vorteile des Bahntransports gegenüber dem sonst schnelleren und flexibleren Straßentransport.

Einer der größten Risikofaktoren bei der Bereitstellung neuer Zug-Dienste ist die mangelnde Auslastung. Ganzzugsysteme rentieren sich erst bei dauerhaft hoher Auslastung und zwar in beide Transportrichtungen, da Kosten für Trassenmiete sowie Betriebskosten für Lok und Waggons auch bei nicht ausgelasteten Zügen unverändert anfallen. Um eine hohe Auslastung zu erreichen, ist eine Bündelung von Transportströmen vom Seehafen in das Hinterland

---

6   Eine Übersicht der Maßnahmen, die geeignet sind, den Anteil des Binnenschiffs am Hinterlandtransport der Seehäfen zu steigern, findet sich in: Freie und Hansestadt Hamburg, Behörde für Wirtschaft und Arbeit (Hrsg.), Konzeptstudie zur Verkehrsverlagerung vom Lkw auf Binnenschiffe und zur Stärkung der Hinterlandverkehre, Hamburg 2009, S. 159 ff.

notwendig. Hierfür stehen grundsätzlich zwei unterschiedliche Möglichkeiten zur Verfügung, die auch miteinander kombiniert werden können: Eine standortübergreifende Bündelung entsteht durch die Zusammenfassung von gleichen Verkehrssystemen, z. B. dem kombinierten Ladungsverkehr (KLV), an unterschiedlichen Hafenstandorten, die per Bahn in dieselbe Destination im Hafenhinterland transportiert werden. Eine andere Möglichkeit besteht darin, dass unterschiedliche Verkehrssysteme, wie z.b. Einzelwagenladungsverkehr von konventionellem Stückgut und KLV, die dieselbe Hinterlanddestination aufweisen, miteinander zu einem „Gemischten Ganzzug" zusammengefasst werden.[7] Die „Entbündelung" findet idealerweise in der Nähe der Bestimmungsorte der Waren statt, sodass nur noch der geringere Teil der Gesamttransportstrecke auf der Straße durchgeführt werden muss. Dafür sind entsprechende Hinterland-Hubs aufzubauen, die als Sammel- und Verteilzentren für die Empfänger bzw. Versender der Region fungieren. Darüber hinaus ist eine enge organisatorische Kopplung der Hinterland-Hubs an die jeweiligen SeehafenTerminals nötig, um eine möglichst gute organisatorische sowie technische Integration des Hinterland-Hubs in die Umschlagsprozesse der Terminals zu ermöglichen. Zur weiteren Verbesserung könnten zeitaufwändige Funktionen des Terminals in die Hinterland-Hubs ausgelagert werden.

Die Seehäfen haben aufgrund der Bahnaffinität ihrer Hinterlandverkehre ein vitales Interesse an einer hohen Leistungsfähigkeit des Schienennetzes. Im Hafenbereich sind sie teilweise als Eisenbahninfrastrukturunternehmen tätig und verfügen als Eisenbahnverkehrsunternehmen über eine Bahnbetriebserlaubnis auf nationalen Strecken. Des Weiteren bestehen sowohl auf nationaler als auch internationaler Ebene enge Kooperationen mit Bahnoperateuren und Eisenbahnspeditionen, um aktiv an einer Erweiterung des Hinterlandes mitzuwirken. Dies versetzt die Seehäfen in die Lage, neue Konzepte für den Bahnhinterlandverkehr zu entwickeln und so das Transportangebot im Schienengüterverkehr zum bzw. vom Hafenstandort zu erhöhen. Die teilweise engen Kontakte zu Verladern haben dabei eine positive Wirkung auf die Realisierungschancen solcher Konzepte.

4.9. Schiffsverkehrssteuerungssysteme

Aus Sicht der deutschen Seehäfen stellt das anhaltende Wachstum auch eine Herausforderung für den seeseitigen Zulaufverkehr dar, die zukunftsfähige innovative Konzepte für die Verkehrssteuerung auf den jeweiligen Revieren erfordert. Beispielsweise wird in naher Zukunft ein insgesamt bedeutender Zu-

---

7   Vgl. Jens-Albert Oppel, Ferry Rail Link – Teilprojekt „Gemischtes Ganzzugsystem Lübeck", in: Bundesministerium für Bildung und Forschung (Hrsg.), Innovation für die Schiene, Bonn, Berlin 2005, S. 53 f.

wachs an Schiffsbewegungen auf der Elbe erwartet, an dem die Containerschiffsanläufe ab und über Panamaxgröße einen besonders großen Anteil ausmachen. Mit dem steigenden Verkehrsaufkommen und dem wachsenden Anteil größerer Schiffe nehmen auch die Störungsrisiken zu. Dieses Zukunftsszenario verdeutlicht den aktuellen Handlungsbedarf einerseits bei der Regelung des Verkehrs auf den deutschen Seerevieren durch die Verkehrszentralen, andererseits bei der Planung und Überwachung der Schiffliegezeiten. In Zukunft wird es zunehmend notwendig, die vorhandenen Kapazitäten auf den Wasser-straßen besser auszunutzen, da der seeseitige Verkehr insbesondere auf der Elbe, aber z. T. auch auf der Außenweser, vielen Beschränkungen hinsichtlich Schiffsbegegnungen und Überholmanövern unterliegt. Außerdem können insbesondere die großen Schiffe den Hafen nur tideabhängig, also nur innerhalb kleiner Zeitfenster anlaufen und verlassen.

Neben einer optimierten Revierplanung wird es hierbei zukünftig vor allem darum gehen, Störungen sowohl frühzeitig zu erkennen, als auch ihre Konsequenzen in Form geänderter Prozessabläufe rechtzeitig zu berücksichtigen. Aus technischer Sicht liegt hier eine der Herausforderungen auch in der Vernetzung der beteiligten Organisationen (Terminals, Hafenämter, Lotsen- und Schlepp-Dienstleister), zwischen denen ein standardisierter Informationsaustausch zunehmend wichtiger wird. Dies erfordert in allen genannten Bereichen IT-gestützte Verfahren zur Planung, Steuerung und Überwachung bzw. deren Vernetzung, um den Verkehrsfluss auf den Revieren zu erhöhen und Stau- bzw. Engpasssituationen vermeiden zu können.[8]

4.10. Hafenzentrierte SCM-Services

Es ist bereits heute eine Tendenz zu erkennen, dass Hafenumschlagsunternehmen verstärkt die Funktion der Organisation und Steuerung gesamter Logistikketten als Mehrwertdienstleistung im Sinne eines Supply Chain Managements übernehmen.[9] Dies beginnt beim Mengenabruf beim Produzenten, geht über die Organisation und Überwachung von Transporten, die Lagerung der Ware bis hin zur termingenauen Auslieferung beim Kunden. Um den Kunden von den Vor-

---

8   Um den Entwicklungsprozess zur Reduzierung negativer Auswirkungen von Störungen auf den Verkehrsfluss zu beschleunigen, ist es ratsam, die Erkenntnisse über das Störungsmanagement in Produktionssystemen zu nutzen und ggf. Analogien zu bilden. Vgl. hierzu insbesondere Frank Schwartz, Störungsmanagement in Produktionssystemen, in: Schriften zur quantitativen Betriebswirtschaftslehre und Wirtschaftsinformatik, Hamburg 2004.

9   Zu diesem Zweck wurden in einigen Hafenbetrieben bereits in der Vergangenheit eigene Bereiche, Tochterunternehmen oder auch joint ventures mit Transporteuren gegründet, wie z.B. der Geschäftsbereich Automotive der BLG LOGISTICS GROUP AG & Co. KG oder die European Cargo Logistics in Lübeck.

teilen dieser Leistungen zu überzeugen, reicht die Darstellung der hafenspezifischen Vorteile nicht aus. Vielmehr müssen die positiven Auswirkungen auf die gesamte Logistikkette transparent dargestellt werden. Hierfür werden zukünftig Simulationssysteme zur Abbildung der Prozesse in den Supply Chains der Kunden entwickelt. Mit Hilfe solcher Modelle können dann verschiedene Konzepte zur Steuerung der Ketten, z. B. Vendor Managed Inventory und Continuous Replenishment, auf ihre Wirkungen, z. B. hinsichtlich Lieferzeiten, Bestände, Verfügbarkeiten, Kapitalkosten und Reaktionszeiten, analysiert und ausgewertet werden. Die so gewonnen Erkenntnisse dienen den Häfen als Katalysatoren für die Umsetzung neuer Konzepte und unterstützen so seine Funktion als Logistikdienstleister.

Literatur

Bundesministerium für Wirtschaft und Technologie (Hrsg.) (2007): ISETEC II – Innovative Seehafentechnologien, Definitionsphase Voruntersuchung / Programmbericht, Berlin 2007

Evelyn Eggers (2002): EDI-Handbuch von DAKOSY für die LKW-Avisierung an Kaibetrieben, Hamburg 2002

Frank Schwartz (2004): Störungsmanagement in Produktionssystemen, in: Schriften zur quantitativen Betriebswirtschaftslehre und Wirtschaftsinformatik, Hamburg 2004

Freie und Hansestadt Hamburg, Behörde für Wirtschaft und Arbeit (Hrsg.) (2009): Konzeptstudie zur Verkehrsverlagerung vom Lkw auf Binnenschiffe und zur Stärkung der Hinterlandverkehre, Hamburg 2009

Jens-Albert Oppel (2005): Ferry Rail Link – Teilprojekt „Gemischtes Ganzzugsystem Lübeck", in: Bundesministerium für Bildung und Forschung (Hrsg.), Innovation für die Schiene, Bonn, Berlin 2005, S. 53 f.

o. V. (2010): HHLA und Eurogate wollen weiter in Feeder Logistik Zentrale investieren, in: Deutsche Verkehrszeitung vom 07.01.2010

5. Die Auswirkungen der Finanz- und Wirtschaftskrise auf den Automobilumschlag in der Nordrange

Prof. Dr. Klaus Harald Holocher, Dr. Peter Wengelowski, Jade Hochschule

5.1. Vorstellung

Dr. Klaus Harald Holocher ist Professor für Europäische Verkehrswirtschaft und Hafenmanagement am Fachbereich Seefahrt in Elsfleth der Jade Hochschule (FH Wilhelmshaven/Oldenburg/Elsfleth). Zuvor war er vier Jahre als Projektleiter beim ISL tätig. Seine Publikations- und Forschungsaktivitäten sind insbesondere auf Management und Organisation von Häfen, auf Hafenlogistik sowie auf Distributionslogistik von Neufahrzeugen gerichtet. Mit Manfred Zachcial hat er gemeinsam u.a. über RoRo- und Ostseefährverkehre publiziert. Dr. habil. Peter Wengelowski vertritt das Lehrgebiet Allgemeine Betriebswirtschaft im Rahmen einer Vertretungsprofessur an der Jade Hochschule. Seine Forschungsschwerpunkte liegen im Bereich Unternehmensführung und Wissensmanagement. Am Fachbereich Seefahrt in Elsfleth ist er im Master-Studiengang Maritime Management engagiert.

5.2. Einführung

Mit der Einführung des rollenden Umschlags hat sich der Seetransport von Automobilen zu einem eigenen Seegüterteilmarkt entwickelt. Die folgenden Überlegungen beziehen sich auf den Seetransport und Umschlag von Fahrzeugen als Handelsgut, und zwar -sofern die Datenbasis dies erlaubt- auf den Umschlag von Neufahrzeugen. Straßenfahrzeuge, die umgeschlagen werden, weil sie Personen oder Güter transportieren, bleiben bei der Betrachtung außen vor.

Eingangs werden die Besonderheiten des maritimen Autotransportmarktes, das weltweite Transportaufkommen und die Transportkapazitäten erläutert. Die langjährige Entwicklung des Umschlages in den Nordrangehäfen und der Stand des Jahres 2008 werden aufgezeigt. Die amerikanische Immobilien- und Bankenkrise entwickelte sich zu einer weltweiten Wirtschaftskrise, die auch die Nachfrage nach Automobilen einbrechen ließ. Staatliche Anreize zum Neuwagenkauf führten zu Vorzieheffekten, die z. B. in Deutschland zu außerordentlich hohen Neuzulassungen von Automobilen führten. Die Auswirkungen der Krise werden auf Basis der Umschlagzahlen des Jahres 2009 analysiert.

Abschließend werden die Reaktionsmöglichkeiten in den Häfen sowie die Perspektiven des Automobilumschlags in der Nordrange umrissen.

5.3. Grundlagen des Seetransports von Automobilen

Die weltweite Nachfrage nach Seetransporten für Automobile ist eine abgeleitete Nachfrage, die vom Handel mit Fertigfahrzeugen abhängt. In Nordwesteuropa (Nordrange) werden fast keine innerstaatlichen Seetransporte von Fahrzeugen durchgeführt. Außenhandelsstatistiken können daher Indikationen für seewärtige Automobiltransporte geben. Dies ist von Bedeutung, da amtliche Statistiken über die Anzahl der über See transportierten Fahrzeuge nicht erstellt werden. In Europa ist nach der EG-Richtlinie über die statistische Erfassung des Personen- und Güterseeverkehrs auch eine Zählung der Fahrzeuganzahl beim Hafenumschlag nicht vorgesehen. Gleichwohl lassen sich für die wichtigsten Fahrzeugumschlaghäfen Zahlenangaben in unterschiedlicher Konkretisierung finden. Darüber hinaus können die vergleichsweise detaillierten und üblicherweise nach Fahrzeugherstellern differenzierten Neuzulassungsstatistiken Hinweise auf (seewärtige) Importe geben.

Der weltweite Seetransport von (Neu)-Fahrzeugen ist nach Berechnungen der Reederei Mitsui O.S.K. Lines (MOL) zwischen 1993 und 2008 von 6 Mio. auf 13,5 Mio. Einheiten angestiegen wie Abb. 1 zeigt.[1]

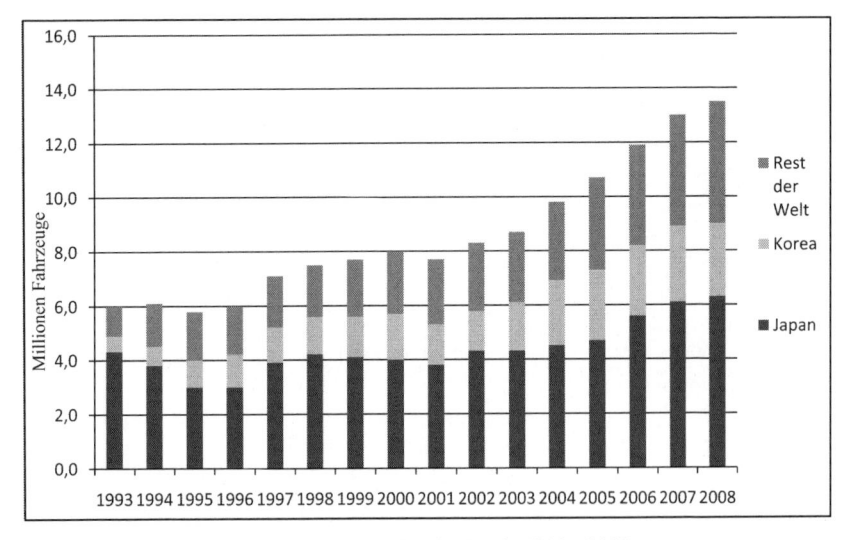

Abb. 1 World Car Carrier Trade 1993 - 2008

---

[1] Vgl. MOL (2009), S. 25.

Die Auswirkungen der Finanz- und Wirtschaftskrise auf den Automobilumschlag 61

Die konkurrierende Reederei NYK schätzt das Transportaufkommen sogar auf 14,83 Mio. Fahrzeuge.

Im Jahr 2008 wurden weltweit etwa 69 Mio. Kraftfahrzeuge hergestellt. Fast jedes Fünfte in diesem Jahr produzierte Neufahrzeug ist damit nach Übersee versandt worden. Bei knapp der Hälfte des Seetransportvolumens handelt es sich um japanische Exportfahrzeuge, ein weiteres Fünftel der Fahrzeuge stammt aus koreanischer Produktion.

Der Seetransport von Containern und von Fahrzeugen hat sich in verschiedener Hinsicht ähnlich entwickelt.[2] So gibt es auch im Fahrzeugtransport auf Seiten der Reeder Konzentrationstendenzen, die hier allerdings schon länger anhalten; Hub and Spoke-Konzepte werden umgesetzt. Ebenso kam es beim Automobil-Seetransport zu einem Wachstum der Schiffsgrößen, wenn auch erst in letzter Zeit. Abweichend von Containerverkehr fällt der starke Einfluss der einzelner Versender auf den Automobiltransport auf: die großen Automobilhersteller (OEM = Original Equipment Manufacturer) steuern die Distributionslogistik, sind häufig Vertragspartner der Automobiltransportreedereien (Car Carrier) und beeinflussen auch die Auswahl der Versand- und Empfangshäfen sowie der übrigen Logistikdienstleister. Diesen vergleichsweise wenigen weltweit agierenden Versendern steht allerdings eine noch geringere Anzahl von spezialisierten Auto-Reedereien gegenüber.

Tab. 1[3] zeigt die hohe Konzentration auf dem Markt für automobile Seetransporte: Die Car Carrier-Flotte von 644 Schiffen hat eine gesamte Kapazität von 3,2 Mio. CEU; fast 60 % der Transportkapazität wird von den drei Reedergruppen WWL-Gruppe (Wallenius Wilhelmsen Logistics und EUKOR), NYK und MOL disponiert. Der vergleichsweise hohe Anteil der Bestellungen, die nicht den großen Reedereien zuzurechnen ist, liegt daran, dass non operating Owner Schiffe bestellen, um sie langfristig an die großen (Linien) Reedereien zu verchartern.[4]

---

2 Siehe dazu Holocher, K. H. (1996).
3 Vgl. Wilh.Wilhelmsen ASA (2010), S. 17.
4 Eine dieser Reedereien hat vor wenigen Jahren die Chartern auslaufen lassen und damit begonnen als CIDO Car Carrier Services eigenständig am Markt für Übersee-Fahrzeugtransporte aufzutreten.

	Kapazität zum Januar 2010	
	Flotte	Orderbuch
WalleniusWilhelmsen-Gruppe	26%	20%
NYK	17%	14%
MOL	16%	22%
K-Line	12%	10%
Höegh Autoliners	9%	5%
CIDOCar Carrier Services	6%	2%
Grimaldi	5%	5%
andere	9%	22%
Summe	100%	100%

Tab. 1 Kapazität der Car Carrier-Flotte in CEU

Die Maßgröße für die Autotransportkapazität CEU (Car Equivalent Unit), auch RT 43 genannt, entspricht einer Stellfläche von 8,4 m². Auf einer solchen Fläche findet nur ein Kleinwagen Platz. Einer der weltgrößten Car Carrier, die LCTC (Large Car Truck Carrier) ANIARA von Wallenius mit 231,6 m Länge bei Panamax-Breite weist mit ihren 13 Decks eine Decksfläche von 67.000 m² auf und wird daher mit einer Kapazität von 8.000 CEU angegeben.

Analog zu den Containerreedereien sind auch im Autotransport die Deepsea-Reeder im Shortsea-Verkehr engagiert. Wallenius und NYK sind je zur Hälfte Eigner von UECC (United European Car Carriers) mit Sitz in Oslo. Diese größte europäische Shortsea-Reederei im Fahrzeugtransport setzt 19 Schiffe für innereuropäische und Feedertransporte zwischen dem Schwarzen Meer und der Ostsee in linienähnlichen Verkehren ein.

Der Automobiltransport erfordert Spezialfahrzeuge (Schiffe, Eisenbahnwagen und LKW), die sich kaum für andere Transportgüter einsetzen lassen. Die Notwendigkeit über Spezialfahrzeuge verfügen zu müssen, erschwert den Markteintritt in die Autotransportmärkte und begünstigt in gewissem Masse die vertikale Verflechtung entlang der Supply-Chain. Auch wenn sich noch keine Lead Logistic Provider durchgesetzt haben, gibt es doch vielfältige Verflechtungen und Übernahmen zwischen den spezialisierten Reedern, Straßen-, Eisenbahn- und Binnenschiffstransporteuren, Umschlagunternehmern und Lagerhaltern.[5]

---

5 Eine ausführlichere Darstellung der Verflechtungen findet sich in Holocher, K. H. (2006).

5.4. Analyse der Umschlagentwicklung bis zum Jahr 2008

Von der oben genannten Anzahl von etwa 14 Mio. auf dem Seeweg transportierten Fahrzeugen kann nur bedingt auf den Seehafenumschlag von Fahrzeugen geschlossen werden. Jedes versandte Fahrzeug wird auch in einem Empfangshafen umgeschlagen. Gegen anfängliche Widerstände der Automobilhersteller haben sich inzwischen Hub and Spoke -Verkehre durchgesetzt, so dass es zu seeseitigen Vor- und Nachlauftransporten zu den Hub-Häfen kommt und dort Transhipment-Umschlag stattfindet. Zusätzlich finden auch Kurzstreckenseeverkehre mit Automobilen statt, beispielsweise über den Englischen Kanal. Diese intraregionalen Transporte sind in den Zahlen über die weltweit transportierten Fahrzeuge nur bedingt berücksichtigt. Insgesamt dürften im Jahr 2008 in den Häfen der Welt etwa 50 Mio. Umschlagvorgänge mit Automobilen stattgefunden haben.

Die folgenden Betrachtungen beziehen sich auf die wichtigsten Häfen der Nordrange, für die über einen längeren Zeitraum konkretere Angaben über den Fahrzeugumschlag erfasst werden konnten. In Abb. 2 wird der Fahrzeugempfang und –versand in einer langen Reihe von 1990 bis 2008 dargestellt. In Deutschland werden die Nordseehäfen Bremerhaven, Cuxhaven, Emden und Hamburg betrachtet, in den Niederlanden Amsterdam, Rotterdam und Vlissingen und in Belgien Antwerpen und Zeebrügge. Insgesamt ist der Fahrzeugumschlag in diesen Häfen seit 1990 von 2,8 auf 7,8 Mio. Fahrzeuge angestiegen, was einer durchschnittlichen jährlichen Wachstumsrate von 6 % entspricht. Der Versand wies mit jährlich + 7 % ein deutlich höheres Wachstum auf als der Empfang, der nur um jeweils + 4,8 % anstieg (s. Abb.2).

Die Maßgröße für die Autotransportkapazität CEU (Car Equivalent Unit), auch RT 43 genannt, entspricht einer Stellfläche von 8,4 m². Auf einer solchen Fläche findet nur ein Kleinwagen Platz. Einer der weltgrößten Car Carrier, die LCTC (Large Car Truck Carrier) ANIARA von Wallenius mit 231,6 m Länge bei Panamax-Breite weist mit ihren 13 Decks eine Decksfläche von 67.000 m² auf und wird daher mit einer Kapazität von 8.000 CEU angegeben.

Analog zu den Containerreedereien sind auch im Autotransport die Deepsea-Reeder im Shortsea-Verkehr engagiert. Wallenius und NYK sind je zur Hälfte Eigner von UECC (United European Car Carriers) mit Sitz in Oslo. Diese größte europäische Shortsea-Reederei im Fahrzeugtransport setzt 19 Schiffe für innereuropäische und Feedertransporte zwischen dem Schwarzen Meer und der Ostsee in linienähnlichen Verkehren ein.

Fahrzeugumschlag der wichtigsten Nordrangehäfen

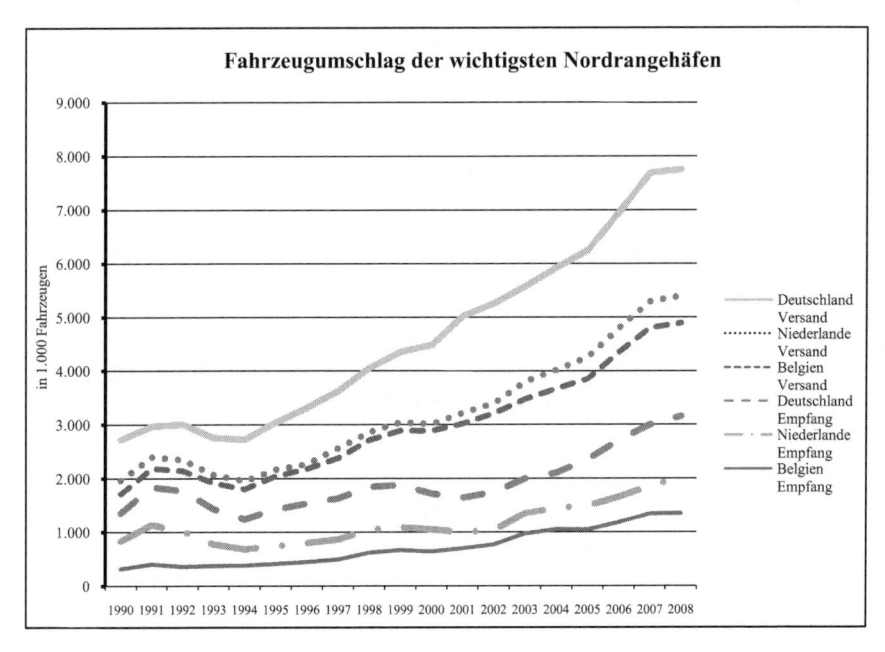

Abb. 2 Fahrzeugumschlag in den Nordrangehäfen 1990 - 2008

Eine Analyse des Fahrzeugumschlags der einzelnen Häfen für die Jahre 2007 und 2008 zeigt im Prinzip eine Stagnation. Eine Ausnahme bildet der Hafen Amsterdam, der als Transhipmenthafen von einer Sonderentwicklung bei Nissan-Fahrzeugen profitieren konnte. Der bedeutendste Autohafen in der Range bleibt Zeebrügge mit 2,13 Mio. Fahrzeugen, dicht gefolgt von Bremerhaven mit 2,08 Mio. Auf dem dritten Rang folgt mit deutlichem Abstand Emden mit 1,01 Mio. Fahrzeugen gefolgt von Antwerpen mit 0,96 Mio.

Der Fahrzeugversand (s. Tab. 2) in der Nordrange musste im Jahre 2008 mit – 2,1 % einen Rückgang verkraften. Hier lässt sich erkennen, dass Fahrzeugexporte bereits von der beginnenden Finanz- und Wirtschaftskrise betroffen wurden; so brach 2008 in den USA der Verkauf von Pkw um 11 % ein. Der Empfang von Fahrzeugen, größtenteils Importe, konnte dagegen noch um gut 5 % zulegen und lag damit sogar leicht über der langjährigen Wachstumsrate. Mit + 17 % deutlich zulegen konnte der Fahrzeugumschlag der niederländischen Häfen, die im Gegensatz zu den belgischen und deutschen Häfen traditionell importlastig sind. Der Einbruch der Nachfrage führte gegen Ende des Jahres 2008 dazu, dass die Lagerflächen in den Häfen vollständig belegt waren, da die produzierten bzw. importierten Fahrzeuge nicht abverkauft wurden.

Die Auswirkungen der Finanz- und Wirtschaftskrise auf den Automobilumschlag 65

Häfen in 1.000 Fahrzeugen	Empfang	zu 2007	Versand	zu 2007	Gesamt	zu 2007
Rotterdam	175	1,1%	35	-51,4%	210	-14,2%
Amsterdam	306	88,0%	156	60,5%	461	77,7%
Vlissingen	184	5,5%	318	-2,0%	502	0,6%
Niederlande	666	30,3%	508	3,2%	1.174	17,0%
Antwerpen	343	9,0%	618	-1,1%	962	2,3%
Zeebrügge	1.009	-2,1%	1.117	-5,2%	2.126	-3,7%
Belgien	1.352	0,5%	1.736	-3,8%	3.088	-2,0%
Bremerhaven/Bremen	801	0,7%	1.278	0,0%	2.079	0,3%
Hamburg	23	2,2%	158	23,9%	181	20,7%
Emden	301	-4,4%	714	-7,1%	1.015	-6,3%
Cuxhaven	10	140,5%	205	-9,5%	215	-6,8%
deutsche Nordsee	1.134	-0,2%	2.355	-1,9%	3.489	-1,3%
Gesamte Range	3.152	5,3%	4.599	-2,1%	7.751	0,8%

Tab. 2 Fahrzeugempfang und -versand in den Nordrangehäfen in 2008

5.5. Ablauf der Finanz- und Wirtschaftskrise

Aus der amerikanischen Immobilien- und Bankenkrise entwickelte sich ab 2008 eine globale Weltwirtschaftskrise. Die Folgen zeigten sich in noch nie vorher erlebten Einbrüchen der nationalen Wirtschaftsleistungen.

Ausgangspunkt für die Rezession war u.a. die US-Finanzkrise, deren Ursprung in einer Destabilisierung des US-Immobilienmarktes lag und ein zugleich immer größer werdendes globales Ungleichgewicht bezogen auf die Leistungsbilanzen der nationalen Wirtschaften.

Seit den 90er Jahren wies eine Gruppe von Ländern wie China, Deutschland und Japan ständig steigende Leistungsbilanzüberschüsse aus. Gleichzeitig nahmen bei anderen Ländern z. B. USA, Großbritannien und Spanien die Leistungsbilanzdefizite ständig zu.[6]

Länder mit Handelsüberschüssen verfügen in der Regel über zu viel Kapital, als dieses im Inland angelegt werden kann. Defizitländer benötigen hingegen Kapitalimporte zur Finanzierung ihrer Fehlbeträge. Dieser Zustand verstärkte sich zunehmend und forcierte die Entwicklung, Anlagemöglichkeiten auf dem globalen Finanzmarkt zu suchen. Insofern steigerten sich mit zunehmenden Fehlbeträgen bzw. Überschüssen die Anreize, Finanzmarktinstrumente zu entwickeln, die diesen gewaltigen Kapitaltransfer von Überschuss- zu Defizitländern

---

6 Vgl. OECD (2008).

flexibel bewältigten. Diese Situation kann dann auch als die „Geburtsstätte" neuer komplexer werdender Finanzmarktprodukte angesehen werden.[7]

Als Folge dieser Entwicklungen hat der Sachverständigenrat[8] eine Reihe makroökonomischer und finanzmarktspezifischer Faktoren identifiziert und deren Zusammentreffen als Ursache der Finanzmarktkrise ausgemacht. „Die Krise am amerikanischen Markt für Wohnungsbaufinanzierungen, die sog. Subprime Krise, hat sich dann zu einer globalen Finanzkrise ausgeweitet, in die bekanntlich viele internationale Banken und unter ihnen auch deutsche Banken involviert"[9] wurden.

„Eine Abkühlung der Weltkonjunktur hatte sich bereits im Verlauf des Jahres 2007 angedeutet. Zu Beginn des Jahres 2008 war die konjunkturelle Schwäche noch weitgehend auf die USA beschränkt. Danach setzte auch in den übrigen Industrieländern ein Abschwung ein. Die dramatische Zuspitzung der Situation an den Finanzmärkten im September 2008, die in dem Zusammenbruch der Investmentbank Lehman Brothers kulminierte, löste dann einen schweren Einbruch der Produktion aus, der auch die Schwellenländer erfasste, die sich zuvor noch recht robust gezeigt hatten."[10] Die Produktion befand sich nunmehr überall auf der Welt gleichzeitig auf Talfahrt. Aufgrund ihrer Exportabhängigkeit waren Japan und Deutschland von dieser Entwicklung stark betroffen.

Als Reaktion auf die Krise wurde in Deutschland das 31 Milliarden Euro schwere Konjunkturpaket 1 und das Konjunkturpaket 2 in Höhe von 50 Milliarden Euro aufgelegt. Die Investitionen umfassten schwerpunktmäßig Infrastrukturmaßnahmen für Straßen und Schienen sowie für Schulen und Universitäten. Für die direkte Förderung des Automobilabsatzes in Deutschland wurden 5 Milliarden Euro im Rahmen der sog. Abwrackprämie (Umweltprämie) zur Verfügung gestellt. Die Prämie in Höhe von 2.500 Euro wurde für die Verschrottung eines mindestens 10 Jahre alten Fahrzeuges ausgelobt, wenn gleichzeitig ein Neuwagen gekauft wurde.

In vielen Staaten der Erde (z. B. USA, UK, Frankreich, Spanien) wurden staatliche Maßnahmen ergriffen, um den Automobilabsatz zu fördern und die Krisenfolgen abzumildern, sie begannen ab dem zweiten Quartal 2009 zu greifen. Diese Maßnahmen galten bevorzugt der jeweils nationalen Fahrzeugindustrie bzw. wirkten sich auf den Kauf von kleineren Fahrzeugen aus, so dass die deutschen Autoexporte nur zögerlich profitieren konnten. Die Fördermaßnah-

---

7   Vgl. Horn, G.; Joebges, H.; Zwiener, R.(2009).
8   Vgl. Sachverständigenrat (2008) S. 6.
9   Bernd, R. (2008) S. 713.
10 Nierhaus, W. (2009) S. 28.

men führten zum Teil zu einer zusätzlichen Nachfrage, größtenteils bewirkten sie nur ein Vorziehen der Ersatzbeschaffung von Fahrzeugen mit der Folge eines anschließenden Nachfragerückgangs.

5.6. Einbruch des Automobilumschlages und Auswirkungen

Die Welt-Produktion von Kraftfahrzeugen verzeichnete in Jahr 2009 gegenüber dem Vorjahr einen signifikanten Rückgang um 13,2 %[11]. Dabei verlief die Entwicklung in den einzelnen Weltregionen durchaus differenziert, wie Tab. 3 zeigt:

Kfz-Produktion	2008	2009	Veränderung
Welt	69.118.103	60.019.630	-13,2%
Europa	21.757.000	16.953.100	-22,1%
Asien	29.739.600	30.020.060	0,9%
China	9.299.180	13.790.994	48,3%
Japan	11.575.644	7.934.516	-31,5%
USA	8.672.141	5.696.552	-34,3%
Deutschland	6.045.730	5.209.857	-13,8%

Quelle: VDA 2010, teilweise vorläufig oder geschätzt

Tab. 3 Kraftfahrzeugproduktion weltweit in 2009

Während Deutschland dem weltweiten Trend folgte, brach die Produktion in Japan und USA um über 30 % ein. China dagegen konnte im Jahr 2009 einen Produktionszuwachs von fast 50 % verbuchen und sich zum größten Kraftfahrzeughersteller der Welt entwickeln. Der weltweite Seetransport von Automobilen ist im Jahre 2009 nach Schätzungen von NYK um 14,5 % gesunken und hat damit in etwa die gleiche Entwicklung genommen wie die Welt-Produktion von Kraftfahrzeugen.

Deutschland ist als größter europäischer Markt sowie als größte Produktions- und Exportnation von besonderer Bedeutung für den Fahrzeugumschlag der Nordrangehäfen. Die PKW-Exporte aus Deutschland lagen im Jahr 2009 bei 3,4 Mio. Fahrzeugen und damit um 17,1% unter dem Vorjahreswert. Bezogen auf die Märkte Großbritannien (die größte Export-Destination), Asien und Amerika,

---

11 VDA (2010): Zahlen & Fakten: Jahreszahlen: Automobilproduktion, in: http://www.vda.de/de/zahlen/jahreszahlen/automobilproduktion/index.html (Abruf 02.05.2010)

die nur auf dem Seeweg erreicht werden können, lag der Rückgang mit 13,5 % deutlich niedriger; die deutschen Exporte dorthin sanken auf 1,53 Mio. Pkw.[12]

Im Gegensatz zum Rückgang der Fahrzeugproduktion und der Exporte stiegen 2009 die Neuzulassungen von Pkw in Deutschland um 23 % auf 3,8 Mio. Fahrzeuge an. Hier zeigte sich die Wirkung der Abwrackprämie (Umweltprämie), die den Kauf von fast zwei Millionen Neufahrzeugen oder Jahreswagen bezuschusste.

Der Fahrzeugumschlag in den Nordrangehäfen brach im Jahr 2009 deutlich ein. Für die niederländischen Seehäfen liegen noch keine endgültigen Statistiken für das Jahr 2009 vor. Vorläufige Angaben deuten allerdings darauf hin, dass in Amsterdam der Fahrzeugumschlag um fast die Hälfte gesunken ist, in Rotterdam ist sogar von 70 % Rückgang die Rede. In Zeeland Seaports (Vlissingen und Terneuzen) brach der RoRo-Umschlag insgesamt um 35 % ein, wobei der Empfang besonders stark betroffen war. Auch in den belgischen und deutschen Nordseehäfen fiel der Fahrzeugumschlag um mehr als 30 % wie Tab. 4 zeigt.

in 1.000 Fahrzeugen	2009					
Häfen	**Empfang**		**Versand**		**Gesamt**	
Antwerpen	238	-30,7%	532	-13,9%	770	-19,9%
Zeebrügge	631	-37,5%	655	-41,3%	1.286	-39,5%
Belgien	869	-35,7%	1.188	-31,6%	2.056	-33,4%
Bremerhaven/Bremen	406	-49,3%	825	-35,4%	1.231	-40,8%
Hamburg	36	56,5%	147	-7,0%	183	1,1%
Emden	271	-10,0%	550	-23,0%	821	-19,1%
Cuxhaven	16	66,1%	173	-15,5%	189	-11,8%
deutsche Nordsee	729	-35,8%	1.696	-28,0%	2.424	-30,5%

Tab. 4 Fahrzeugumschlag 2009 in Belgien und Deutschland

Auffallend ist, dass die Importe deutlich stärker als die Exporte abnahmen. So fiel der Fahrzeugempfang in den deutschen Häfen um 36 % obwohl die Neuzulassungen in Deutschland um 23% zugenommen hatten. Die Ursache dürfte darin liegen, dass die gestiegene Nachfrage sich insbesondere auf kleinere Fahrzeuge aus deutscher und kontinentaleuropäischer Produktion richtete, die nicht auf dem Seeweg importiert werden.

---

12 VDA (2010): Zahlen & Fakten: Jahreszahlen: Export, in: http://www.vda.de/de/zahlen/jahreszahlen/export/index.html (Abruf 02.05.2010)

Ein mit ca. 40 % deutlich überproportionaler Umschlagrückgang fällt in den beiden größten Autoumschlaghäfen Bremerhaven und Zeebrügge auf. Dies dürfte darin begründet sein, dass diese Häfen einen signifikanten Transhipment-Umschlag aufweisen: aus Übersee eingehende Fahrzeuge werden auf dem Seeweg weiter in Europa verteilt. Jedes Fahrzeug, das auf diesem Wege weniger importiert wird, fehlt zusätzlich auch in der Versandstatistik.

In den ersten Monaten des Jahres 2010 ist der Versand von Automobilen in deutschen Häfen sehr deutlich angestiegen, während beim Empfang eher weitere Rückgänge zu verzeichnen sind. Hier zeigen sich deutlich die Effekte der Abwrackprämie, da für das Jahr 2010 vorgesehene Ersatzbeschaffungen auf 2009 vorgezogen worden waren.

5.7. Reaktionsmöglichkeiten und Perspektiven in den Häfen

Der Fahrzeugumschlag ist vergleichsweise personal- und flächenintensiv, während kaum Geräte eingesetzt werden. Die Personalkosten machen deutlich mehr als die Hälfte der Gesamtkosten aus. Der durch den Umschlagrückgang bewirkte Personalüberhang konnte kurzfristig durch Abbau von Überstunden, Abfeiern von Resturlaub und Verzicht auf Leiharbeiter aufgefangen werden. Als weitere Maßnahmen wurden Kurzarbeit eingeführt und Verhandlungen über Reduktion der Personalkosten aufgenommen. So konnte im Frühjahr 2010 ein zentraler Tarifvertrag für Fahrertätigkeit im Automobilumschlag in deutschen Seehäfen mit einem vergleichsweise niedrigen Stundenlohn von 10,90 Euro abgeschlossen werden. Zu Entlassungen kam es vor allem beim Gesamthafenbetriebsverein, der den Umschlagunternehmen in den Bremischen Häfen in Spitzenzeiten die Hälfte der Mitarbeiter für den Fahrzeugumschlag zur Verfügung gestellt hatte.

Beim Fahrzeugversand stehen die Automobile nur vergleichsweise kurz auf den Lagerflächen im Hafen und werden i.d.R. ohne weitere Behandlung aufs Schiff gefahren. Möglichkeiten, zusätzliche Wertschöpfung (value adding services) im Zusammenhang mit dem Fahrzeugumschlag zu erbringen, bieten sich vor allem beim Fahrzeugempfang. In Technikzentren (spezialisierten Autowerkstätten) können die importierten Fahrzeuge aufbereitet, mit Bedienungsanleitungen bestückt, gemäß der Vorschriften des Importlandes ausgerüstet oder durch technische Veränderungen und Ergänzungen entsprechend der Kundenwünsche „individualisiert" werden. Mit dem Einbruch der Importzahlen erleiden die Umschlagunternehmen erhebliche Einbußen bei Umsatz und Beschäftigung, die durch wieder steigende Exporte nicht aufgefangen werden können. Es wird versucht, die Werkstattkapazitäten durch Flottengeschäft (Pflege und Wartung der

Rückläufer von Autovermietungen oder Dienstwagenflotten) oder Angebote für Privatkunden auszulasten.

Umschlageinrichtungen und Lagerflächen – jedoch keine Regellager – können durch „High and Heavy"-Ladung, d.h. schwere Fahrzeuge und andere nicht containerisierbare Stückgutladung, die rollbar gemacht wird (z. B. Landmaschinen, Jachten, Rolltreppen, Anlagenteile usw.) genutzt werden. Aufgrund der Wirtschaftskrise ist dieses Marktsegment, vielleicht mit Ausnahme der Windenergieanlagen, jedoch auch rückläufig. Mit einer gewissen zeitlichen Verzögerung dürften die weltweiten Maßnahmen zur Belebung der Konjunktur auch den Investitionsgüterbereich beleben und zu einem steigenden Transportaufkommen in diesem Segment beitragen.

Auf der Hauptversammlung 2010 der Volkswagen AG zeigte deren Vorstandsvorsitzender Winterkorn die Perspektiven der Automobilindustrie auf und betonte, dass ihre Zukunft in dem Motto läge „Fahrzeuge aus der Region für die Region"; Tab. 5 zeigt die automobilen Wachstumsregionen auf[13]:

Kfz-Nachfrage	2009	2012	2018	Veränderung
Gesamt	63,6	79,0	93,7	47%
Japan	4,6	5,0	4,5	-1%
Westeuropa	15,0	15,2	16,7	11%
Südamerika	4,4	5,1	6,2	42%
Nordamerika	12,7	18,1	19,5	54%
China	13,0	17,9	22,7	75%
Osteuropa	2,8	3,7	6,0	114%
Indien	2,1	3,0	4,7	128%
Rest der Welt	9,2	11,1	13,4	46%
Quelle: VVW, Schätzung IHS Global Insight für Pkw und Leichte Nutzfahrzeuge; April 2010				

Tab. 5 Automobile Wachstumsmärkte bis 2018

Wachstumsregionen sind eindeutig Indien und China, die nur auf dem Seeweg beliefert werden können, sowie Osteuropa. Deutliche Zuwächse gegenüber 2009 werden auch in Amerika erwartet, während Westeuropa und Japan mehr oder weniger stagnieren werden.

---

13   Volkswagen AG (2010)

Insgesamt ist bis 2018 fast mit einer Verdopplung der weltweiten Fahrzeugnachfrage zu rechnen, so dass prinzipiell positive Aussichten für den maritimen Fahrzeugtransport und -umschlag bestehen. Nach dem obengenannten Motto tendieren die Automobilhersteller allerdings dazu, ihre Produktionskapazitäten in Deutschland und Westeuropa zurückzufahren, während sie in den Abnehmerregionen Montage- und Produktionskapazitäten aufbauen und ausweiten. Die Zielstaaten, insbesondere China, betreiben teilweise eine Importsubstitutionspolitik bzw. werden künftig als Fahrzeugexporteure auftreten. Es ist zu erwarten, dass diese Entwicklung den Neufahrzeugversand in der Nordrange dauerhaft beeinträchtigen wird. Mit steigenden Fahrzeugimporten aus China, Indien und Südamerika könnte dagegen gerechnet werden.

5.8. Zusammenfassung

Der Markt für Überseetransporte von Neufahrzeugen ist durch ein eher enges Oligopol gekennzeichnet, wenigen großen Automobilherstellern/-exporteuren stehen wenige große spezialisierte Reedereien gegenüber, die im Jahr 2008 etwa 14 Mio. Fahrzeuge transportiert haben. In den Automobilhäfen Westeuropas werden neben Überseeim- und -exporten auch innereuropäische und Transhipmentverkehre abgewickelt. Der Umschlag in den wichtigsten Häfen Belgiens, Deutschlands und der Niederlande wuchs seit 1990 relativ stätig mit 6 % pro Jahr, wobei das Wachstum im Versand über dem des Empfangs lag.

Die Auswirkungen der weltweiten Wirtschaftskrise zeigten sich schon 2008 in einem leichten Rückgang des seeseitigen Exports von Fahrzeugen. In 2009 brach der Umschlag um etwa ein Drittel ein, während die Welt-Fahrzeugproduktion nur um 13 % zurück ging. Auf Basis der extrem niedrigen Vorjahreswerte kam es im ersten Quartal 2010 zu einem deutlichen Anstieg der Fahrzeugexporte in Deutschland, wohingegen die Importe weiter sanken. Diese Entwicklung führte zu einem deutlichen Beschäftigungsrückgang in den Häfen, da insbesondere die an Fahrzeugimporte gebundenen nachgelagerten technischen Dienstleistungen wegbrachen. Kurzfristig konnte durch Flexibilisierungsmaßnahmen der Abbau von Stammbelegschaften in den Häfen vermieden werden. Eine Alternativnutzung der Umschlaganlagen und Lagerflächen für Fahrzeuge ist nur bedingt möglich.

Bis 2018 wird mit einer knappen Verdopplung der weltweiten Automobilnachfrage im Vergleich zu 2009 gerechnet. Allerdings wird sich dieses Wachstum zum großen Teil außerhalb Westeuropas (und Japans) abspielen. Ob diese Nachfragebelebung auf den Fahrzeugumschlag in den Nordrangehäfen durchschlägt, hängt auch davon ab, inwieweit die Fahrzeughersteller ihre Produktionskapazitäten in die Nachfrageregionen verlegen. Neue Produktionskapazitäten von Fahrzeugen westeuropäischer Marken in China, Indien oder Amerika können allerdings auch steigende Importe dieser Fahrzeuge in Westeuropa mit sich bringen.

Literatur

Bernd, R. (2008): Lehren aus den Ursachen und dem Verlauf der internationalen Finanzkrise, in: zfbf 60 November 2008, S. 713.

Holocher, K. H. (1996): Seetransport von Pkw - Gibt es Parallelen zur Entwicklung des Containerverkehrs?, in: Schiff&Hafen 12/1996, S. 9-12

Holocher, K. H. (2003): Maritime Vehicle Logistics – With a Special Focus on the Role of European Short-sea Transport, in: European Car-Transport Group of Interest: Survey on Vehicle Logistics 2003-2004, Brüssel 2003, S. 244 – 251

Horn, G.; Joebges, H.; Zwiener, R. (2009): Von der Finanzkrise zur Weltwirtschaftskrise (II), in: IMK Report. 40, August 2009

MOL (2009): Investor Guidebook, Tokyo.

Nierhaus, W. (2009): Deutsche Konjunkturperspektiven 2009/2010: Im Sog der Weltrezession, in: ifo Dresden 3/2009, S. 28.

OECD (2008): Growing unequal? Income distributon and poverty in OECD countries, Paris.

Sachverständigenrat (2008): Sachverständigenrat zur Begutachtung der gesamtwirtschaftlichen Entwicklung (2007), Das Erreichte nicht verspielen, Jahresgutachten 2007/2008, Wiesbaden

VDA (2010): Zahlen & Fakten: Jahreszahlen, in: http://www.vda.de/de/zahlen/jahreszahlen/ (Abruf 02.05.2010)

Volkswagen AG (2010): Rede von Prof. Dr. Winterkorn auf der 50. ordentlichen Hauptversammlung, Teil III Rede, Charts, Wolfsburg 22. April 2010

Wilh.Wilhelmsen ASA (2010): Restructuring auf Wilh.Wilhelmsen Group, Präsentation, Lysaker, 15. März 2010

ZEW/NIW (2009): Die Bedeutung der Automobilindustrie für die deutsche Volkswirtschaft im europäischen Kontext, Endbericht an das Bundesministerium für Wirtschaft und Technologie, Mannheim, Hannover 2009

6. Wirtschaftlichkeit der Container-Binnenschifffahrt im Seehafenhinterlandverkehr
Dargestellt am Beispiel des Hafen Hamburg

Prof. Dr. Heiner Hautau, Universität Hamburg

6.1. Einleitung

Die Zunahme der weltweiten Arbeitsteilung im Zuge der anhaltenden Globalisierung der vergangenen Jahrzehnte hat insbesondere im Seeverkehr zu extremen Wachstumsraten beigetragen. Die Häfen als logistische Schnittstellen im Land-Seeverkehr standen hierdurch einerseits vor dem Erfordernis, sich den steigenden Umschlagmengen durch Ausbau ihrer Kapazitäten anzupassen. Andererseits zeigte sich in zunehmendem Maße die Notwendigkeit, die Verkehrsinfrastruktur im Seehafenhinterland für die Verkehrsträger Straße, Bahn und Binnenschifffahrt den steigenden Transporterfordernissen anzupassen. Dies gelang bisher nur in unzureichendem Maße, da der Ausbau der Verkehrsinfrastruktur durch lange Vorlaufzeiten gekennzeichnet ist und die dafür erforderlichen Finanzmittel nicht verlässlich zur Verfügung gestellt wurden.

Die Diskussion über die Umweltverträglichkeit des Verkehrs und die zunehmenden Engpässe bei den Verkehrsträgern Schiene und Straße hatte zur Folge, dass die Binnenschifffahrt wieder stärker in den Fokus der verkehrspolitischen Betrachtung rückte. Grundsätzlich verfügt diese über freie Kapazitätsreserven und ist bei hoher Umweltverträglichkeit in der Lage, einen größeren Anteil am Seehafenhinterlandverkehr zu bewältigen. Dies ist jedoch nur zu realisieren, wenn die Binnenschifffahrt wirtschaftlich und damit konkurrenzfähig gegenüber den anderen Verkehrsträgern betrieben werden kann. Im Gegensatz zur Rheinschifffahrt bestehen an Weser und Elbe noch erhebliche nautische und infrastrukturelle Restriktionen für die Binnenschifffahrt, die deren logistischen Potentiale im Seehafenhinterlandverkehr beschränken. Diese Abhandlung stellt die Situation für die Elbschifffahrt dar und zeigt auf, unter welchen Bedingungen der kombinierte Verkehr auf dem Wasser wirtschaftlich und konkurrenzfähig betrieben werden kann.

6.2. Situation des Seehafenhinterlandverkehrs (Container) im Hafen Hamburg

Die Situation des landseitigen Seehafenhinterlandverkehrs im Hafen Hamburg war im Jahr 2008 dadurch gekennzeichnet, dass insgesamt 5,46 Mio. Container (TEU) im Zu- und Ablaufverkehr transportiert wurden. Der größte Anteil mit 3,45 Mio. TEU entfiel dabei auf den Lkw-Transport, die Bahn transportierte 1,89 Mio. TEU, während mit dem Binnenschiff lediglich 0,12 Mio. TEU befördert wurden.

Betrachtet man die relativen Anteile der Verkehrsträger (Modal Split) im Hinterlandverkehr des Hafen Hamburg im Zeitablauf von 2002 bis 2009 in Tab.1, so kann festgestellt werden, dass der prozentuale Anteil der Lkw-Verkehre sich von 70 auf 64% verringerte, während die Bahn ihren Anteil von 28 auf 34% erhöhen konnte. Die Binnenschifffahrt stagniert in diesem Zeitraum jedoch weiter mit einem Anteil von 2% am Transportaufkommen des Hinterlandverkehrs.

	2002	2003	2004	2005	2006	2007	2008	2009
Bahn	28	28	29	30	31	34	35	34
Binnenschiff	2	2	2	2	2	2	2	2
Lkw	70	70	69	68	67	64	63	64
Gesamt	100	100	100	100	100	100	100	100

Tab. 1 Modal Split im Seehafenhinterlandverkehr des Hafen Hamburg Container (TEU) 2002 – 2009 in v.H. / Quelle: Hafen Hamburg Marketing 2010

Dieser nach wie vor niedrige prozentuale Anteil der Binnenschifffahrt am Hinterlandverkehr auf der Elbe verdeckt allerdings die Tatsache, dass der Containertransport auf der Elbe in absoluter Betrachtung von 2002 – 2009 erhebliche Zuwächse erreichen konnte. Wurden im Jahr 2002 erst 56.000 TEU per Binnenschiff auf der Elbe transportiert, so waren es im Jahr 2008 bereits 119.000 TEU (s. Abb.1). Der Rückgang im Jahr 2009 auf 92.000 TEU ist Folge der gegenwärtigen weltweiten Krise im Containerumschlag, von der auch der Hafen Hamburg betroffen ist. Die bemerkenswerten Zuwächse der Binnenschifffahrt im Containerverkehr spiegeln jedoch die Anstrengungen der Operateure dieses Verkehrsträgers wider, trotz erheblicher Restriktionen die Transportleistung im Elbstromgebiet zu steigern.

Wirtschaftlichkeit der Container-Binnenschifffahrt   75

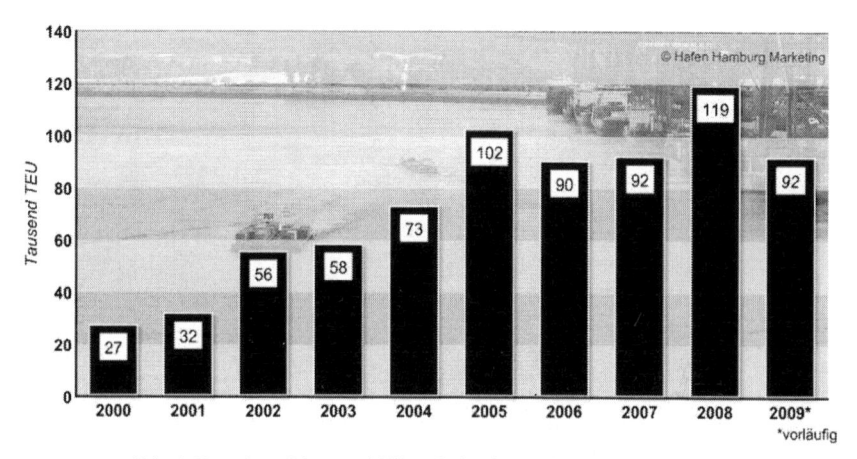

Abb. 1 Container-Binnenschiffsverkehre im Hafen Hamburg (TEU)
Quelle: Hafen Hamburg Marketing 2010

6.3. Schiffstypen für den Containertransport in der Binnenschifffahrt

Grundsätzlich sind fast alle Schiffstypen in der Binnenschifffahrt für den Transport von Containern geeignet. Für die hier durchzuführende Betrachtung der Wirtschaftlichkeit der Container-Binnenschifffahrt werden allerdings nur die gängigsten Binnenschiffe herangezogen. Es handelt sich hierbei zum einen um den Typ „Johann Welker" in der verlängerten Version (JW_{verl}), der auch als „Europaschiff" bezeichnet wird, und zum anderen um das Großmotorschiff von 110 m (GMS-110 m) sowie von 135 m Länge (GMS-135 m).[1] Tab. 2 fasst die technischen Daten der hier betrachteten Schiffstypen zusammen.

Es ist ersichtlich, dass das Schiff vom Typ JW_{verl} pro Lage 27 TEU befördern, bei dreilagigem Transport somit bis zu 81 TEU. Dem gegenüber können Großmotorschiffe bei einer Länge von 110 m maximal 156 TEU und bei einer Länge von 135 m insgesamt 204 TEU bei drei Lagen transportieren.

---

1   Der Transport von Containern in Schubverbänden wird bei dieser Betrachtung nicht berücksichtigt, da hierzu keine detaillierten betriebswirtschaftlichen Angaben zur Verfügung standen.

Technische Daten	Schiffstypen		
	JW_{verl}	GMS-110m	GMS-135m
Länge [m]	85	110	135
Breite [m]	9,50	11,40 (11,45)	11,45
Tiefgang max. [m]	2,70	3,50	3,50
Seitenhöhe [m]	2,85	4,00	4,00
Doppelboden-/Strauhöhe [m]	0,40	0,60	0,60
Laderaumlänge [m]	59,00	80,00	105,00
Laderaumbreite [m]	7,50	10,00	10,00
Laderaumhöhe[m]	3,25	4,05	4,05
Tragfähigkeit max. [t]	1.500	3.000	3.700
TEU nebeneinander	3	4	4
TEU voreinander	9	13	17
TEU gesamt bei drei Lagen	81	156	204

Tab. 2 Technische Daten von Binnenschiffen für den Containerverkehr
Quelle: VBD, 2003, S. 12, eigene Darstellung

6.4. Container-Binnenschifffahrt im Elbstromgebiet

Die Elbe hat eine Gesamtlänge von 1.093 km. Ihre Quelle liegt im tschechischen Teil des Riesengebirges im so genannten Elbbrunnen in einer Höhe von 1.390 m über dem Meeresspiegel. Ausgehend von Tschechien durchfließt die Elbe dann die Bundesrepublik Deutschland und mündet schließlich bei Cuxhaven in die Nordsee. Auf Deutschland entfallen dabei 727,7 km der Gesamtlänge der Elbe.

Im Folgenden soll dargestellt werden, inwieweit die Container-Binnenschifffahrt auf den Abschnitten der Mittel- und Oberelbe durch nautische und infrastrukturelle Restriktionen beeinträchtigt wird. Abb. 2 zeigt einen Ausschnitt des relevanten Gebietes.

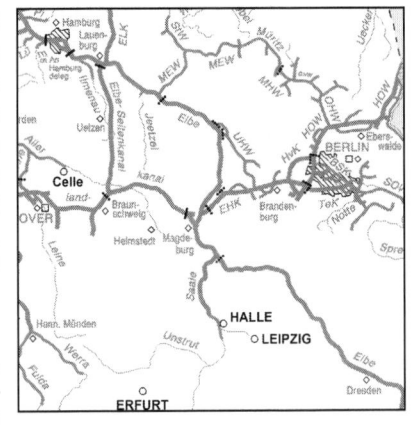

Abb. 2 Ausschnitt der Mittel- und Oberelbe
Quelle: LUB, Handbuch Güterverkehr Binnenschifffahrt, S A1-4

Von Bedeutung ist dabei, inwieweit die Restriktionen die Containerschifffahrt auf den Relationen Hamburg-Dresden und Hamburg-Berlin beeinträchtigen. Für die Strecke nach Berlin muss dabei auch die Havel und deren Anschluss an die Elbe betrachtet werden. Die Restriktionen einer Alternativstrecke zur Elbe von Lauenburg bis Magdeburg über den Elbe-Seiten- und Mittellandkanal werden dabei ebenfalls berücksichtigt.

- **Schifffahrtsbedingungen**

Die Elbe zeichnet sich durch ausgeprägte Winter- und Frühjahrshochwasser gegenüber teilweise lang anhaltenden Trockenperioden im Sommer und Herbst aus. In dem Einzugsgebiet der Elbe, das durch Mittelgebirge charakterisiert ist, laufen die Niederschläge vergleichsweise schnell ab, so dass Niedrigwasserstände entstehen können, die die Schifffahrt behindern oder sogar zur Einstellung dieser führen. Solch ein Fall trat z.B. im „Jahrhundertsommer" 2003 auf.

Dies hat zur Folge, dass die Fahrwassertiefe der Mittel- und Oberelbe eine erhebliche Beeinträchtigung der Binnenschifffahrt darstellt, da der zur Verfügung stehende zulässige Tiefgang der Schiffe auch noch einen Sicherheitsabstand von 0,3-0,4 m zwischen Schiffsboden und Fahrwassergrund berücksichtigen muss.

Regelmäßige Messungen an den 9 Pegelstandorten der Elbe zeigen auf, an wie viel Tagen der Binnenschifffahrt in den jeweiligen Flussabschnitten ein ausreichender Tiefgang zur Verfügung steht. Für den Containerverkehr auf der Relation Hamburg-Dresden sind dabei die Abschnitte E5 (Magdeburg) und E8 (Wittenberge) ausschließlich Tiefgang bestimmend. Abb. 3 zeigt dies sehr deutlich.

Abb. 4 zeigt noch einmal im Detail, dass bis zu einem Tiefgang von etwa 1,50 m der Abschnitt Wittenberge bestimmend ist. Ab einem Tiefgang von etwa 1,90 m ist der Abschnitt Magdeburg Tiefgang bestimmend. Der Bereich Wittenberge stellt daher eine besondere Restriktion für die Binnenschifffahrt dar, da dieser bei Tiefgängen unter 1,50 m nur noch stark eingeschränkt durchfahren werden kann.

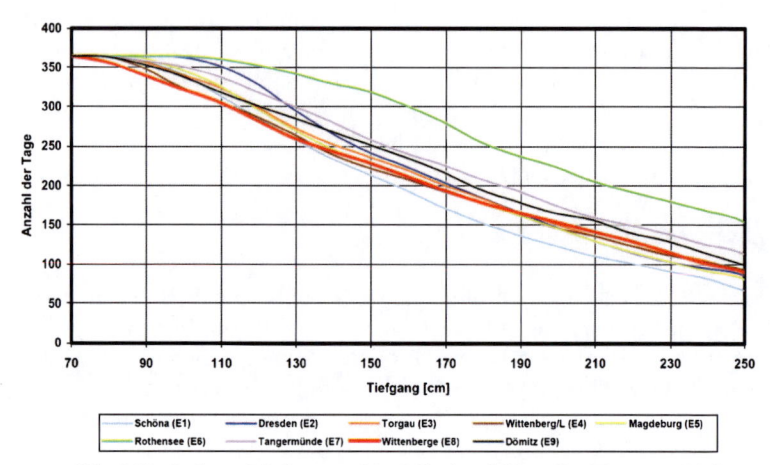

Abb. 3 Verfügbarer Tiefgang auf der Mittel und Oberelbe (Tage pro Jahr) Quelle: VBD, 2004, S. 143. Messzeitraum 1990-1999

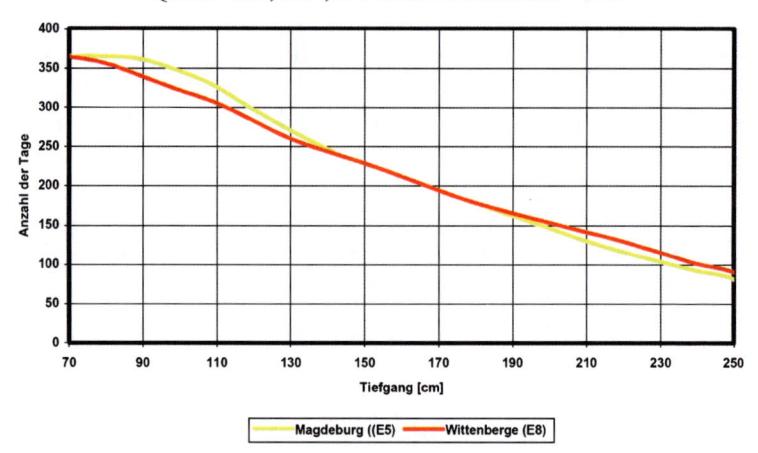

Abb. 4 Verfügbarer Tiefgang in den Abschnitten Magdeburg und Wittenberge (Tage pro Jahr) Quelle: VBD, 2004, S. 144. Messzeitraum 1990-1999

Die folgende Tab. 3 zeigt noch einmal sehr deutlich, dass im Abschnitt Wittenberge an etwa 270 Tagen im Jahr ein Tiefgang von mindestens 1,25 m zur Verfügung steht. Allerdings haben die hier betrachteten Binnenschiffe (JW$_{verl}$, GMS-110 m und GMS-135 m) einen Leertiefgang von 1,20 m und darüber, so dass dieser Tiefgang für die gewerbliche Binnenschifffahrt nicht ausreichend ist. An ungefähr 180 Tagen steht im Durchschnitt ein Tiefgang von 1,75 m zur Verfügung, während ein für die Binnenschifffahrt günstiger Tiefgang von 2,50 m und mehr nur durchschnittlich an 90 Tagen im Jahr erreicht wird.

Tage	Tiefgang
270	1,25
230	1,50
180	1,75
150	2,00
120	2,25
90	2,50

Tab. 3 Verfügbarer Tiefgang im Abschnitt Wittenberge (Tage/Jahr)
Quelle: VBD, 2004, S. 144.

Neben dem zur Verfügung stehenden Tiefgang müssen bei der mehrlagigen Containerschifffahrt auch die infrastrukturellen Gegebenheiten betrachtet werden. Von Hamburg kommend muss vor den Abschnitten der Mittel- und Oberelbe die Doppelschleuse Geesthacht passiert werden. Diese stellt jedoch mit Kammerlängen von 230 m, einer Breite von je 24 m und ausreichender Wassertiefe keine Restriktion dar, außer dass sich die Fahrtzeit um die Dauer der Schleusung verlängert. Zudem ist die Schleuse Geesthacht 24 Stunden am Tag in Betrieb.

Die Brückendurchfahrtshöhe auf der Relation Hamburg–Dresden ist grundsätzlich ausreichend für den dreilagigen Containerverkehr. Nur an wenigen Tagen im Jahr mit besonders hohen Wasserständen nahe dem Höchsten Schifffahrtswasserstand (HSW) wird ein dreilagiger Containerverkehr unmöglich.

Zusammengefasst bedeutet dieses, dass der Containerverkehr auf der Mittel- und Oberelbe im Wesentlichen von den Wasserständen abhängig ist. Dreilagiger Containerverkehr wird weniger von den Brückendurchfahrtshöhen eingeschränkt als durch den zulässigen Tiefgang der Binnenschiffe.

- **Relation Hamburg-Berlin**

Für die Relation Hamburg-Berlin müssen neben der Elbe auch die märkischen Wasserstraßen befahren werden. Dabei stehen für die Einfahrt von der Elbe in die märkischen Wasserstraßen verschiedene Möglichkeiten zur Verfügung. Sie kann über den Niegripper Verbindungskanal (NVK), die Untere Havelwasserstraße (UHW), den Pareyer Verbindungskanal oder über Rothensee erfolgen. Bei Befahrung des Niegripper Verbindungskanals beträgt die Fahrtstrecke zwischen Hamburg und Berlin rund 400 km, wobei auf der Strecke ab dem Niegripper Verbindungskanal bis nach Berlin fünf Schleusen zu passieren sind. Auf der gesamten Distanz zwischen Hamburg und Berlin sind somit sechs Schleusungen erforderlich.

Die Teilstrecke auf den märkischen Wasserstraßen nach Berlin befindet sich derzeit im abschließenden Ausbau. Das so genannte Verkehrsprojekt Deutsche Einheit, Projekt 17 (VDE 17), sieht vor, diesen Abschnitt für Binnenschiffe mit 110 m Länge und 11,45 m Breite auszubauen. Zudem soll eine durchgehende Abladetiefe von 2,80 m ermöglicht werden Der Containerverkehr mit diesen Schiffen kann dann zweilagig durchgeführt werden.

Da in absehbarer Zukunft auf den märkischen Wasserstraßen ganzjährig zweilagiger Containerverkehr möglich ist, wird die Befahrbarkeit der Relation Hamburg-Berlin weiterhin durch den Elbeabschnitt E8 (Wittenberge) bestimmt. Ist aufgrund einer niedrigen Fahrwassertiefe in Wittenberge der mögliche Tiefgang der Binnenschiffe so gering, dass die Tragfähigkeit bei diesem Tiefgang schon aufgrund der Containergewichte keinen zweilagigen Containerverkehr mehr möglich macht, so wirkt sich diese Restriktion auf den gesamten Containerverkehr zwischen Hamburg und Berlin aus. Dies bedeutet, dass auch in weiterer Zukunft die Wasserstände auf der Elbe eine leistungsfähige Schifffahrt auf der Relation Hamburg Berlin beeinträchtigen.

- **Alternativstrecke Elbe-Seitenkanal**

Sowohl auf der Relation Hamburg-Dresden als auch auf der Relation Hamburg-Berlin kann der Elbe-Seitenkanal, bzw. im Anschluss der Mittellandkanal als Alternative benutzt werden, um eine Teilstrecke der Mittelelbe zu umfahren. Die Abzweigung von der Elbe in den Elbe-Seitenkanal befindet sich oberhalb der Schleuse Geesthacht bei Artlenburg. Der Kanal hat eine Breite von 53 m und eine Wassertiefe von 4 m. Nach 115,1 km trifft der Elbe-Seitenkanal auf den Mittellandkanal westlich der Schleuse Süllfeld. Von dort aus führt die Alternativstrecke weiter auf dem Mittellandkanal in östliche Richtung bis zum Wasserstraßenkreuz Magdeburg (siehe auch Abb. 2), von wo aus seit Fertigstellung der Kanalbrücke über die Elbe im Jahr 2003 eine direkte Verbindung mit dem Elbe-Havel-Kanal und den märkischen Wasserstraßen besteht.

Die Alternativstrecke über den Elbe-Seitenkanal ist jedoch mit Restriktionen behaftet. Zwar ist ein Tiefgang von 2,80 m für die Containerschiffe möglich, jedoch erlauben die Brückendurchfahrtshöhen auf dieser Route nur zweilagigen Containerverkehr. Eine Einschränkung bezüglich der Schiffsabmessungen besteht zudem durch das Schiffshebewerk Lüneburg/ Scharnebeck. Die nutzbare Troglänge beträgt dort nur 100 m, so dass z.B. Containerverkehr mit dem Großmotorschiff GMS-110 m ausgeschlossen ist.

Wirtschaftlichkeit der Container-Binnenschifffahrt

Die Restriktionen haben damit auch Auswirkungen auf die beiden untersuchten Relationen. Für die Relation Hamburg-Dresden bedeutet dies, dass durch die Alternativstrecke über den Elbe-Seitenkanal der Tiefgang bestimmende Abschnitt E8 (Wittenberge) umfahren werden kann. Jedoch muss der Abschnitt E5 (Magdeburg), der in etwa die gleichen durchschnittlichen Tiefgänge im Jahr ermöglicht wie E8, befahren werden. Das bedeutet, dass die Alternativstrecke im Falle von Niedrigwasser auf der Elbe keine Verbesserung der Situation hervorruft, da der Containerverkehr zwischen Hamburg und Dresden maßgeblich durch die Verhältnisse auf der Elbe bzw. des Abschnittes E5 bestimmt wird. Bei höheren Wasserständen und besseren Tiefgangsverhältnissen im Abschnitt E5 ist jedoch auch von besseren Bedingungen im Abschnitt E8 auszugehen. Zum einen können dann auf der Elbe größere Schiffe verkehren und zum anderen können diese dann eventuell auch dreilagigen Containerverkehr durchführen. Aus dieser Sicht ist eine Nutzung der Alternativstrecke für die Relation Hamburg-Dresden überflüssig bzw. nur wenige Tage im Jahr sinnvoll.

Für die Relation Hamburg-Berlin ist der Elbe-Seitenkanal jedoch als Alternativstrecke anzusehen. Mit Fertigstellung des Verkehrsprojektes Deutsche Einheit, Projekt 17, können auf den märkischen Wasserstraßen Binnenschiffe bis 110 m Länge fahren, die jedoch nicht das Schiffshebewerk in Lüneburg/ Scharnebeck passieren können. Hierdurch verliert der Elbe-Seitenkanal an Bedeutung für die Relation Hamburg-Berlin. Er bildet aber auch weiterhin noch eine Alternative, falls der Schiffsverkehr auf der Elbe aufgrund von Niedrigwasser nicht durchführbar ist.

6.5. Wirtschaftliche Folgen der Restriktionen

6.5.1. Einsetzbare Schiffsgrößen

Auf den untersuchten Stromgebieten bzw. Relationen können aufgrund der aufgezeigten nautischen und infrastrukturellen Restriktionen nur bestimmte Schiffstypen eingesetzt werden. Es wird davon ausgegangen, dass aus Gründen der Wirtschaftlichkeit bei genügend hohem Ladevolumen grundsätzlich der größtmögliche Schiffstyp genutzt wird.

- **Relation Hamburg-Dresden**

Auf dieser Relation dürfen Binnenschiffe eine Länge von 110 m und eine Breite von 11,45 m nicht überschreiten. Der größtmögliche einsetzbare Schiffstyp ist somit das Großmotorschiff GMS-110 m. Jedoch müssen die Niedrigwasserperioden der Elbe berücksichtigt werden, da der mögliche Tiefgang von diesen abhängig ist. Denkbar ist auch, im Falle von Niedrigwasser den Schiffstyp JW_{verl}

einzusetzen, der zwar eine geringe Stellplatzkapazität, aber auch einen geringeren Tiefgang aufweist. In den nachfolgenden Berechnungen zu den Transportkosten werden daher beide Schiffstypen berücksichtigt.

- **Relation Hamburg-Berlin**

Auf der Relation Hamburg-Berlin wird der Tiefgang ebenfalls von den Wasserverhältnissen auf der Elbe bestimmt. Mit Fertigstellung des Ausbaus der märkischen Wasserstraßen ist auf dieser Relation neben dem Typ JW_{verl} auch der Typ GMS-110 m einsetzbar. Zu untersuchen sind also auch hier beide Schiffstypen.

- **Alternativstrecke Elbe-Seitenkanal**

Auf der Alternativstrecke sind die Schiffsabmessungen durch das Schiffshebewerk Lüneburg/ Scharnebeck auf eine maximale Schiffslänge von 100 m begrenzt. Von den schon erwähnten gängigen Schiffstypen ist also nur der Typ JW_{verl} nutzbar und nicht der Schiffstyp GMS-110 m. Die Strecke ist vor allem für die Relation nach Berlin eine Alternative, wenn kritische Abschnitte der Elbe umfahren werden sollen.

6.5.2. Ökonomische Bedeutung der Schiffsgrößen

Aus ökonomischer Sicht muss das Ziel in der Container-Binnenschifffahrt sein, möglichst große Schiffe einzusetzen, um auf diese Weise die Transportkosten zu minimieren und konkurrenzfähig zu den Landverkehrsträgern zu bleiben.

- **Economies of scale**

Je größer die Schiffe und damit auch die Containerkapazität, desto geringer sind die Transportkosten für einen einzelnen Container (economies of scale). Dabei entstehen bei größeren Schiffstypen Kostenvorteile, wenn die Transportkapazität im Vergleich zu den Betriebskosten überproportional wächst. Für die hier betrachteten Schiffstypen ergibt sich dabei folgendes Bild (Tab.4):

Schiffstyp	Tägliche Kosten [€/Tag]	TEU Kapazität (3 Lagen)	Transportkosten [€/TEU]	Auf den Typ JW_{verl} indizierte Kosten
JW_{verl}	1.120	81	13,83	100,0 %
GMS-110m	1.650	156	10,58	76,5 %
GMS-135m	1.860	204	9,12	66,0 %

Tab. 4 Schiffstypen im Kostenvergleich
Quelle: VBD, 2003, eigene Berechnungen

Die Tab. 4 zeigt die Wirkungen der economies of scale. Vergleicht man die Schiffstypen JW_{verl} und GMS-110 m miteinander, so wird deutlich, dass das größere Schiff fast die doppelte Transportkapazität aufweist. Die täglichen Schiffskosten verdoppeln sich jedoch nicht, sondern sind bei dem Schiffstyp GMS-110 m nur etwa 50 % höher als beim Schiffstyp JW_{verl}. Vergleicht man die drei genannten Schiffstypen miteinander, so entstehen beim GMS-135 m Transportkostenersparnisse pro TEU von 34% und beim GMS-110 m von 23,5% gegenüber dem Schiffstyp JW_{verl}.

- **Economies of density**

Als economies of density werden Dichtevorteile größerer Ladekapazitäten bezeichnet. Dies bedeutet, dass größere gegenüber kleineren Schiffen bei identischem Auslastungsgrad immer einen Stückkostenvorteil aufweisen. Ursächlich dafür sind die Fixkostendegressionseffekte bei steigender Auslastung einer gegebenen Kapazität. Dabei kommt es zu einem fallenden Verlauf der kurzfristigen Durchschnittskosten. Bei den hier betrachteten Schiffstypen sind die economies of density aus der folgenden Abbildung ersichtlich.

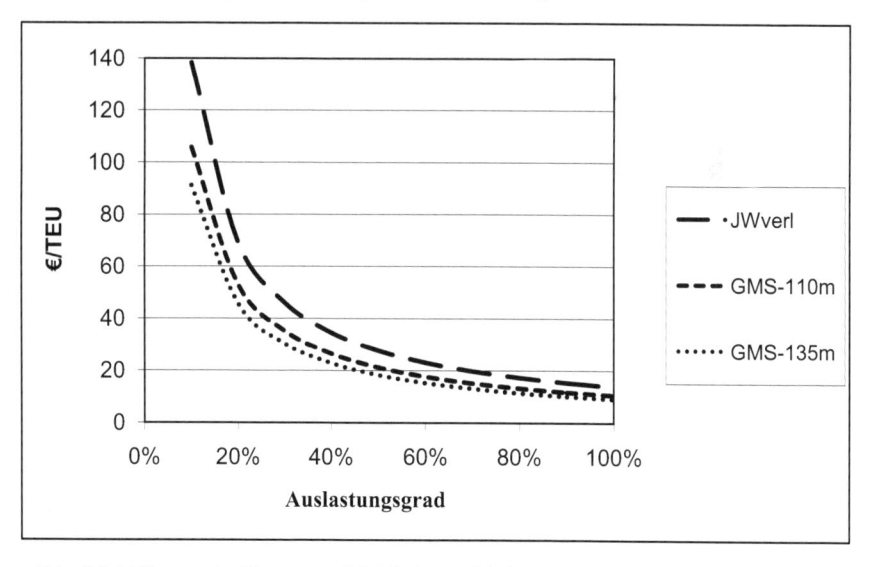

Abb. 5 Schiffstypen im Kostenvergleich bei verschiedenen Auslastungsgraden (in € pro TEU)
Quelle: VBD, 2003, eigene Berechnungen

Die Dichtevorteile zeigen einen degressiven Verlauf. Je größer das Schiff ist, desto geringer sind beim jeweiligen Auslastungsgrad die Transportkosten je TEU. Jedoch ist zu beachten, dass die größeren Schiffstypen jeweils ein höheres

Ladungsvolumen erreichen müssen, um den gleichen Auslastungsgrad zu gewährleisten. Eine Auslastung von 60% (beim dreilagigen Transport) entspricht bei dem Schiffstyp JWverl einer Anzahl von 48 TEU, beim Schiffstyp GMS-110 m bereits 94 TEU und beim Schiffstyp GMS-135 m insgesamt 122 TEU.

6.5.3. Auswirkungen auf die Transportkosten

Aufgrund der dargestellten unterschiedlichen Schifffahrtsbedingungen und den damit einsetzbaren Schiffstypen ergeben sich somit unterschiedliche Transportkosten auf den hier betrachteten Relationen. Bei der folgenden Berechnung der Transportkosten wird modellhaft davon ausgegangen, dass auf allen Relationen immer ausreichend Ladevolumen zur Verfügung steht, d.h. für Hin- und Rückfahrt wird eine Kapazitätsauslastung von 100 % unterstellt. Alle Ergebnisse der Transportkosten beziehen sich dabei auf einen Mittelwert zwischen Berg und Talfahrt.

- **Elbstromgebiet**

Von den drei betrachteten Schiffstypen sind nur die beiden kleineren, d.h. die Typen GMS-110 m und JW_{verl}, auf der Elbe einsetzbar. Je nach eingesetztem Schiffstyp entstehen unterschiedliche Transportkosten, die auf der Elbe zusätzlich auch von den zur Verfügung stehenden Tiefgängen abhängig sind. Je größer der mögliche Tiefgang, desto mehr Container können geladen werden und desto geringer sind die Transportkosten pro Container. Die Tiefgänge der beiden Schiffstypen sind wiederum abhängig vom Ladungsgewicht und lassen sich nach folgenden Formeln berechnen:

JW_{verl}: $dw = 0{,}78\ T - 600$
GMS-110 m: $dw = 1{,}2\ T - 1200$
dw = Tragfähigkeit, T = Tiefgang
(VBD, 2004, S. 91-95).

Die angegebene Tragfähigkeit entspricht dem Ladungsgewicht aller Container. Da die Container mit verschiedenen Güterarten beladen sind, erreichen diese meistens nicht ihr zulässiges Gesamtgewicht von 24 t pro TEU. Gemäß VBD (2004, S. 83) ist von einem durchschnittlichen Gewicht von 11 t pro TEU auszugehen, um den Tiefgang der Schiffstypen zu berechnen. Legt man diesen Durchschnittswert zugrunde, so ergeben sich die folgenden Tiefgänge für die beiden Schiffstypen:

Wirtschaftlichkeit der Container-Binnenschifffahrt

Schiffstyp	Lagen	Anzahl TEU	Ladungsgewicht [t]	Tiefgang [m]
JW$_{verl}$	zweilagig	54	594	1,53
	dreilagig	81	891	1,91
GMS-110 m	zweilagig	104	1144	1,95
	dreilagig	156	1716	2,43

Tab. 5 Tiefgänge der Schiffstypen JWverl und GMS-110 m im Containerverkehr
Quelle: eigene Berechnungen

Die Transportkosten für die hier betrachteten Schiffstypen sind aus der folgenden Tab. 6 zu entnehmen.

Schiffstyp	Transport	Anzahl TEU	Tägliche Schiffskosten [€/Tag]	Transportkosten pro TEU [€/Tag]
JW$_{verl}$	zweilagig	54	1.120	20,74
	dreilagig	81		13,83
GMS-110 m	zweilagig	104	1.650	15,87
	dreilagig	156		10,58

Tab. 6 Tägliche Kosten pro TEU beim Transport mit den Schiffstypen JWverl u. GMS-110m
Quelle: VBD, 2003, eigene Berechnungen

Vergleicht man die beiden Schiffstypen anhand der obigen Tabellen, so wird deutlich, dass der Schiffstyp JW$_{verl}$ im dreilagigen Transport und der Schiffstyp GMS-110 m im zweilagigen Transport etwa den gleichen Tiefgang aufweisen. Der kleinere Schiffstyp JW$_{verl}$ kann in dieser Situation zwar 23 TEU weniger transportieren, weshalb er bei diesem Tiefgang eigentlich im Nachteil ist. Andererseits liegen die täglichen Schiffskosten mit 1.120 €/ Tag um 32 % niedriger, so dass der kleinere Schiffstyp in dieser Situation mit 13,83 €/TEU insgesamt günstigere Transportkosten aufweist.

Die geringsten Transportkosten entstehen wie erwartet beim dreilagigen Containertransport mit dem Schiffstyp GMS-110 m, der jedoch auf der Elbe aufgrund des größeren Tiefgangs von 2,43 m nur sehr eingeschränkt eingesetzt werden kann. Aus der folgenden Tab. 7 ist ersichtlich, an durchschnittlich wie vielen Tagen im Jahr ein Containertransport auf der Elbe mit den beiden Schiffstypen möglich ist.

Schiffstyp	Transport	Tiefgang [m]	Tage
JW$_{verl}$	zweilagig	1,53	230
	dreilagig	1,91	155
GMS-110 m	zweilagig	1,95	155
	dreilagig	2,43	90

Tab. 7 Anzahl der Tage, an denen der Containertransport mit den Schiffstypen JWverl und GMS-110 m möglich ist / Quelle: eigene Berechnungen

Tab. 7 zeigt, das der zweilagige Containertransport mit dem Schiffstyp JW$_{verl}$ durchschnittlich fast 8 Monate im Jahr möglich ist. Dreilagiger Transport mit dem Schiffstyp JW$_{verl}$, sowie zweilagiger Transport mit dem Schiffstyp GMS-110 m, kann ungefähr 5 Monate im Jahr durchgeführt werden. Der dreilagige Containertransport mit dem Schiffstyp GMS-110 m ist dagegen nur etwa 3 Monate im Jahr möglich.

- **Relation Hamburg-Dresden**

Um die Transportkosten auf dieser Relation zu bestimmen, muss neben den bereits ermittelten täglichen Schiffskosten auch die benötigte Zeit berücksichtigt werden. Die Umlaufzeit auf der Relation Hamburg-Dresden beträgt insgesamt 117 Stunden (Franzius-Institut, 1996, S. 5-21) für Hin- und Rückfahrt inklusive der Hafen-, Schleusen- und Wartezeiten. Für eine einfache Strecke ergibt sich somit ein Zeitbedarf von 58,5 Stunden. Weiterhin wird eine Betriebszeit von 18 Stunden pro Tag angenommen, was der Betriebsform A2 der Rheinschiffsuntersuchungsordnung (RheinSchUO) entspricht.

Insgesamt ergibt sich bei einem Zeitbedarf von 58,5 Stunden und 18 Betriebsstunden pro Tag eine Zeit von 3,25 Tagen für eine Fahrt. Inklusive einer Zeitreserve kann ein Zeitbedarf von 3,5 Tagen angenommen werden, woraus sich eine realistische Umlaufzeit von insgesamt 7 Tagen ergibt. Entsprechend ergeben sich für die einfache Strecke Hamburg-Dresden folgende Schiffskosten.

Schiffstyp	Tägliche Schiffskosten [€/Tag]	Tage pro Strecke	Schiffskosten pro Strecke [€/Strecke]
JW$_{verl}$	1.120	3,5	3.920
GMS-110 m	1.650	3,5	5.775

Tab. 8 Schiffskosten auf der Relation Hamburg-Dresden
Quelle: VBD, 2003, eigene Berechnungen

Für den Schiffstyp JWverl ergeben sich damit Kosten in Höhe von 3.920 € für die einfache Strecke Hamburg-Dresden, während beim Schiffstyp GMS-110 m Kosten in Höhe von 5.775 € anfallen. Entsprechend sind die Kosten/ TEU für die verschiedenen Transportmöglichkeiten dieser Schiffstypen in Tab. 9 dargestellt.

Schiffstyp	Transport	Anzahl TEU	Transportkosten [€/TEU]	auf den zweilagigen Transport mit Typ JW_{verl} induzierte Kosten [%]
JW_{verl}	zweilagig	54	72,60	100
	dreilagig	81	48,40	67
GMS-110 m	zweilagig	104	55,53	76
	dreilagig	156	37,02	51

Tab. 9 Transportkosten pro TEU auf der Relation Hamburg-Dresden
Quelle: eigene Berechnungen

Es zeigt sich, dass unabhängig vom Schiffstyp beim dreilagigen Transport Kosteneinsparungen von etwa 30 % erreicht werden können. Die kostenintensivste Transportart ist der zweilagige Transport mit dem Schiffstyp JW_{verl}, bei dem Transportkosten in Höhe von 72,60 € pro TEU anfallen. Economies of scale werden u.a. beim dreilagigen Transport mit dem Schiffstyp GMS-110 m deutlich wirksam, denn die Transportkosten sind in diesem Fall mit 37,02 € pro TEU etwa um die Hälfte günstiger als beim zweilagigen Transport mit dem Schiffstyp JW_{verl}. Es zeigt sich auch, dass der dreilagige Transport mit dem Schiffstyp JW_{verl} dem zweilagigen mit dem Schiffstyp GMS-110 m vorzuziehen ist, da beide Schiffe zwar den gleichen Tiefgang benötigen, aber der Transport mit dem kleineren Schiffstyp um etwa 7 € pro TEU günstiger ist. Je nach Wasserstand der Elbe, dem sich dadurch ergebenden möglichen Tiefgang und dem eingesetzten Schiffstyp kann somit eine Kostenersparnis von bis zu 50 % der Transportkosten/ TEU erzielt werden.

- **Relation Hamburg-Berlin**

Auf der Relation Hamburg-Berlin beträgt die Umlaufzeit rund 91 Stunden, wenn die Route über die Elbe gefahren wird (Franzius-Institut, 1996, S. 5-21). Für die einfache Strecke ergeben sich somit 45,5 Stunden.

Bei einer Betriebszeit von 18 Stunden pro Tag werden daher 2,53 Tage benötigt. Inklusive einer gewissen Reservezeit wird im Weiteren von einer Zeit von 3 Tagen ausgegangen.

Schiffstyp	Tägliche Schiffskosten [€/Tag]	Tage pro Strecke	Schiffskosten pro Strecke [€/Strecke]
JW$_{verl}$	1.120	3	3.360
GMS-110 m	1.650	3	4.950

Tab. 10 Schiffskosten auf der Relation Hamburg-Berlin
Quelle: VBD, 2003, eigene Berechnungen

Der Schiffstyp JWverl verursacht für die einfache Strecke Kosten in Höhe von 3.360 €, der Schiffstyp GMS-110 m dagegen 4.950 €. Zusätzlich hierzu müssen die Schifffahrtsabgaben für die Märkischen Wasserstrassen berücksichtigt werden, die in Höhe von 3,30 € pro TEU anfallen. Damit ergeben sich die folgenden Transportkosten:

Schiffstyp	Transport	Anzahl TEU	Kosten pro TEU [€/TEU]	Kosten pro TEU inklusive Abgaben [€/TEU]	auf den zweilagigen Transport mit Typ JW$_{verl}$ induzierte Kosten [%]
JW$_{verl}$	zweilagig	54	62,22	65,52	100
GMS-110 m	zweilagig	104	47,60	50,90	78

Tab. 11 Transportkosten pro TEU auf der Relation Hamburg-Berlin
Quelle: eigene Berechnungen

Da bei der gegenwärtigen Situation die Einsatzmöglichkeiten des jeweiligen Schiffstyps von der Wasserstandssituation auf der Elbe abhängig ist, entstehen Transportkosten in Höhe von 65,52 € pro TEU für die Relation Hamburg-Berlin bei Einsatz des Binnenschiffs JW$_{verl}$. Bei Einsatz des Schiffstyp GMS-110 m können die Transportkosten auf 50,90 € pro TEU gesenkt werden, was einer Kostenreduzierung von 22 % bzw. 14,62 € je TEU entspricht.

- **Alternativstrecke Elbe-Seitenkanal**

Auf der Relation Hamburg-Dresden können die Engpässe auf der Elbe durch die Alternativstrecke nicht oder nur teilweise umfahren werden, so dass keine grundlegende Änderung der Situation eintritt. Aus diesem Grund wird die Alternativstrecke für die Relation Hamburg-Dresden nicht weiter betrachtet.

Auf der Relation Hamburg-Berlin kann über die Alternativstrecke die Elbe umfahren werden, wodurch der Verkehr praktisch ganzjährig möglich ist. Bei der benötigten Zeit für die Relation Hamburg-Berlin über den Elbe-Seitenkanal ist

Wirtschaftlichkeit der Container-Binnenschifffahrt 89

ebenfalls von drei Tagen auszugehen. Zwar ist der Fahrtweg kürzer, es müssen jedoch mehr Schleusen passiert werden, so dass sich insgesamt kaum Unterschiede in der benötigten Zeit ergeben.

Hinsichtlich der Schifffahrtsabgaben ist zu beachten, dass diese fast für die gesamte Strecke zu entrichten sind und insgesamt 8,48 € je TEU betragen. Zudem kann auf der Alternativstrecke nur mit dem Schiffstyp JW_{verl} gefahren werden.

Schiffstyp	Transport	Anzahl TEU	Schiffskosten pro Strecke [€/Strecke]	Kosten pro TEU [€/TEU]	Kosten pro TEU inklusive Abgaben [€/TEU]
JW_{verl}	zweilagig	54	3.360	62,22	70,70

Tab. 12 Transportkosten pro TEU auf der Relation Hamburg-Berlin bei Nutzung der Alternativstrecke über den Elbe-Seitenkanal
Quelle: eigene Berechnungen

Es entstehen somit Transportkosten in Höhe von 70,70 €/ TEU. Aufgrund der Schifffahrtsabgaben liegen diese um 5,18 € höher als bei der Fahrt über die Elbe, da dort keine Abgaben erhoben werden. Das hat zur Folge, dass es im Normalfall vorteilhafter ist, die Elbe als Transportweg zu nutzen und nur bei Niedrigwasser zu geringfügig höheren Transportkosten auf den Elbe-Seitenkanal ausgewichen wird.

Wenn nach Abschluss der Ausbaumaßnahmen auf den märkischen Wasserstraßen das GMS-110 m einsetzbar ist, auf dem Elbe-Seitenkanal jedoch nicht, verteuert sich die Route über den Elbe-Seitenkanal allerdings um 39 % (70,70 € gegenüber 50,90 € pro TEU) im Vergleich zur Fahrt über die Elbe. Dies ist dadurch bedingt, dass dann unterschiedliche Schiffstypen auf den jeweiligen Routen einsetzbar sind.

6.6. Wettbewerbsfähigkeit der Container Binnenschifffahrt

Zur Beurteilung der Wettbewerbsfähigkeit der Container-Binnenschifffahrt im Seehafenhinterlandverkehr des Hafen Hamburg soll hier ein Vergleich mit dem Lkw-Verkehr durchgeführt werden, auf den etwa zwei Drittel aller Containertransporte im Hinterlandverkehr entfallen. Für das Binnenschiff sind dabei neben den hier berechneten reinen Transportkosten noch die Umschlagkosten im Binnenhafen sowie die Nachlaufkosten mit dem Lkw zum Empfänger zu berücksichtigen. Als realistische Kostensätze werden hierbei 25 €/ TEU für den Containerumschlag und 60 € / TEU für den Nachlauftransport zugrunde gelegt.

- **Relation Hamburg-Dresden**

Unter Berücksichtigung der ermittelten Kostensätze ergeben sich für den kombinierten Verkehr mit dem Binnenschiff auf der Relation Hamburg-Dresden folgende Gesamttransportkosten:

Schiffstyp	Transport	Kosten [€/TEU]	Umschlag -Kosten [€/TEU]	Vor-/ Nachlauf -kosten [€/TEU]	Gesamt- kosten [€/TEU]	Anteil der Schiffskosten an den Gesamtkosten [%]
JW$_{verl}$	zweilagig	72,60	25	60	157,60	46
	dreilagig	48,40			133,40	36
GMS-110m	zweilagig	55,53			140,53	40
	dreilagig	37,02			122,02	30

Tab. 13 Gesamttransportkosten pro TEU im kombinierten Verkehr auf der Relation Hamburg-Dresden / Quelle: VBD, 2003, eigene Berechnungen

Die ermittelten Frachtsätze bei Transportunternehmen des Güterkraftverkehrs für die etwa 500 km lange und mautpflichtige Relation Hamburg-Dresden haben ergeben, dass der direkte LKW-Verkehr gegenüber dem kombinierten Transport mit beiden Schiffstypen unabhängig der Anzahl der Containerlagen erheblich teurer ist.

So beträgt beim dreilagigen Containertransport mit dem Schiffstyp GMS-110 m die Kostenersparnis mehr als 50% der Transportkosten (€/TEU) des direkten LKW-Transports. Selbst bei der eigentlich ungünstigen Variante des zweilagigen Containerverkehrs mit dem Schiffstyp JW$_{verl}$ beträgt der Kostenunterschied mehr als 40 % (€/TEU) gegenüber den Kosten des direkten LKW-Verkehrs.

Bei der Wahl des Verkehrsträgers ist allerdings zu berücksichtigen, dass die Transportzeit im kombinierten Verkehr etwa dreieinhalb Tage beträgt, während der direkte LKW-Verkehr an einem Tag ausgeführt werden kann. Noch gravierender ist aber die Tatsache, dass der kombinierte Verkehr abhängig von den Wasserständen auf der Elbe ist. Die Wasserstände bestimmen den einsetzbaren Schiffstyp, die Anzahl der Containerlagen und somit auch die Gesamtkosten im kombinierten Verkehr. Dabei ist der Containerverkehr auf der Elbe im Durchschnitt nur an etwa 230 Tagen, also knapp 8 Monate im Jahr möglich, da ansonsten die Wasserstände nicht ausreichen. Die Planungssicherheit für den kombinierten Verkehr unter Einbezug der Elbe ist also stark beeinträchtigt.

Wirtschaftlichkeit der Container-Binnenschifffahrt 91

Diese Nachteile der Binnenschifffahrt können gegenwärtig auch nicht immer durch deutlich günstigere Transportkosten kompensiert werden, um eine attraktive Transportalternative zum LKW-Verkehr zu bieten.

- **Relation Hamburg-Berlin**

Für den kombinierten Verkehr mit dem Binnenschiff auf der Relation Hamburg-Dresden ergeben sich unter Berücksichtigung der ermittelten Kostensätze folgende Gesamttransportkosten.

Schiffstyp	Transport	Kosten inkl. Abgaben [€/TEU]	Umschlagkosten [€/TEU]	Vor-/ Nachlauf -kosten [€/TEU]	Gesamt -kosten [€/TEU]	Anteil der Schiffskosten an den Gesamtkosten [%]
JW$_{verl}$	zweilagig	65,52	25	60	150,52	44
GMS-110m	zweilagig	50,90			135,90	37

Tab. 14 Gesamttransportkosten pro TEU im kombinierten Verkehr auf der Relation Hamburg-Dresden / Quelle: VBD, 2003, eigene Berechnungen

Hier haben die ermittelten Frachtsätze bei Transportunternehmen des Güterkraftverkehrs für die etwa 290 km lange und mautpflichtige Relation Hamburg-Berlin ergeben, dass der direkte LKW-Verkehr gegenüber dem kombinierten Transport mit dem Schiffstyp JW$_{verl}$ nur geringfügig teurer ist. Bei Einsatz des Schiffstyps GMS-110 m erreicht der kombinierte Verkehr jedoch Kostenvorteile in Höhe von 10-15% gegenüber dem Lkw.

Größter Nachteil im kombinierten Verkehr auf dieser Relation ist die lange Transportzeit des Binnenschiffes von etwa 3 Tagen, während der LKW die Strecke in rund 4-5 Stunden zurücklegen kann. Darüber hinaus besteht die Abhängigkeit von den Wasserständen der Elbe.

- **Alternativstrecke Elbe-Seitenkanal**

Wird die Alternativstrecke über den Elbe-Seitenkanal für die Relation Hamburg-Berlin befahren, was nur mit dem Schiffstyp JW$_{verl}$ möglich ist, so erhöhen sich die Gesamtkosten um die zusätzlichen Schifffahrtsgebühren. Dies hat zur Folge, dass der Transportkostenvorteil des kombinierten Verkehrs unter Einsatz des Binnenschiffs nur noch weniger als 5% pro TEU beträgt.

Entscheidend ist jedoch in diesem Fall, dass bei Umfahrung der Elbe der Verkehr auf dieser Route bis auf wenige Ausnahmen praktisch ganzjährig möglich ist und damit Planungssicherheit für den Transport besteht. Die Alternativstrecke bietet sich also immer dann an, wenn auf der Elbe Niedrigwasser vorherrscht und sie nicht schiffbar ist. Ansonsten ist immer die Fahrt über die Elbe vorzuziehen.

6.7. Fazit

Die hier durchgeführten Analysen über die Wirtschaftlichkeit und Wettbewerbsfähigkeit der Binnenschifffahrt im Seehafenhinterlandverkehr des Hafen Hamburg haben gezeigt, dass bei entsprechend hohem Ladungsaufkommen und Vollauslastung der Binnenschiffe der kombinierte Verkehr auf der Elbe konkurrenzfähig gegen anderen Verkehrsträgern ist.[2] Darüber hinaus spricht die höhere Umweltverträglichkeit der Binnenschifffahrt für eine intensivere Inanspruchnahme dieser Transportart.

Die in der Vergangenheit erreichten Zuwächse der Binnenschifffahrt auf der Elbe sind beachtenswert. Dennoch ist es nicht gelungen, den relativen Anteil der Binnenschifffahrt im Modal Split der Verkehrsträger zu erhöhen. Als größtes Hemmnis erweisen sich hierbei die Tiefgangsrestriktionen auf der Elbe, die eine verlässliche Planbarkeit des kombinierten Verkehrs unter Einbeziehung der Binnenschifffahrt konterkarieren.

Die Ankündigung der Bundesregierung, bis Ende 2010 eine umweltverträgliche Ertüchtigung der Elbe dahingehend durchzuführen, dass eine stabile Fahrrinnentiefe von mindestens 1,60 m an 345 Tagen im Jahr erreicht wird, stellt einen wichtigen Schritt für eine ökologisch vertretbare und wirtschaftlich wettbewerbsfähige Binnenschifffahrt auf der Elbe dar. Es ist zu erwarten, dass mit dieser Maßnahme die positive Entwicklung der Elbschifffahrt nachhaltig gesteigert werden kann.

Literatur

Franzius-Institut für Wasserbau und Küsteningenieurwesen, (1996): Defizite und Maßnahmen für den Hinterlandverkehr mit Containern auf Binnenschiffen, Hannover 1996

Hautau, H. u. Pawellek, G. Hrsg. (2006) : INTRASEA – Inland Transport on Sea Routes, Abschlussbericht zum INTRASEA Forschungsprojekt, Hamburg 2006

LUB Consulting GmbH (2002): Entwicklungsperspektiven für kombinierten Verkehr und konventionellen Gütertransport mit der Binnenschifffahrt auf der Mittel- und Oberelbe, Dresden 2002

---

2   Dies gilt im Prinzip auch für Schubverbände, die wegen nicht vorliegender betriebswirtschaftlicher Daten in dieser Untersuchung nicht berücksichtigt wurden.

LUB Consulting GmbH (1997): Handbuch Güterverkehr Binnenschifffahrt, Dresden 1997

VBD (2003): Europäisches Entwicklungszentrum für Binnen- und Küstenschifffahrt: Entwicklung eines technisch-wirtschaftlichen Konzeptes für den dreilagigen Containertransport mit dem Binnenschiff zwischen Koblenz und Regensburg, Duisburg 2003

VBD (2004): Europäisches Entwicklungszentrum für Binnen- und Küstenschifffahrt: Technische und wirtschaftliche Konzepte für flussangepasste Binnenschiffe, Duisburg 2004

7. Evolution des Kaskadeneffektes in der Linienschifffahrt

Prof. Dr. Burkhard Lemper, Sönke Maatsch, Michael Tasto, Institut für Seeverkehrswirtschaft und Logistik

7.1. Einleitung

Die Containerschifffahrt hat von Beginn an bis heute fast ohne Unterbrechung hohe Wachstumsraten verzeichnet. In den vergangenen Jahrzehnten hat sich der weltweite Containerverkehr alle fünf bis zehn Jahre verdoppelt. Erst im Zuge der Ende 2008 drastisch verschärften Finanz- und Wirtschaftskrise gab es erstmalig im globalen Maßstab Mengenrückgänge zu verzeichnen.

Mit der Zunahme der auf einzelnen Strecken bewegten Containermengen war einerseits die Verdichtung der Fahrpläne und damit eine Verkürzung der Wartezeiten der Kunden auf das nächste Schiff in der gewünschten Relation möglich. Andererseits erlaubten die steigenden Mengen auch den Einsatz immer größerer Schiffe, die parallel zum Bedarf von den Werften weltweit entwickelt wurden und die den Reedereien Kostenvorteile aufgrund von Skaleneffekten boten.

Die Einführung der größten Schiffe erfolgte erwartungsgemäß zunächst auf den Strecken mit dem größten Aufkommen und gleichzeitig einer großen Streckenlänge, da die Skaleneffekte vor allem aus den geringen Kraftstoff- und Personalkosten je Containermeile entstehen und zur Realisierung der Kostenvorteile entsprechend Reisen mit geringen Hafenzeitanteilen und hohen Reisezeitanteilen erforderlich sind.

Aufgrund dieser Skaleneffekte waren ältere und vor allem kleinere Schiffe nach einigen Jahren auf den Hauptrouten nicht mehr konkurrenzfähig, da sich jeweils binnen kurzer Zeit ein neuer Größenstandard herausgebildet hatte, der geringere Kosten je Leistungseinheit (Container x Strecke) ermöglichte und damit in der wettbewerbsintensiven Containerschifffahrt die Frachtraten maßgeblich beeinflusste. Die Margen für kleinere Schiffe wurden dadurch immer enger und es war bei dem durch die großen Einheiten bestimmten Kosten- und Ratenniveau kaum noch möglich, die „zweite Garde" auf den bislang angestammten Strecken wirtschaftlich einzusetzen, es sei denn, in Nischen mit kleineren Häfen oder auf Teilstrecken.

Die Zeit, in der sich das Standardschiff auf einer Relation änderte, lag dabei deutlich unter der durchschnittlichen Lebensdauer von Containerschiffen, die bei ca. 25 Jahren liegt. Im Frühjahr 2005 beispielsweise hatte das Standardschiff in der Nordeuropa-Fernostfahrt 5.000 bis 7.500 TEU, zwei Drittel aller Schiffe entfielen auf dieses Größensegment. Bereits drei Jahre später waren Schiffe mit mehr als 7.500 TEU, die 2005 nur einen Anteil von 5% hatten, von größerer Bedeutung; Anfang 2010 hatten sie schon einen Anteil von zwei Dritteln.

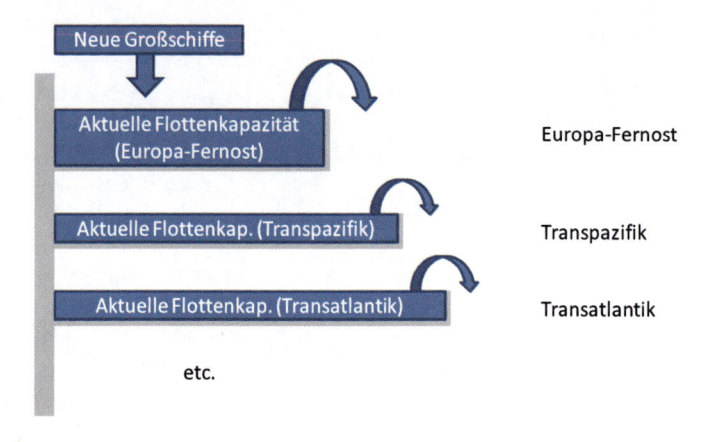

Abb. 1 Schematische Darstellung des Kaskadeneffektes in der Linienschifffahrt

Da die nur etwas kleineren Schiffe also noch vergleichsweise neu sind und daher für Verschrottungen nicht in Frage kommen, müssen sie in anderen Fahrtgebieten eingesetzt werden, beispielsweise auf Transpazifik- oder Transatlantik-Routen. Ziel wird in diesem Zusammenhang allerdings immer sein, Fahrtgebiete zu wählen in denen neben einem vorhandenen bzw. sich entwickelnden Verkehrsvolumen auch entsprechende Streckenlängen vorhanden sind. Da das Wachstum der Mengen in der Regel nicht ausreichend ist, um die großen Dienste zusätzlich auszulasten und außerdem die geringeren Stückkosten der größeren Einheiten auch hier im Wettbewerb wie oben beschrieben wirken, müssen die kleineren Schiffe in diesem Fahrtgebiet wiederum ausweichen und die Durchschnittsgröße der Schiffe steigt. Die kleinsten (und im Durchschnitt ältesten) Schiffe finden sich schließlich in regionalen und Feeder-Verkehren.

Durch diesen Kaskadeneffekt steigt die durchschnittliche Schiffsgröße auf den einzelnen Relationen deutlich schneller, als dies möglich wäre, wenn für jedes Fahrtgebiet lediglich Ersatzinvestitionen getätigt würden. Keines der Schiffe, die vor 20 oder gar 25 Jahren in der Nordeuropa-Fernostfahrt eingesetzt wurde, könnte heute auf dieser Relation wirtschaftlich betrieben werden.

Evolution des Kaskadeneffektes in der Linienschifffahrt

Neben den beschrieben bekannten Zusammenhängen aufgrund der allgemeinen Größenentwicklung gibt es auch andere Faktoren, die den Kaskadeneffekt hervorrufen oder beschleunigen können. Dazu zählen insbesondere starkes, überproportionales Kapazitätswachstum in einzelnen Größensegmenten oder, wie aktuell, Einbrüche in der Nachfrage, die letztlich über die gesamte Breite des Marktes zu Überkapazitäten führen und durch eine Senkung des Ratenniveaus den Kaskadeneffekt beschleunigen.

Der vorliegende Beitrag gibt einen Überblick über die Entwicklung der Nachfrage und der Containerschiffsflotte in den vergangenen Jahren, einschließlich eines Vergleichs der Wachstumsjahre bis 2007 mit den Krisenjahren 2008/2009 (7.2). Vor diesem Hintergrund werden die Auswirkungen des Kaskadeneffektes auf die durchschnittlichen Schiffsgrößen je Handelsrelation dargestellt (7.3) und deren Implikationen für Investitionsplanungen der Häfen kurz diskutiert (7.4). Der Beitrag schließt mit einem Ausblick zu künftigen Entwicklungstendenzen (7.5).

7.2. Nachfrage und Angebot auf den Containerschifffahrtsmärkten

In den 1990er Jahren und noch bis 2007 lag das jährliche Wachstum des Containerverkehrs durchschnittlich bei über 10%. Das Wachstum wurde getragen durch die weiter fortschreitende Globalisierung, gerade in den letzten Jahren durch die wachsenden Exporte Chinas und – in abnehmendem Maße – durch eine fortschreitende Containerisierung von Handelsströmen (s. Abb. 2).

Nach einem starken und stabilen Wachstum in 1990er Jahren verdoppelte sich der Containerumschlag noch einmal zwischen 2001 und 2007. Um die starke Nachfrage nach Schiffsraum zu befriedigen, investierten die Reedereien massiv in ihre Containerschiffsflotte: Zwischen 2000 und 2007 gingen ca. 1.200 neue Vollcontainerschiffe in Fahrt.[1] Außerdem wurden viele sehr große Schiffe bestellt und gebaut, die für ein entsprechend stärkeres Ansteigen der Kapazität sorgten.

Die Finanzkrise der Jahre 2008/2009 und die folgende weltweite Rezession traf die Märkte unvorbereitet. Aufgrund der mehrjährigen Bauzeiten für Containerschiffe hatten die Containerreedereien in Erwartung weiteren Wachstums noch bis Mitte 2008 Schiffe bestellt, die in den Folgejahren abgeliefert wurden bzw. werden. Aus diesem Grunde wuchs die TEU-Kapazität der Flotte der Vollcontainerschiffe weiterhin, obwohl die Nachfrage nach Schiffsraum 2009 stark einbrach.[2]

---

1   Schiffe ab 1.000 TEU
2   vgl. Clarkson 2010

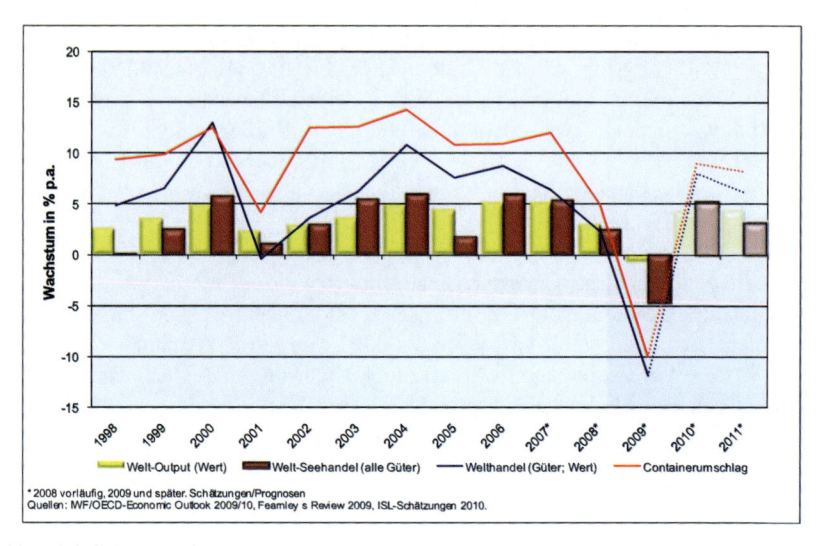

Abb. 2 Jährliches Wachstum von Welt-Bruttosozialprodukt, Welthandel, Welt-Seehandel und Welt-Containerumschlag (1991-2011)

Neben den sich verändernden Zuwachsraten der nominalen Flottenkapazität stellt die folgende Abbildung (Abb.3) eine Möglichkeit der Reeder als Reaktion auf Nachfrageschwankungen dar: In Phasen mit Nachfrageüberhang werden bspw. die Schiffsgeschwindigkeiten hochgesetzt und die Rundreisen optimiert, so dass die effektive Transportkapazität der einzelnen Schiffe steigt. Da dies nicht nur die physisch neu hinzukommenden Schiffe, sondern die ganze Flotte betrifft, ist der Effekt auf die Veränderung der Handels- oder Transportkapazität signifikant.

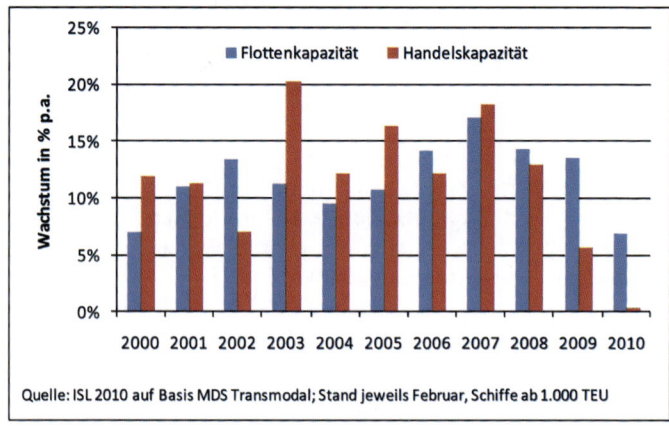

Abb. 3 Wachstum der Flotten- und Handelskapazität der Containerschiffsflotte 2000-2010

Selbst zwischen Februar 2009 und Februar 2010, als bereits hohe Überkapazitäten bestanden, wuchs die Flotte aufgrund der weiteren Ablieferungen trotz Verschrottungen, Stornos und der Streckung von Schiffbauaufträgen[3] um mehr als 7 %. Die Handelskapazität, die die Transportkapazität der Containerschiffe laut Fahrplan angibt, blieb jedoch konstant. Durch die Erhöhung der Anzahl der Schiffe auf einem wöchentlichen Dienst konnte die Reisegeschwindigkeit der Schiffe reduziert werden. Auf diese Weise wurde ein Teil der Überkapazität gebunden.[4] Dennoch musste eine erhebliche Anzahl von Schiffen wegen Nichtbeschäftigung aufgelegt werden.

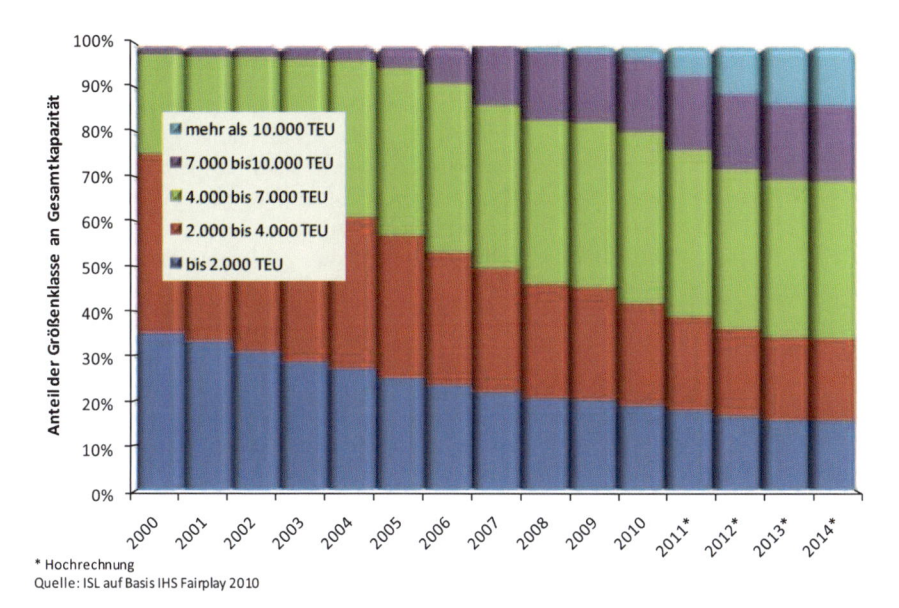

* Hochrechnung
Quelle: ISL auf Basis IHS Fairplay 2010

Abb. 4 Entwicklung der Struktur der Containerflotte nach Größenklassen

Der Zuwachs bei der Containerschiffsflotte war im gesamten Betrachtungszeitraum verbunden mit einem Anstieg der durchschnittlichen Schiffsgrößen. Die steigende Nachfrage machte es möglich, immer höhere Skaleneffekte zu nutzen. So wurde die Anzahl der Dienste weniger stark erhöht als das Marktwachstum, sondern stattdessen auf bestehenden Relationen regelmäßig größere Schiffe in Fahrt gebracht. Als Folge war das Flottenwachstum in den oberen Größenklassen besonders hoch und es wurden immer wieder neue, größere Schiffstypen entwickelt.

---

3   vgl. u.a. Zachcial, M. (2009): Freight and Charter Markets, S. 144 ff.
4   vgl. Containerisation International (2010)

7.3. Der weltweite Kaskadeneffekt in der Container-Linienschifffahrt

Das anhaltende Mengenwachstum auf den Schifffahrtsrouten und die Einführung größerer Schiffsdesigns haben dazu beigetragen, dass viele Schiffe, die noch im Jahr 2000 auf einer der Hauptrouten im Ost-West-Verkehr fuhren (Europa-Fernost, Transpazifik, Transatlantik), in den vergangenen Jahren von größeren Einheiten abgelöst wurden und ihrerseits in „kleinere" Fahrtgebiete gewechselt sind, in denen nun ein ausreichendes Verhältnis von Ladungsaufkommen und Streckenlänge vorlag. Dieser „Kaskadeneffekt" hat seinen Ursprung im Europa-Fernost-Verkehr, in dem regelmäßig die größten Containerfrachter der Flotte eingesetzt werden. In den Jahren 2009/2010 war dabei eine Beschleunigung dieser Entwicklung zu beobachten. Getrieben von der betriebswirtschaftlichen Notwendigkeit, bei eingebrochenen Mengen und Raten einen möglichst effizienten Betrieb aufrecht zu erhalten, haben die Reedereien versucht, wo möglich, die größten Einheiten in Fahrt zu bringen um von deren Skaleneffekten zu profitieren. Dabei wurden zur Anpassung der Kapazitäten an die gesunkenen Mengen und zur Einsparung von Treibstoffkosten geringere Geschwindigkeiten gefahren und so mehr Schiffe auf den weiterhin wöchentlichen Diensten eingesetzt.

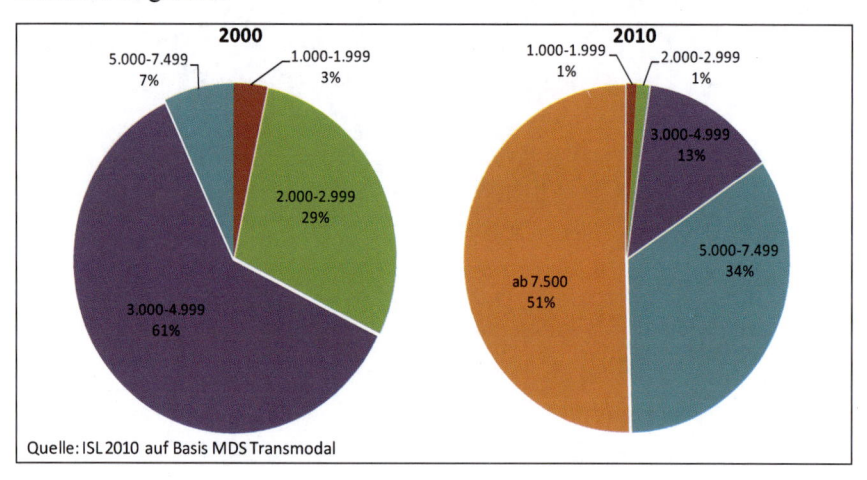

Abb. 5 Vollcontainerschiffe im Europa-Fernost-Verkehr nach Größenklassen

Im Jahr 2000 verfügte die Mehrzahl der im Europa-Fernost-Verkehr eingesetzten Schiffe über eine Kapazität zwischen 3.000 und 5.000 TEU, lediglich 7% der Schiffe wiesen eine Kapazität von mehr als 5.000 TEU auf. Zum Anfang des Jahres 2010 stieg deren gemeinsamer Anteil auf 85%, während die kleineren Einheiten praktisch aus diesem Fahrtgebiet verschwunden sind: Derzeit sind nur noch einige wenige moderne Einheiten im Größenbereich von 3.000-5.000 TEU auf dieser Route zu finden. Von insgesamt 147 Schiffen der Größenklasse 3.000-4.999 TEU, die 2000 im Europa-Fernost-Verkehr eingesetzt wurden, ist dabei nur ein einziges bis heute auf dieser Relation verblieben. Einige der Einheiten wurden aufgelegt, die meisten wurden auf intraregionalen oder kürzeren Handelsrouten eingesetzt.

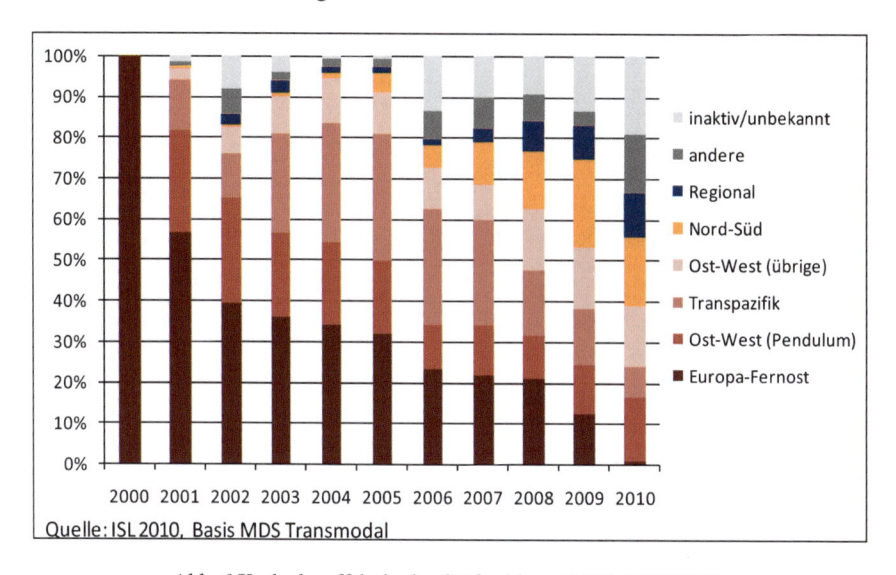

Abb. 6 Kaskadeneffekt in der Größenklasse 3.000-4.999 TEU

Am durchschnittlichen Alter der Schiffe (s. Abb. 7) auf einer Relation lässt sich erkennen, an welcher Position sich ein bestimmtes Fahrtgebiet befindet. Bis heute ist das Verschrottungspotenzial in der Containerschifffahrt vergleichsweise gering: Anfang 2010 waren lediglich 7% der Vollcontainerschiffe älter als 25 Jahre, bezogen auf die tdw-Kapazität sogar nur 3,5%.[5] Die Schiffe, die auf den großen Hauptrelationen Europa-Fernost und Transpazifik durch moderne Großcontainerschiffe abgelöst werden, sind oft nur wenige Jahre alt und werden daher in der Folge auf Relationen eingesetzt, in denen diese Größenklasse inzwischen Standard ist.

Während das Durchschnittsalter der Containerschiffsflotte 1995-2010 durchgehend zwischen 10 und 12 Jahren lag, war das Durchschnittsalter in der Europa-Fernost-Fahrt durch die Aufnahme neuer und die Verdrängung alter Schiffe mit durchschnittlich ca. 7 Jahren deutlich niedriger. In den Krisenjahren 2009/2010

---

5   Institut für Seeverkehrswirtschaft und Logistik (2010), S. 29

fiel das Durchschnittsalter sogar auf unter fünf Jahre, da nach wie vor jedes Jahr fast unverändert viele neue, große Schiffe in Fahrt kamen und die Überkapazität vor allem durch die Verdrängung der älteren Einheiten auf andere Relationen ausgeglichen wurde. Aufgrund der vergleichsweise geringeren Kosteneffizienz wurden zudem vor allem Schiffe der mittleren und kleineren Größenklassen aufgelegt, die tendenziell älter waren.

Quelle: ISL auf Basis MDS Transmodal; Stand jeweils Februar

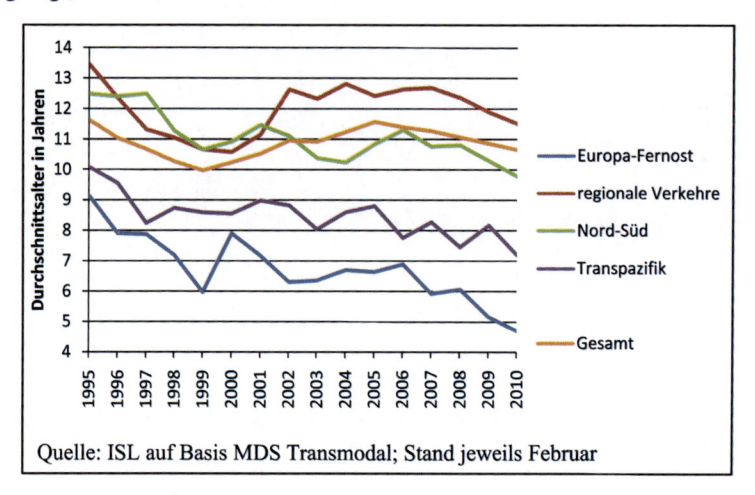

Abb. 7 Durchschnittsalter der Containerschiffsflotte auf ausgewählten Relationen 1995-2010

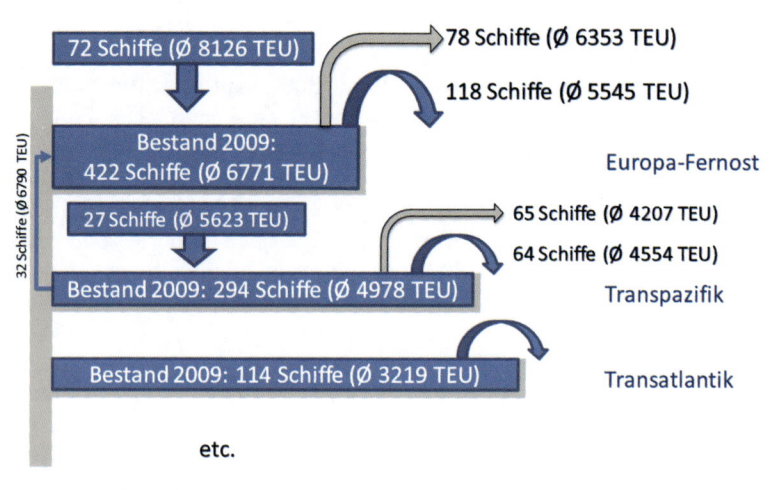

Quelle: ISL 2010 auf Basis MDS Transmodal

Abb. 8 Kaskadeneffekt auf ausgewählten Relationen 2009-2010

Zwischen Februar 2009 und Februar 2010 wurden auf der Europa-Fernost-Relation 72 neue Schiffe mit einer durchschnittlichen Kapazität von 8.126 TEU in Fahrt gebracht. Im gleichen Zeitraum wurden 118 Schiffe mit einer Durchschnittskapazität von 5.545 TEU auf andere Relationen verdrängt, ein Großteil davon in die Transpazifik-Fahrt. Für weitere 78 Schiffe, die 2009 in der Europa-Fernost-Fahrt eingesetzt waren, waren Anfang 2010 keine Fahrplanangaben vorhanden – ein Teil dieser Schiffe wurde aufgrund der Nachfragelücke in 2009/2010 aufgelegt, andere befanden sich in den Restrukturierungsmaßnahmen der Linien.

Auch auf der Transpazifik-Relation lässt sich der Kaskadeneffekt im Krisenjahr 2009 deutlich beobachten. Sowohl die Schiffe, die aus der Europa-Fernost-Fahrt verlegt wurden, als auch die Neubauten, die 2010 direkt in der Transpazifik-Fahrt eingesetzt wurden, waren im Durchschnitt deutlich größer als die Schiffe, die 2009 auf dieser Relation in Fahrt waren. Die Schiffe, die in andere Fahrtgebiete verdrängt oder aufgelegt wurden, waren kleiner als der Durchschnitt. Aufgrund dieser Effekte stieg die durchschnittliche Schiffskapazität in der Transpazifik-Fahrt von 4.978 TEU auf 5.360 TEU an.

7.4. Auswirkungen des Kaskadeneffektes auf Häfen in ausgewählten Fahrtgebieten

Je nach Route und angelaufenen Fahrtgebieten bestehen neben den ökonomischen Grenzen der Skaleneffekte auch unterschiedlich starke physikalische Beschränkungen wie zum Beispiel die maximal zulässigen Schiffsmaße des Panama-Kanals, die ganze Schiffsgrößenklassen definieren (Panamax und Postpanamax), oder in Häfen und Hafenzufahrten. Die physikalischen Bedin-gungen bei Zufahrten oder an Containerterminals können jedoch durch Bagger- und Ausbaumaßnahmen verbessert werden.

Im Wettbewerb um die Container-Liniendienste mit besonders großen Schiffen haben die Seehäfen mit den günstigsten Zufahrtsbedingungen innerhalb eines Fahrtgebiets einen Wettbewerbsvorteil. Aus diesem Grunde versuchen die Häfen, in denen relevante Beschränkungen bestehen, ebenfalls möglichst gute Zufahrtsbedingungen zu schaffen. Erst diese Anpassungs- und Ausbaumaßnahmen erlaubten den Reedereien die Nutzung der großen Schiffseinheiten und der damit verbundenen Skaleneffekte, die letztendlich zu niedrigeren Transportkosten und damit auch zu einer Erleichterung des weltweiten Handels beigetragen haben. Die Herausforderungen, denen sich manche Seehäfen in den vergangenen Jahrzehnten dabei gegenüber sahen, sollen im Folgenden beispielhaft an den Häfen in Nordeuropa und an der Pazifikküste Nordamerikas illustriert.

Nordeuropa

Die Häfen in Nordeuropa – allen voran die Häfen der Hamburg-Le Havre-Range – sind zentrale Hub-Häfen für weite Teile Europas vom nördlichen Frankreich bis nach Russland. Ein dichtes Netzwerk von Containerliniendiensten verbindet diese Häfen mit Destinationen in aller Welt. Anfang 2010 entfielen knapp 3.500 Fahrten nach Nordeuropa auf Übersee-Dienste mit Schiffen über 1.000 TEU Kapazität. In der Regel werden dabei drei bis vier Häfen in Nordeuropa angelaufen.

In den Jahren 1995-2010 haben sich die Ausmaße der Schiffe, die die nordeuropäischen Häfen anlaufen, stark verändert. Dies gilt für alle Fahrtgebiete, wobei die Entwicklung bei den oberen Größenklassen bestimmt wird von den Containerliniendiensten in der Fernost-Fahrt.

Im Jahr 1995 hatten noch zwei Drittel der Schiffe, die im Rahmen von regelmäßigen Liniendiensten nach Nordeuropa kamen, eine Länge von weniger als 300 m. Bis 2010 lag ihr Anteil bei nur noch 40 %, in der Nordeuropa-Fernost-Fahrt sogar bei unter 5 %. Gleichzeitig kamen Schiffe mit Längen über 300 und sogar über 350 m in Fahrt (s. Abb. 8).

Die Länge ist sowohl für die Hafenzufahrten als auch für das Layout von Containerterminals relevant und gegebenenfalls für die Ausmaße von Schleusen. Insbesondere dort, wo keine durchgehende Kaimauer mit mehreren hintereinander liegenden Liegeplätzen vorhanden ist, muss auf die längeren Schiffe zum Teil mit baulichen Maßnahmen reagiert werden.

Eine ähnliche Entwicklung zeigte sich bei den Schiffsbreiten. Im Jahr 1995 waren Schiffe mit einer Breite über 35 m eine seltene Ausnahme, 2010 hatten sie bereits einen Anteil von ca. 40 %. In der Nordeuropa-Fernost-Fahrt waren vier von fünf Schiffen breiter als 35 m, bereits jedes dritte Schiff war sogar mehr als 45 m breit. Die Schiffsbreite ist neben ihrer Bedeutung für die Zufahrt und eventuelle Schleusen auch ein wesentlicher Faktor für die Investitionen in Suprastruktur. Die Ausleger der Containerbrücken müssen eine entsprechende Reichweite haben, so dass – je nach Häufigkeit der Anläufe von großen Post-Panmax-Einheiten – einer oder mehrere Liegeplätze mit besonders großen Brücken ausgestattet werden müssen.

Der maximale Schiffstiefgang schließlich stellt die Häfen immer wieder vor Probleme. In einigen Häfen mussten die Hafenzufahrten mehrfach vertieft werden, um auch Schiffen mit Ist-Tiefgängen über 14 m die Zufahrt zu ermög-

Evolution des Kaskadeneffektes in der Linienschifffahrt 105

lichen.[6] Diese Entwicklung ist insbesondere von der Nordeuropa-Fernost-Fahrt getrieben, da hier regelmäßig die größten Schiffe der Weltcontainerflotte verkehren. Schiffe mit Tiefgängen über 14 m waren jedoch auch auf dieser Relation noch bis 2001 eine Ausnahme, 2010 lag ihr Anteil jedoch schon bei über 60 %. In einigen Fällen ist die Vertiefung der Liegewannen an den Terminals nur mit einer vorherigen Ertüchtigung der Terminals möglich, da die Spundwände für solche Tiefgänge nicht vorgesehen waren.

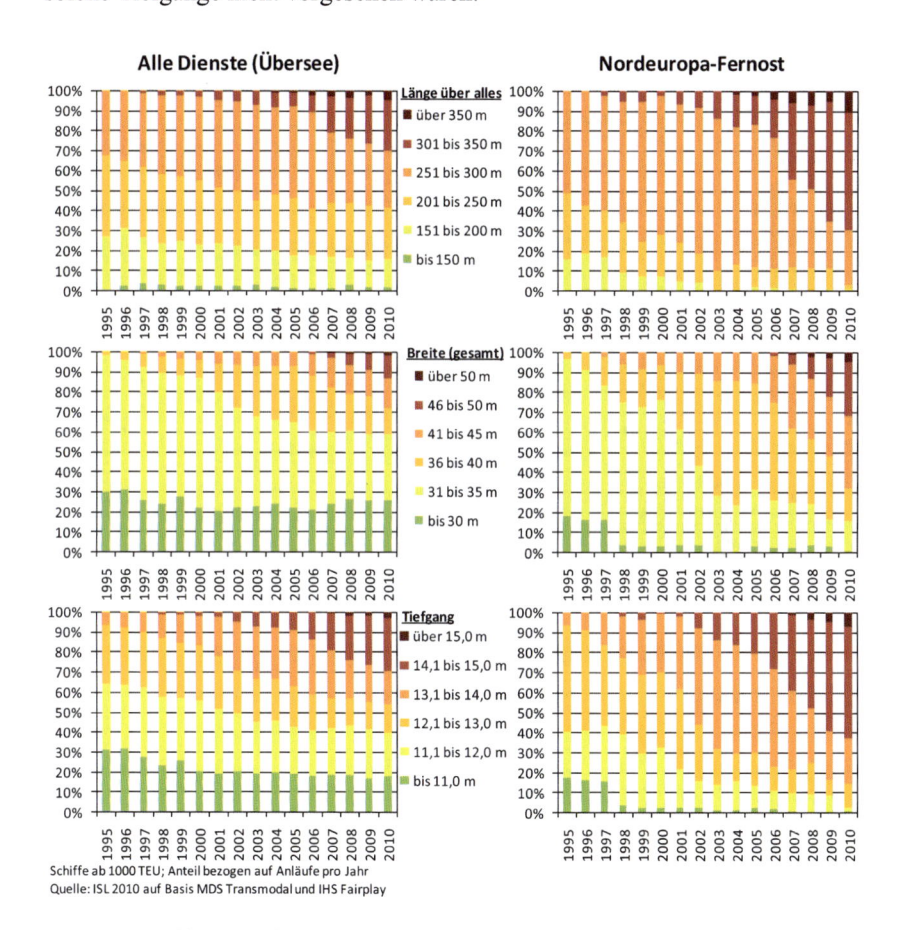

Schiffe ab 1000 TEU; Anteil bezogen auf Anläufe pro Jahr
Quelle: ISL 2010 auf Basis MDS Transmodal und IHS Fairplay

Abb. 8 Entwicklung der Schiffsdimensionen in der Nordeuropafahrt

---

6   Die Ist-Tiefgänge weichen bei Containerschiffen in der Regel von den Maximaltiefgängen ab, da die Schiffe nicht – wie Massengutfrachter – im Ladehafen voll abgeladen werden, sondern für ihre regelmäßigen Dienste in den verschiedenen Häfen Kapazitätsreserven vorhalten.

Nordamerika (Pazifik)

Wie in Abschnitt 7.3 dargestellt werden viele der Schiffe, die aus den Nordeuropa-Fernost-Routen durch größere Schiffe verdrängt werden, fortan in der Transpazifik-Fahrt zwischen Asien und der Westküste Nordamerikas eingesetzt. Obwohl die Schiffe hier im Durchschnitt etwas kleiner sind, waren die Veränderungen bei den Schiffsgrößen in den vergangenen Jahren ebenfalls erheblich.

In der Nordamerika-Fahrt waren Panamax-Schiffe (ca. 300 m lang und etwas über 30 m breit) lange Zeit Standard. Auch Schiffe in der Transpazifik-Fahrt, die in der Regel nur die Häfen an der nordamerikanischen Westküste anlaufen, hielten sich an diese Maße, obwohl sie den Panama-Kanal nicht passieren mussten. Bereits 1995 hielten sich schon mehr als 10 % dieser Schiffe nicht mehr an die maximal zulässige Schiffsbreite, 2010 waren es mehr als die Hälfte. Mit den neuen Schiffsabmessungen waren auch Investitionen in neues Terminalequipment unumgänglich (s. Abb. 9, S. 93).

Auch in der Länge überschreiten inzwischen viele Schiffe, die die nordamerikanische Westküste anlaufen, die Panamax-Maße: knapp 20 % aller Schiffe und 25 % der Schiffe in der Asienfahrt waren 2010 länger als 300 m. Beim Tiefgang zeigt sich ein ähnliches Bild wie in Nordeuropa: über die Hälfte der Schiffe haben inzwischen einen Tiefgang von mehr als 14 m. Diese Schiffe, die Ende der 1990er Jahre erstmals in Fahrt kamen, sind von wachsender Bedeutung und haben bereits einen Anteil von ca. 15 % an allen Anläufen. Schiffe mit einem maximalen Tiefgang von 12 m, die voll abgeladen den Panama-Kanal passieren konnten, waren 1995 mit einem Anteil von fast drei Vierteln noch Standard, sind heute jedoch mit einem Drittel deutlich seltener und in der Transpazifik-Fahrt mit weniger als 10 % inzwischen nahezu bedeutungslos.

7.5. Ausblick

Die hohe Anzahl der bestellten Schiffe in den oberen Größenklassen deutet darauf hin, dass auch in den kommenden Jahren in allen Fahrtgebieten mit einer tendenziellen Erhöhung der durchschnittlichen Schiffsgrößen zu rechnen ist. Selbst wenn das Nachfragewachstum in der Europa-Fernost-Fahrt schnell wieder einsetzt, wird es nicht ausreichen, um den erheblichen Zuwachs der Kapazität in den Größenklassen über 10.000 TEU, die voraussichtlich fast ausschließlich auf dieser Relation in Fahrt kommen werden, vollständig zusätzlich zur fahrenden Flotte zu absorbieren. Folglich werden „kleinere" Schiffe, die im Wettbewerb mit den Großcontainerschiffen zunehmend unter Druck geraten, auf andere Relationen gedrängt – vor allem auf Transpazifik-Routen. Hierzu werden in den kommenden Jahren vermehrt auch Schiffe der 8.000er-Klasse zählen. Die

Evolution des Kaskadeneffektes in der Linienschifffahrt

zusätzliche Kapazität in der Asien-Nordamerika-Fahrt wird auch dort zur Verdrängung von kleineren Einheiten führen – der Kaskadeneffekt wird sich auf alle Fahrtgebiete einschließlich der regionalen Verkehre auswirken. Dort war in den letzten Jahren bereits der vermehrte Einsatz größerer Einheiten zu beobachten – insbesondere auf den inner-asiatischen Routen zwischen China und verschiedenen Destinationen in Nordost- und Südostasien.

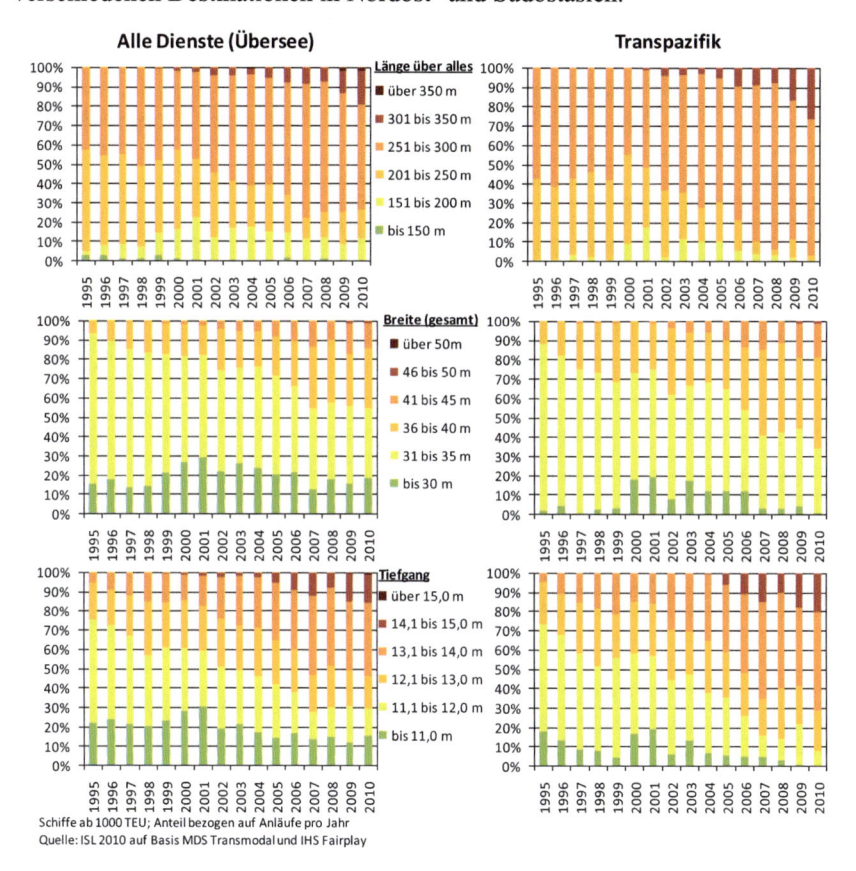

Abb. 9 Entwicklung der Schiffsdimensionen in der Nordamerika-Fahrt (Westküste)

Die Tendenz zu größeren Schiffseinheiten wird somit auch in den kommenden Jahren weltweit die Seehäfen vor Herausforderungen stellen. Immer wieder werden die bisherigen größten Schiffsabmessungen auf bestimmten Relationen durch die Reorganisation von Liniendiensten oder durch neue Schiffe auf diesen Relationen übertroffen werden. Gleichzeitig konzentrieren sich die Liniendienste mehr und mehr auf die Größenklassen, die auf den jeweiligen Relationen zum oberen Standard geworden sind bzw. noch werden. Die Zufahrtsbedingungen werden somit auch künftig im Wettbewerb zwischen Seehäfen eines Fahrtgebietes von zentraler Bedeutung sein.

Trotz der seit Jahrzehnten anhaltenden Tendenz zu größeren Containerschiffen ist jedoch fraglich, ob auch in Zukunft immer wieder neue Schiffsdesigns mit größeren Abmessungen eingeführt werden. Denkbar wäre auch eine Konzentration auf die nach aktuellem Stand größten „Standardschiffe" der jeweiligen Relationen. Mögliche ökonomische Grenzen des Schiffsgrößenwachstums liegen dabei in den steigenden Vor- und Nachlaufkosten im Hinterland,[7] die sich einerseits aus der Konzentration der großen Linien auf wenige Häfen pro Fahrtgebiet und in andere Fällen für neu gebaute „Tiefwasserhäfen" wie Laem Chabang, Wilhelmshaven oder Ust Luga ergeben, da deren Standorte in der Regel nicht auf Marktnähe basieren, sondern sich am Küstenprofil orientieren. Insbesondere im Falle einer wachsenden Bedeutung von Carrier's Haulage in der internationalen Containerschifffahrt werden die Reedereien eine neue Balance zwischen den Skaleneffekten in der Seeschifffahrt und den Hinterlandkosten finden müssen.

Literatur

Clarkson (2010): Container Commentary, in: Container Intelligence Monthly, Bd. 12 (2010), Nr. 2, S. 16

Containerisation International (2010): Slow steaming picks up speed, in: Containerisation International, Bd. 43 (2010), Nr. 1, S. 17

Institut für Seeverkehrswirtschaft und Logistik (2010): World Merchant Fleet, in: Shipping Statistics and Market Review, Bd. 54 (2010), Nr. 1/2

Institut für Seeverkehrswirtschaft und Logistik (2010): Entwicklung der Nachfragelücke in der Containerschifffahrt nach Größenklassen, Bremen 2010

Lemper, Burkhard; Zachcial, Manfred (2009): Trends in Container Shipping – Proceedings of the ISL Maritime Conference 2008, Peter Lang, Frankfurt a.M. 2009, S. 139 ff

Lemper, Burkhard; Stuchtey Rolf W. (2002): Aktuelle Entwicklungen auf den Märkten der Containerschifffahrt und ihr Einfluss auf Deutschland als Schiffbau- und Hafenstandort; 2. aktualisierte Auflage, Bremen 2002

Zachcial, Manfred (2009): Freight and Charter Markets, in: Lemper, B.; Zachcial M. (2009): Trends in Container Shipping – Proceedings of the ISL Maritime Conference 2008, Peter Lang, Frankfurt a.M. 2009, S. 139 ff

---

7   Vgl. auch Lemper, B.; Stuchtey R.W. (2002), S. 29ff

8. Fährschifffahrt in Indonesien - Weiterentwicklung eines wesentlichen Verkehrsträgers

Arnulf Hader, Institut für Seeverkehrswirtschaft und Logistik

8.1. Einleitung

Der indonesische Staat besteht aus circa 17.000 Inseln von denen 6.000 bewohnt sind. Mit einer Bevölkerung von weit über 200 Millionen Einwohnern und einer Ausdehnung, die der Europas von Portugal bis an den Ural entspricht, ist es eines der größten Länder der Welt. Mangels eines durchgehenden Eisenbahnnetzes – nur auf der Hauptinsel Java existiert ein kleines Netz – übernimmt die Schifffahrt die Hauptlast des Personen- und Güterverkehrs. Mit diesen oder ähnlichen Sätzen beginnen viele Studien, da jeder Consultant der indonesischen Regierung zeigen möchte, dass er die Besonderheiten des Verkehrswesens im Lande verstanden hat.

Gerade für einen deutschen Berater kommt hinzu, dass zwischen beiden Ländern gute Beziehungen bestehen und die deutsche Wirtschaft wertvolle Beträge zur Entwicklung des Verkehrs geleistet hat. Dies zeigen nicht nur alte Dampflokomotiven aus deutscher Produktion im dortigen Museum sondern vielmehr die moderne Flotte von Passagierschiffen der Reederei PT. PELNI, die bei der weltbekannten Meyer Werft im niedersächsischen Papenburg entstand. Indonesien darf Stolz auf dieses Rückgrat seiner Infrastruktur sein und für Deutschland ist es ein Musterbeispiel entwicklungspolitischer Zusammenarbeit. Unter den Beratern des Landes hat sich das ISL einen guten Namen erworben. Mit und ohne Kooperationspartner wurden schon zahlreiche Projekte für die Häfen und Reedereien Indonesiens abgewickelt, darunter auch von den Direktoren Prof. Dr. Burkhard Lemper, Prof. Dr. Rolf W. Stuchtey, Prof. Dr. Manfred Zachcial. Der Autor dieses Beitrages hat im Rahmen von fünf Projekten sieben Reisen nach Jakarta und in die Provinzen unternommen.

Trotz politischer Umwälzungen in dem größten muslimischen Staat der Erde, spricht die nun 50 Jahre andauernde Zusammenarbeit Indonesiens mit der Meyer Werft für eine Kontinuität, die auch vernünftige Arbeitsbedingungen unter der tropischen Sonne bietet. Dennoch ist die Schifffahrt nicht vor einer Änderung der wirtschaftlichen Rahmenbedingungen geschützt, da protektionistische Maßnahmen weitgehend zugunsten des freien Spiels der marktwirtschaftlichen Kräfte abgeschafft wurden. So ist, um nur ein Beispiel zu nennen, die Reederei PT. PELNI durch den Anstieg der Öl- und Bunkerpreise tief in die Verlustzone geraten. Beim seinem jüngsten Beratungsauftrag im Jahr 2009 hatte das ISL, zusammen mit einem technischen und einem lokalen Partner, den Auftrag, die finanzielle Situation durch Vorschläge für technische und organisatorische Maßnahmen zu verbessern, ohne dass bestimmte Bereiche durch den Auftrag explizit ausgeschlossen wurden.

8.2. Bestandsaufnahme der Schifffahrt

8.2.1. Flotten

Das erste große Kapitel einer solchen Studie ist der Empirie gewidmet. Nach mehrjähriger Abwesenheit ist immer wieder eine Bestandsaufnahme des Verkehrswesens erforderlich. Dabei ist die Erfahrung aus früheren Projekten eine wesentliche Stütze hinsichtlich der schon vorhandenen Datengrundlagen, der Quellenkenntnis und der Entwicklungstrends. Die Entwicklungen selbst können aber so schnell voranschreiten, dass sich die Lage der einzelnen Verkehrsträger signifikant geändert hat.

Im Mittelpunkt der Untersuchung stand 2009 wieder die Reederei PT. PELNI, die unter dem Dach des Verkehrsministeriums, Abteilung Schifffahrt, nach privatwirtschaftlichen Regeln geführt wird. Sie hat die Aufgabe, die großen Inseln des Landes zu verbinden und auf den bis zu einer Woche langen Routen auch kleinere Häfen anzulaufen. Dafür stehen ihr 24 Schiffe zur Verfügung, die aus Deutschland direkt von der Meyer Werft geliefert wurden. Jedes dieser Schiffe befährt eine oder zwei eigene Routen im wöchentlichen Rhythmus, wodurch insgesamt rund 90 Häfen bedient werden können. Die Besonderheit in Indonesien ist, dass es sich bei diesen Schiffen noch um Passagierschiffe ohne Fahrzeugbeförderung handelt. Der wesentliche Grund dafür ist, dass nach einer Brandkatastrophe in frühen Jahren der gleichzeitige Transport von Passagieren und Fahrzeugen, die immer eine gewisse Menge Treibstoff in den Tanks mit sich führen, auf den Langstrecken des Landes verboten wurde. Viele Jahre war auch der Bedarf für Fahrzeugtransporte auf Langstrecken sehr gering, aber vor kurzem wurde diese Regel abgeschafft. Man muss anerkennen, dass PT. PELNI von größeren Katastrophen verschont wurde und keiner der seit 1983 gelieferten Neubauten verloren ging. Dies steht im Gegensatz zum Inselreich der Philippinen, wo schon mehrere der gebraucht aus Japan gekauften Autofähren durch Feuer, Kollision oder Sturm ein schreckliches Schicksal ereilte. Die indonesischen Passagierschiffe in drei Größenklassen für 2.000, 1.000 und 500 Passagiere nehmen auch Ladung per Kran in einem Laderaum vor der Brücke mit. Bei den älteren Schiffen wird konventionell verladen, bei den jüngeren in 20' ISO-Containern. Die Zahl erreicht bis zu 28 TEU und auf dem jüngsten Schiff mit zwei Laderäumen sogar 98 TEU.

Fährschifffahrt in Indonesien

Eine zweite staatlich kontrollierte Reederei bedient unter dem neuen Namen „Ferry Indonesia" die kurzen Strecken auf denen auch Autofähren eingesetzt werden dürfen. Die größeren davon sind meist gebraucht aus dem Ausland erworben. Zu solchen Routen zählt etwa die Kurzverbindung zwischen Java und Sumatra, die sich im Aufkommen mit Dover – Calais messen kann.

Nr.	Schiffsname	BRZ	Kn	Baujahr	Kabinen			Econ	Total	Crew	Cargo	Krane	Bemerk.
					I A/B	IIA/B	III	Econ	Pax		cbm	t SWL	
1	KERINCI	14.501	20	1983	300	796	-	500	1596	145	1400	2x 7.5	
2	*KAMBUNA*	*14.501*	*20*	*1984*	*300*	*796*	*-*	*500*	*1596*	*145*	*1400*	*2x7*	*an Marine*
3	*RINJANI*	*13.860*	*20*	*1984*	*128*	*824*	*-*	*777*	*1729*	*145*	*1400*	*2x7*	*an Marine*
4	UMSINI	13.853	20	1985	128	824	-	777	1729	145	1400	2x7	
7	TIDAR	14.501	20	1988	128	288	-	1488	1904	145	1200	2x 7.5	
11	CIREMAI	14.581	20	1993	132	288	-	1553	1973	145	1200	2x 7.5	
12	DOBONSOLO	14.581	20	1993	132	288	-	1488	1908	145	1200	2x 7.5	
17	BUKIT SIGUNTANG	14.649	20	1996	144	240	355	1264	2003	157	1200	2x 8	
18	LAMBELU	14.649	20	1997	144	240	355	1264	2003	157	1200	2x 8	
19	SINABUNG	14.665	22	1997	508	594	-	804	1906	157	1400	1x 25	22 TEU
20	KELUD	14.665	22	1998	508	594	-	804	1906	157	1400	1x 25	22 TEU
21	DOROLONDA	14.685	20	2001	104	-	-	2026	2130	155	1800	1x 25	22 TEU
22	NGGAPULU	14.700	20	2002	104	-	-	2066	2170	155	1800	1x 25	22 TEU
23	LABOBAR	15.200	22	2004	66	-	1152	1866	3084	161	1260	1x 25	28 TEU
24	GUNUNG DEMPO	14.200	20	2008	96	-	1069	418	1583	141	...	1x 30	98 TEU
5	KELIMUTU	6.022	14	1986	54	-	-	866	920	84	492	2x 7.5	
6	LAWIT	6.022	14	1986	54	-	-	866	920	84	492	2x 7.5	
8	TATAMAILAU	6.022	14	1990	54	-	-	915	969	84	492	2x 5	
9	SIRIMAU	6.022	14	1991	54	-	-	915	969	84	492	2x 5	
10	AWU	6.022	14	1992	54	-	-	915	969	84	492	2x 5	
13	LEUSER	6.022	14	1994	54	-	-	916	970	87	492	2x 5	
14	BINAIYA	6.022	14	1994	54	-	-	916	970	87	492	2x 5	
15	BUKIT RAYA	6.022	14	1994	54	-	-	916	970	87	490	2x 5	
16	TILONG KABILA	6.022	14	1995	54	-	-	916	970	87	492	2x 5	
	PANGRANGO	2.620	13	1996	34	-	-	466	500	43	254	1x 3	Feeder
	SANGIANG	2.620	13	1999	44	-	-	510	554	43	254	1x 3	Feeder
	WILIS	2.620	13	1999	44	-	-	510	554	43	254	1x 2	Feeder
	Gesamt	279.849	-	-	3530	5772	2931	27222	39455	3152		-	
RoRo	Schiffe (Fähren)			Bauj./Kauf	Exec.	Bett	Sitz	Deck	Total	Crew	Pkw	Lkw	
	FUDI	11.315	18	1979 / 2000	188	-	715	-	903		250	..	1620 lm
	GANDA DEWATA	9.225	18	1978 / 2000	-	385	388	111	884	39	126	80	
	EGON	4.851	17	1991 / 2000	-	385	-	111	496	39	50	38	
	JETLINER	4.563	28	1996 / 2001	-	24	621	-	645		160	-	
	Gesamt	29.954	-	-	188	794	1724	222	2928		586	...	...

Tab. 15 Flotte der Reederei PT. PELNI 2009
Quelle: ISL 2009 nach PT. PELNI und SeaCom

Das Netz von PT. PELNI und Ferry Indonesia wird ergänzt durch die Pionierrouten, die mit sehr kleinen, neuerdings im Land gebauten, Passagier-/Frachtschiffen kleine Häfen untereinander oder als Feeder mit den größeren Häfen verbinden. Diese Routen haben eine Länge bis zu vier Wochen Fahrtdauer und eine entsprechend magere Abfahrtsfrequenz.

Neben der staatlich kontrollierten Mindestversorgung mit Abfahrten können private Reedereien Lücken füllen. Diese können wiederum in verschiedene Kategorien unterteilt werden. So bleiben um die größeren Häfen zahlreiche Kurzstrecken, die von kleinen Firmen überwiegend mit hölzernen Schiffen bedient werden. Einige Firmen bedienen sich auch kleiner Schnellfähren, besonders Katamaranen aus Aluminium oder GfK, um auf längeren Routen die Reisezeiten zu verkürzen. Schließlich entstanden mehrere nennenswerte Fährreedereien, die kleinere Flotten von Autofähren auf den Hauptrouten zwischen Java, Kalimantan oder Sulawesi einsetzten. Dazu gehören PT. D.L.U., PT. Prima Eksekutif und PT. Prima Vista. Sie machen im Passagierverkehr PT. PELNI Konkurrenz und im Fahrzeugtransport untereinander. Da PT. PELNI den entstehenden Fahrzeugtransportmarkt nicht kampflos abgeben wollte, hat man um 2000 auch mehrere gebrauchte Autofähren erworben, aber damit keine guten Erfolge erzielt. Die Schiffe erwiesen sich als technisch unzuverlässig, und im hart umkämpften Markt sind die Einnahmen zu gering.

Verglichen mit der Shortsea-Schifffahrt wie sie uns aus Europa bekannt ist gibt es in Indonesien einige Besonderheiten:

- Während selbst auf den komfortablen Fähren in Europa einem Passagier, der nur einen „Decksplatz" löst, kein Kabinenplatz zur Verfügung steht, stellt PT.PELNI jedem Passagier ein Bett zur Verfügung. Für die Masse der „Economy Passengers" sind dies nur Betten in Schlafsälen, aber immerhin hat jeder sein Nachtlager, solange die offizielle Passagierzahl der Schiffe nicht überschritten wird.

- Betten finden sich sogar auf kleinen Schnellfähren, was der IMO-Code für solche Fahrzeuge international verbieten würde.

- Anderseits muss man damit rechnen, dass die privaten Autofähren sich nicht an einen festen Fahrplan halten, sondern der Nachfrage angepasst verkehren und erst zwei bis drei Tage vor Abfahrt im Internet den Fahrplan bekannt geben.

- Neben den Autofähren gibt es reine RoRo-Frachter, allerdings weniger für Trailer als für Baumaschinen und andere außergewöhnliche Ladungen. Deshalb handelt es sich um Landungsschiffe mit Bugklappe und offenem Laderaum, wie sie uns eher von den Marinen bekannt sind.

Bedingt durch die geographischen Verhältnisse ist der Personenverkehr fast ausschließlich nationaler Verkehr. Die wesentliche Ausnahme bilden die dichten Fahrpläne der Schnellfähren zwischen den Inseln Batam und Bintang in Indonesien sowie Singapur, wo eine grenzüberschreitende Wirtschaftszone eingerichtet wurde. Im Güterverkehr ist die internationale Komponente stärker, wenngleich der Linienverkehr der großen Seehäfen Jakarta, Surabaya oder Makassar auch stark über Singapur läuft. Hier interessiert der „Inter-island transport", der nationale Seeverkehr. Wie eingangs erwähnt, stützt sich der Gütertransport zwischen den Inseln alleine auf die Schifffahrt, sei es als konventioneller Verkehr, Containertransport oder langsam aufkommender RoRo-Verkehr.

Im konventionellen Verkehr kommen Standardfrachter indonesischer Werften mit beschränkter Containerkapazität von rund 100 TEU neben gebraucht gekauften Shortsea-Schiffen aus aller Welt zum Einsatz. Die traditionell große deutsche Flotte von „Küstenschiffen" gehört zu den wichtigeren Bezugsquellen für Tonnage. Nur am Rande soll erwähnt sein, dass auch die traditionelle indonesische Schifffahrt mit hölzernen Schiffen in den vielen kleinen Häfen ihre Daseinsberechtigung hat. In den großen Häfen Jakarta, Surabaya oder Makassar steht diesen Schiffen ein eigener Hafenbereich zur Verfügung. Als Zugeständnis an die modernen Zeiten fahren die mehrere hundert Tonnen tragenden „Boogie-Schoner" nicht mehr unter Segeln sondern mit Motor.

Zwischen den Haupthäfen und den mittleren Häfen hat sich ein reger Containerverkehr entwickelt, dem mehr oder weniger gut geeignete Stauflächen zur Verfügung stehen. Außer in den Haupthäfen geschieht der Umschlag mit schiffseigenem Ladegeschirr, und manchmal müssen die Container schon auf der Pier entladen werden, da die Verbindung zum Containerdepot nicht die erforderliche Tragfähigkeit aufweist. Zahlreiche Reedereien haben sich auf den Containertransport eingestellt, wobei die Flotten selten aus modernen Feederschiffen sondern eher aus Mehrzweckfrachtern bis zu mittlerer Größe bestehen.

Eine weitere Besonderheit im Seeverkehr ist die Priorität, die Passagierschiffe in den Häfen genießen. D.h., wenn ein Schiff der Reederei PELNI ankommt, müssen alle anderen dessen Liegeplatz sofort freigeben. Viele Häfen haben nur ein bis zwei Liegeplätze für größere Schiffe, an denen der Passagierterminal liegt. Ist kein Passagierschiff da, werden die Plätze sofort von Containerschiffen oder konventionellen Frachtern eingenommen. Für das Dienstleistungsangebot der Reedereien ist dies von ausschlaggebender Bedeutung: Die Passagierschiffe können einen Fahrplan mit zuverlässigen Abfahrts- und Ankunftszeiten bieten, die Frachtlinien müssen dagegen große Verzögerungen einkalkulieren. Da der Umschlag mit eigenem Geschirr bei den beengten Platzverhältnissen viel Zeit in Anspruch nimmt und Frachter langsamer als Passagierschiffe laufen, ergibt sich schließlich auf den längsten Inlandslinien ein Umlauf von 14 Tagen bei PT. PELNI und bis zu 45 Tagen bei kleinen Frachtern. Unter dieser Bedingung kann PT. PELNI eine höhere Frachtrate für Container, besonders für Kühlcontainer, fordern und damit den Frachttransport sehr profitabel gestalten.

8.2.2. Veränderte Rahmenbedingungen

Zu den Rahmenbedingungen für die Verkehrsunternehmen zählen die vom Verkehrsministerium vorgegebenen Tarife für den Personenverkehr in der Economy Class, der weitaus wichtigsten Einnahmenposition in der Kostenrechnung von PT. PELNI. Die Tickets dürfen derzeit nicht mehr als 415 Rupien pro Seemeile kosten, um einem größeren Teil der Bevölkerung das Reisen zu ermöglichen. Nur für die Kabinen ist die Preisgestaltung frei, ebenso für Ladung. Diese Tarifgrenzen wurden bisher in unregelmäßigen Abständen als Reaktion auf Kostensteigerung und Inflation angehoben.

Der Anstieg des Ölpreises und vor allem des Dieselöls für Schiffe hat 2008 den Rahmen der bisherigen Schwankungen mit einem Anstieg auf zeitweise über 1.000 USD pro Tonne gesprengt. Zum Vergleich: 1999 lag er letztmals bei 100 USD. Schiffsdiesel wurde zum größten Kostenfaktor für die Reederei, und dieser ließ sich durch eine Erhöhung der Tarife nicht mehr ausgleichen. Gestiegene Einnahmen aus dem Passagierverkehr konnten den Anstieg der Verluste noch bremsen aber nicht mehr verhindern.

Schon vorher hatte sich ein noch größeres Problem angebahnt, denn die Nachfrage seitens der Passagiere brach unerwartet und in starkem Maße ein. Dem Seeverkehr war mit dem Luftverkehr ein Konkurrent erwachsen, der über viele Jahre kalkulierbar war, aber mit dem Aufkommen der „Low Cost Carrier"(LCC) ebenfalls den gewohnten Rahmen des Wettbewerbs sprengte. Die indonesische Wirtschaft war schon Ende der 1990er Jahre durch die Asienkrise in ihrem Aufschwung abrupt gebremst und zurückgeworfen worden, was auch das Verkehrswesen deutlich gespürt hat. Damals konnte aber die Schifffahrt noch von der Krise profitieren, denn die Flugtickets waren vielen Passagieren zu teuer geworden und sie stiegen wieder auf das billigere Schiff um. Kurz darauf wurde die westliche Welt von den Terrorangriffen in New York erschüttert, was den weltweiten Flugverkehr traf. Die Fluggesellschaften legten viele Flugzeuge still oder gaben sie den Vermietern zurück. Die stark gesunkenen Leasingraten für ältere Flugzeuge nutzten dann neue indonesische Fluggesellschaften, um mit geringen Kapitalkosten in den Markt zu gehen.

Mittlerweile bedient der Luftverkehr rund 90 Flughäfen und es gibt durchaus seriöse LCC, die auch mit neuen Flotten direkt vom Hersteller arbeiten, aber die „Billigflieger" sind etabliert. Dem Verkehrsministerium blieb nur eine Regulierung der Tarife durch Festsetzung von Referenztarifen, die aber - anders als in der Schifffahrt – keine Obergrenze sondern eine Untergrenze markieren, um zu verhindern, dass die Fluggesellschaften an der Sicherheit sparen. Trotzdem liegen die Tarife in der Economy Class auf langen Strecken nur unwesentlich höher als die Schiffstickets und das bei einem Zeitfaktor von ungefähr 1:24. D.h. wofür das Schiff etwa einen Tag benötigt schafft das Flugzeug in einer Stunde, und die siebentägige Schiffsreise von Papua nach Java dauert in der Luft kaum einen halben Tag. Es ist sicher nicht verwunderlich, dass diese niedrigen Preise nur für Strecken mit starkem Wettbewerb und hoher Nachfrage gelten, wo größere Maschinen wie A 320 oder B 737 gefüllt werden können; Nebenrouten werden von den LCC nicht angeboten, und in den kleineren Propellermaschinen kosten die Tickets ein Mehrfaches pro Meile. Hier kann das Schiff noch konkurrieren.

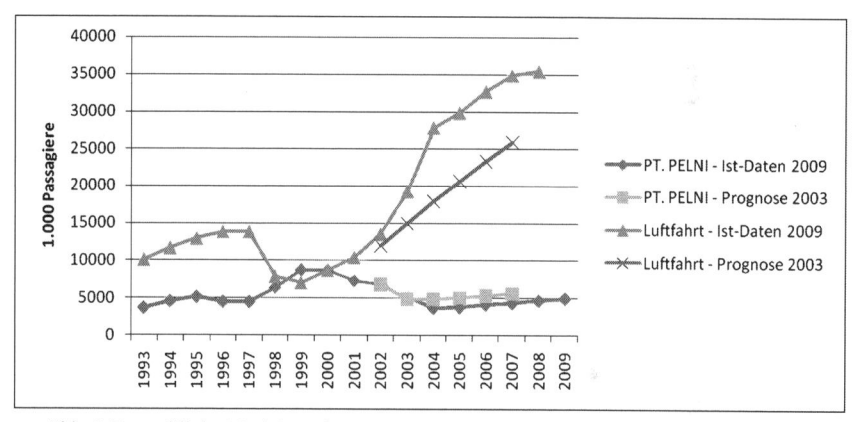

Abb. 1 Tatsächliche Nachfrage im Personenverkehr verglichen mit ISL-Prognose 2003
Quelle: ISL 2010

2009 hatte sich die Wirtschaft des Landes wieder erholt, die Neuwahlen brachten eine politische Stabilisierung und die Verkehrsnachfrage stieg insgesamt wieder an. Im Personenverkehr hatte das Schiff Marktanteile an die Luftfahrt abtreten müssen, aber auf niedrigerem Niveau scheint ein erneuter absoluter Anstieg möglich. Die dringende Frage war nun, wie PT. PELNI auch finanziell wieder auf den richtigen Kurs gebracht werden konnte. Eine geschätzte Wachstumsrate von unter 5 % p.a. im Personenverkehr würde dazu nicht ausreichen; ein möglicher Zuwachs von 10 % p.a. im Frachtverkehr versprach schon ein einen größeren Beitrag.

Dass die Reederei durch die hohen Verluste nicht in Konkurs gegangen ist, wurde durch die Zugehörigkeit zum Verkehrsministerium verhindert. Dieses zahlt einen Verlustausgleich in Form der sogenannten „Public Services Obligation" (PSO) dafür, dass PT. PELNI im Auftrag des Staates den Verkehr auf wichtigen Routen sicherstellt, nicht nur auf gewinnbringenden, wie private Unternehmer dies tun können. Aber auch das Ministerium hat ein Interesse, diese PSO-Zahlungen so niedrig wie möglich zu halten.

8.2.3. Theorie und Praxis

Es gibt eine Phase in vielen Studien in der mit jeder gefundenen Antwort sich neue Fragen stellen. In dieser Phase haben die Autoren der jüngsten Studie den Praxistest gemacht. Nicht nur weil die Aufgabenstellung einen Fokus auf die „Eastern Routes" forderte, sondern auch wegen des höheren Anteils an Frachteinnahmen und der Länge der Seereise, war eine Ostroute dafür am interessantesten. Die Route führt von Makassar auf Sulawesi über Bau-Bau und Ambon in die östlichste Provinz Papua mit den Häfen Fak-Fak, Sorong, Manokwari, Nabire, Serui, Biak und Jayapura. Die Tatsache, dass eine derartige Schiffsreise über 10 Häfen sechs Tage in Anspruch nimmt und der Flug ab Jakarta über fast 4.000 km geht und mit Umsteigen fast die ganze Nacht erfordert, macht die Größe des Landes spürbar. Diese Größe und die Zersplitterung in Tausende von Inseln bewirkt auch recht unterschiedliche Fortschritte in der wirtschaftlichen Entwicklung, wobei bekannt ist, dass die Provinz Papua auf dem zu Indonesien gehörigen Teil der Insel Neuguinea zu den rückständigsten Regionen der Welt zählt. Zudem war die Provinz kurz zuvor durch ein Erdbeben erschüttert worden, das in den durchaus modernen Bauten des Passagierterminals und der Reedereiverwaltung sowie im Hafen schwere Schäden hinterlassen hatte. Es ist eine enorm wichtige Aufgabe der Schifffahrt, über die Sicherstellung regelmäßiger Verbindungen nach Java und anderen Teilen des Landes den Zusammenhalt zu sichern und den Aufbau zu fördern.

Die Reise hat gezeigt, dass PT. PELNI dazu einen wesentlichen Beitrag liefert, nicht nur weil dort auch in kleineren Häfen Hunderte von Passagieren das große Schiff bis an die Kapazitätsgrenze oder gar darüber hinaus füllen, sondern auch weil dort das Leben einzieht sobald das Schiff im Hafen liegt, auch wenn es morgens um drei Uhr ist. Die Häfen selbst sind den Anforderungen nur bedingt gewachsen. Die Passagieranlagen entsprechen meist den landestypischen Anforderungen, aber sobald zwei Schiffe an der Pier liegen und sich die Ströme von Menschen und Waren queren, kann man europäische Sicherheitsstandards nicht mehr anwenden. Eine Verbesserung der Abläufe auf den meist nur 10 oder 12 m breiten Piers wäre jedoch nur mit großen Investitionen möglich.

Eine grundlegende Veränderung der Situation liegt nicht in der Hand der Reederei PT. PELNI. Sie ist zwar oft alleiniger Nutzer der Gebäude der Passagierabfertigung und hat Vorrecht am Liegeplatz; dennoch wird der Liegeplatz auch von Frachtern genutzt und steht nicht für die Lagerung zur Verfügung. Die Reederei hat weder die Mittel für Hafeninvestitionen noch das Recht, denn die Häfen unterstehen verschiedenen Behörden des Landes oder der Provinzen. Somit bleibt nur die Anpassung an die Hafenfazilitäten.

Fährschifffahrt in Indonesien 117

Abb. 2 Gleichzeitige Abfertigung zweier PELNI-Schiffe in Ambon – für Sicherheitsexperten ein Albtraum (Foto: A. Hader 2009)

8.3. Lösungen

Aus den gewonnen Daten und Erfahrungen konnten die Fährschiffsexperten des ISL eine ganze Reihe von Verbesserungsvorschlägen entwickeln, die mehr oder weniger schnell umgesetzt werden können.

8.3.1. Anpassung der Geschwindigkeit

Die moderneren Passagierschiffe laufen über 20 kn schnell und sind damit deutlich schneller als die kleinen Frachtschiffe. Gegenüber dem Flugzeug haben sie jedoch den Kampf verloren, denn wer es eilig hat fliegt und achtet nicht darauf, ob die Seereise vier oder fünf Tage dauert. Das heißt jedoch noch lange nicht, dass in der Fährschifffahrt die Geschwindigkeit pauschal verringert werden kann, denn die regelmäßigen Rundläufe sind zeitlich begrenzt. Die bisherigen Fahrpläne haben jedoch „Luft", die für eine Reduzierung der Geschwindigkeit auf bestimmten Etappen genutzt werden kann, wodurch manchmal sogar die Ankunfts- oder Abfahrtzeiten günstiger werden könnten. Das Abweichen von der bisher geübten Praxis derselben Geschwindigkeit auf allen Teilstrecken würde schon zu signifikanten Einsparungen an Dieselöl führen, die sich genau berechnen lassen.

8.3.2. Planning tool

Unter anderem für diese Berechnung hat das ISL im Rahmen der Studie ein "Planning Tool" auf der Basis von MS EXCEL entwickelt, das genaue Ergebnisse liefern kann. In die Tabellen sind alle Schiffe mit ihren spezifischen Verbrauchsdaten, alle Teilrouten, Tarife, Ölpreise etc. einzutragen. Dann können die finanziellen Effekte von veränderten Ölpreisen, vermindertem Verbrauch, geänderten Routen, geänderten Tarifen, sinkendem oder steigendem Verkehrsaufkommen und vieles Andere kalkuliert werden.

8.3.3. Umrüstung der Motoren

Die Terms of Reference der Studie enthielten auch die Frage an den technischen Partner, bei welchen Schiffe es lohne, die Motoren vom Verbrauch von Marine Diesel Oil (MDO) auf Schweröl umzurüsten. Alle Neubauten der Meyer Werft sind auf MDO eingerichtet, was den Vorteil geringerer Investitionskosten und der leichteren und sicheren Bedienung hat, da nur eine Ölqualität für Haupt- und Hilfsmotoren (Generatoren) benötigt wird. Die unerwartet hohen Preissteigerungen für Öl und die Differenzierung der Preise zwischen MDO und Schweröl haben aber dazu geführt, dass die Schifffahrt mit Schweröl Einsparungen in Millionenhöhe erzielen kann. Trotzdem wurde in Übereinstimmung mit den technischen Partnern von einem Umbau abgeraten. Zunächst würden nur die Kosten für ein zweites Brennstoffsystem mit Tanks, Leitungen, Vorwärmung, Separatoren etc. sowie für die Modifikation der Motoren selbst anfallen und die Bedienung komplizierter werden; wesentlicher ist aber heute, dass man vom „sauberen" MDO auf das schmutzige schwefelhaltige Schweröl wechseln würde. Es ist abzusehen, dass auch in Indonesien schwefelarme Brennstoffe gefordert werden und dies hat kaum übersehbare Kosten zu Folge. Entweder müsste schwefelarmes Schweröl gekauft werden, das wegen der steigenden Nachfrage signifikant teurer werden dürfte, oder es wird an Bord eine Nachbehandlung notwendig, die technischen Aufwand erfordert und die Einsparungen vermindert.

8.3.4. Tausch der Schiffe

Angesichts der gesunkenen Fahrgastzahlen scheint es einfach, durch Außerdienststellung der ältesten Schiffe die Kapazität anzupassen und damit zu sparen. Damit würde sich jedoch das Problem der Saisonalität verschärfen. Zu Zeiten wie Ramadan oder Sommerferien steigt die Nachfrage nämlich derart an, dass die normalen Kapazitäten trotz Ausnahmegenehmigung zur Beförderung höherer Fahrgastzahlen nicht ausreichen. Die Luftfahrt kann in diesen Fällen des Massenansturms wohl auch nicht aushelfen. Würde man nun auf einzelnen

Routen größere Schiffe durch kleinere ersetzen, verschärften sich die Probleme in der Hochsaison. Wie überall im öffentlichen Linienverkehr ist eine gleichmäßige Auslastung nicht erzielbar.

Ein Schiffstausch wäre nur auf wenigen Linien möglich. Darüber hinaus könnten von den Typen 1000 und 2000 je eines aus der regelmäßigen Fahrt genommen aber nicht stillgelegt werden. Es könnte die Schwesterschiffe während derer Werftzeiten vertreten und in den Spitzenzeiten bei den größten Engpässen aushelfen.

8.3.5. Feeder-Routen

In Zusammenhang mit der Größe der Schiffe ist auch die Führung der Routen zu überprüfen. PT. PELNI hat mit der Einführung jedes neuen Schiffes auch eine neue Route geschaffen, wobei auch ein älteres Schiff auf eine andere Route verlegt werden konnte. Es wurden durchaus auch einzelne Abschnitte von Routen aus dem Fahrplan genommen, wenn neue Wettbewerber die Bedienung nicht mehr sinnvoll werden ließen. Dennoch erscheinen in Teilen des Netzes Optimierungen möglich. Der Idee, auf langen Routen die letzten Häfen zu streichen, um den Umlauf zu verkürzen, kann nicht zugestimmt werden, solange am Ende wichtige Häfen liegen. Änderungen sind eher möglich wo zwischen mehreren gleichwertigen Häfen ein Hub ausgewählt werden könnte, den man auch in andere Routen einbindet. Wenn dann von diesem Hub neue Feederrouten ausgehen, wären vielleicht Einsparungen möglich, aber zumindest wäre eine Frequenzsteigerung denkbar. Diese Vorschläge sind mit Aussicht auf Erfolg weder alleine vom Schreibtisch aus noch durch Computermodelle machbar; sie erfordern detaillierte Überprüfungen vor Ort.

8.3.6. Tarife

Der Personentarif für PT. PELNI füllt ein dickes Buch. Dabei ist er ganz einfach strukturiert, denn er beträgt 415 Rupien für jede Seemeile, egal auf welcher Route. Das Tarifbuch zeigt die Preise aber auch für Erwachsene, Jugendliche und Kleinlinder in der Economy Class sowie in den verschiedenen Kabinenklassen. Zudem ist er für jede Route, Teilstrecke und mögliche Streckenkombination mit Umsteigen ausgedruckt. Bei rund 90 Häfen entsteht ein dickes Buch, dessen Anpassung bei jeder Tariferhöhung viel Arbeit erforderte.

Die moderne Datenverarbeitung würde heute aber auch Abweichung von dem starren Meilentarif erlauben. Der Vorschlag der Berater geht dahin, auf kürzeren Strecken den Meilentarif zu erhöhen und auf längeren zu senken. Die Passagiere sollten dadurch im Durchschnitt nur mäßig belastet werden, denn auf Kurzstrecken sind die absoluten Beträge gering. Der Vorteil Läge im Wettbewerb mit dem Flugzeug, denn dieses ist auf kurzen Routen eine geringere Konkurrenz als auf den längeren. In der Summe sollten daher die Einnahmen der Reederei ansteigen, vor allem durch mehr Fahrgäste.

Um die Unsicherheit für die Reederei zu verringern, wann der Meilentarif wieder einmal erhöht wird, könnte eine jährlich Anpassung gekoppelt und den Verbraucherpreisindex des Landes erfolgen.

8.3.7. Nutzung der Kabinen

Alle Schiffe haben eine begrenzte Zahl von Kabinen, deren Auslastung zu wünschen lässt. Die Vermarktung könnte auch außerhalb des Landes für Kreuzfahrten erfolgen, die nicht den üblichen Hauch von Luxus sondern eher eine Portion Abenteuer bieten. Dazu wäre die Unterstützung von ausländischen Vermarktern notwendig.

8.3.8. Mehr Ladekapazität

Es war schon anfangs angeklungen, dass eine höhere Ladekapazität dank der lukrativen Frachtraten auf den schneller und zuverlässig verkehrenden Passagierschiffen höhere Einnahmen verspricht. Die Ladekapazität kann entweder durch Umbauten oder durch die Beschaffung neuer Schiffe gewonnen werden. Ersteres sollte schneller ans Ziel führen. Daneben stellte sich die Frage, ob man nur weiteren Raum für Container schafft oder noch einen Schritt weiter geht und die Passagierschiffe zu Fähren mit einem Deck für RoRo-Verkehr umbaut. Die vorhandenen Containerkapazitäten sind gut genutzt, und für die langen Routen von mehreren Tagen Fahrtdauer ist der Container auch in einer höher entwickelten Volkswirtschaft das wirtschaftlichste Transportmittel. Für kurze Strecken ist jedoch der RoRo-Verkehr wegen der höheren Umschlagsgeschwindigkeit und der geringeren Anforderungen an die Hafenanlagen sinnvoller. Die langen Routen in Indonesien schließen wegen der zahlreichen angelaufenen Häfen viele Kurzstrecken mit ein.

Noch ist auf den längeren Routen die Nachfrage nach RoRo-Transporten gering, aber Indonesien kann sich dieser weltweiten Entwicklung nicht mehr verschließen. Nur wird sie anders verlaufen als in anderen Regionen, was wiederum an der Größe des Inselreiches liegt. Noch gibt es keinen ausgeprägten Autotourismus im Lande und auch keine Trailertransporte großer Logistikunternehmen. Dennoch ist RoRo-Ladung vorhanden, die Jahr für Jahr zunehmen dürfte. Das Potential liegt eher bei Händlern mit Kleintransportern oder zweiachsigen Lkw sowie dem Versand von neuen und gebrauchten Pkw, Lkw und Bussen in die peripheren Regionen, wo die Motorisierung rasch ansteigt. Dazu kommen Baumaschinen, Land- und forstwirtschaftliche Maschinen oder Bergwerksausrüstung mit häufig größeren Dimensionen. Diese werden heute noch konventionell verladen oder mit Landungsbooten verschifft.

PT.PELNI hat sich für die Zukunft für den Typ „3 in 1" entschieden, der neben einem Fahrzeugdeck auch noch Laderaum für Container per Kran bietet. Damit ist die höchste Flexibilität erreicht, denn notfalls bzw. vorübergehend kann das Fahrzeugdeck auch für Container genutzt werden, indem man diese auf ein Chassis stellt. Ein Containerstapler oder Reachstacker ist in jedem Hafen mit Containerdepot vorhanden.

Für Schiffe mit RoRo-Decks und den Zugang dazu stehen hauptsächlich drei Varianten zur Verfügung:

1. Ein Schiff mit je einer Rampe seitlich vorn und achtern, die schräg angeordnet sind, um die längsschiffs angeordneten Ladespuren leichter anzusteuern, sogenannte Quarter Ramps;

2. Ein Schiff mit einer breiten Heckrampe, das an einer festen od. schwimmenden Rampe (Ponton) im Hafen anlegen kann;

3. Ein Schiff mit ein oder zwei Seitenrampen, die im Winkel von 90° auf die Pier führen.

Die Variante 2 scheidet aber für Indonesien aus, da an den stark frequentierten Piers kaum ein fester Platz eingerichtet werden kann und die Beschaffung von Pontons für die vielen Häfen zu teuer wäre. Für Indonesien ist daher Variante 1 mit den Quarter Ramps vorzuziehen, da nur mit den schrägen Rampen größere Fahrzeuge auf den oft nur 10 bis 12 m breiten Piers ein- und ausgeladen werden können. An welcher Stelle das Schiff anlegt, muss nicht festgelegt sein. Die Variante 3 hat das Platzproblem ist aber die einzig mögliche für Umbauten, bei den nur im Mittelteil des Schiffes der Platz für den nachträglichen Einbau eines RoRo-Decks geschaffen werden kann. Diese wird derzeit im ersten Umbau realisiert.

Abb. 3 Das im Januar aufgenommene Foto zeigt zwei Schiffe des Typs 2000 an einer typischen Pieranlage. Die LAMBELU hat einen Laderaum für konventionelle Ladung, die NGGAPULU für 20' Container (Foto: A. Hader).

Umbauten wurden schon vor oder während der Untersuchung vorbereitet und Anfang 2010 lag das erste Schiff Typ 2000 in der Werft. Die Arbeiten erfolgen in Singapur, wo das notwendige Know How vorhanden ist. Die DOBONSOLO erhält nicht nur ein Fahrzeugdeck in Lkw-Höhe im Mittschiffsbereich sondern auch einen Laderaum mit Containerkran. Die Gutachter sind auf das Ergebnis gespannt, da der Umbau eine anspruchsvolle Maßnahme ist und keine Vorbilder hat. Einerseits war bei der Konzeption des Schiffstyps in den 1980er Jahren ein solcher Umbau niemals vorgesehen, andererseits stellen die jüngsten Vorschriften der Klassifikationsgesellschaften gestiegene Ansprüche an die Schiffssicherheit.

Bei einem Neubau auf Basis eines neuen Entwurfs ließe sich ein wesentlich besseres Ergebnis erzielen, andererseits muss die Frage beantwortet werden, was mit den relativ jungen Schiffen zu tun ist, die nicht mehr den Anforderungen entsprechen aber zu jung zur Stilllegung sind. Mit den alten Schiffen könnte sich PELNI einem anderen Segment zuwenden, nämlich der Kreuzfahrt, was grundsätzlich auch schon angedacht wurde. Das Land bietet viele touristische Attraktionen und die Schiffe haben eine gute Größe für exotische Fahrtgebiete sowie ein ansprechendes Äußeres. Nur müssten die Passagierdecks durch den Einbau vieler neuer Kabinen und Gesellschaftsräume gänzlich umgestaltet werden. Die weitere Ausführung dieser Gedanken war nicht Teil der Studie, wird aber auch von deutschen Reiseveranstaltern als durchaus interessant beurteilt.

8.3.9. Struktur der PSO

Auch zur Struktur der PSO-Zahlungen des Ministeriums an die Reederei waren Vorschläge erwünscht, da die Höhe immer weniger kalkulierbar wurde. Ein Verbesserungsvorschlag geht dahin, die Bunkerkosten, die für den größten und am stärksten schwankenden Anteil der Zuschüsse verantwortlich sind, separat zu behandeln. Die Reederei hat auf die Höhe des Preises keinen Einfluss, und der Rest der Zahlungen ist dann besser kalkulierbar. Zudem gehen die Zahlungen für das Öl an die Gesellschaft Pertamina, die ebenfalls dem Staat gehört. Außerdem fehlt in der PSO-Struktur ein Ansporn für die Reederei so zu agieren, dass sparsames Wirtschaften belohnt wird.

8.3.10. Struktur der Reederei

Schließlich wurde auch eine Veränderung der Reedereistruktur vorgeschlagen. Mit der Aufnahme neuer Aktivitäten erscheint die Schaffung einer Holding sinnvoll, unter der einzelne Gesellschaften mit oder ohne staatlichen Zuschuss arbeiten. Dies würde vor allem die Beweglichkeit der Teilfirmen erleichtern, damit sie schneller auf Veränderungen des Marktes und der Rahmenbedingungen reagieren können.

8.3.11. Besatzungskosten

Erleichtert waren die Berater des ISL, dass die Kosteneinsparungen nicht mit einem Kahlschlag beim Personal einhergehen müssen. Die Heuern sind noch so niedrig, dass sie keinen großen Einfluss auf die Kostenstruktur haben. Die relativ großen Besatzungen sollen daher nicht reduziert werden, sondern weiterhin für Sicherheit und Sauberkeit an Bord sorgen, wobei bei letzterer durchaus eine Intensivierung der Bemühungen möglich erscheint.

8.4. Politik

Dem Rahmenthema dieser Festschrift „Theorie – Empirie – Politik" folgend, seien hier auch noch politische Aspekte der Untersuchung genannt. Der naheliegende ist, dass die Reederei PT. PELNI die Vorschläge der Berater nicht sofort und alleine umsetzen kann, da sie zum Verkehrsministerium der Republik Indonesien gehört. Die Leitlinien der Entwicklung müssen nicht nur mit diesem sondern auch mit anderen Ministerien abgestimmt werden, und da es sich jetzt um eine Änderung der seit Jahrzehnten bestehenden Flottenplanung handelt, dauert dies seine Zeit. Immerhin haben die Berater vernommen, dass sich das Verkehrsministerium viele Vorschläge zueigen gemacht hat oder ernsthaft prüft.

Die Finanzierung der Neubauten der Meyer Werft war immer über die KfW-Bank (früher: Kreditanstalt für Wiederaufbau) gelaufen, die für Entwicklungsländer günstige Zinssätze bereitstellen konnte. Dabei wurden immer wieder einzelne Projekte auf ihre Förderbarkeit überprüft. Mit der kontinuierlichen Förderung konnte sich Deutschland als Hauptlieferant für die Passagierschifffahrt in Indonesien halten, was über die hohe Sicherheit der jungen Flotte dem Land Indonesien einen guten Dienst erwies. Als Gegenbeispiel können die Philippinen dienen, wo sich Japan traditionell die Lieferung der Schiffe gesichert hat. Dabei kommen von Japan nur gebrauchte Fähren, denen auf den Inseln nicht einmal geeignete Liegeplätze zur Verfügung standen. Dieser heterogenen Flotte von Fähren mit RoRo-Decks entsprechen die Managementfähigkeiten der privaten Reedereien offensichtlich nicht, sonst könnte es nicht immer wieder zu Katastrophen mit dem Verlust vieler Menschenleben kommen.

Abb. 4 Fähre OUR LADY in Cebu City 1996 an zu niedriger Kaje (Foto: A. Hader)

In der letzten Legislaturperiode in Deutschland wurde die Entwicklungshilfe von Infrastrukturprojekten auf soziale Projekte umgestellt, an denen Indonesien kaum Interesse hatte, was folglich zu Verstimmungen zischen beiden Ländern führte. Während der Bearbeitung der Studie wurde große Hoffnung auf eine Änderung dieser deutschen Entwicklungspolitik gelegt, um die Lieferung der neuen Schiffe aus Deutschland zu ermöglichen. Die Beispiele der bisherigen Schiffslieferungen für Indonesien und die Philippinen zeigen wie wichtig die Kontinuität der Politik ist. Die aktuelle Notlage der deutschen Schiffbauindustrie, die von der weltweiten Werftenkrise nicht ausgenommen ist, scheint die ersehnte Wende zu bringen. Am 20. März 2010 meldet die Frankfurter Allgemeine Zeitung von einer Krisensitzung des Maritimen Koordinators der Bundesregierung mit Vertretern aus Wirtschaft, Verbänden und Banken: „Auch in der Entwicklungszusammenarbeit sollen deutsche Schiffbauer zum Zuge kommen – im Gespräch sei eine Passagierfähre für Asien ..."

9. AMATRAK - Künstliche Intelligenz in der Tourenplanung

Prof. Dr. Hans-Dietrich Haasis, Dr. Hendrik Wildebrand, Institut für Seeverkehrswirtschaft und Logistik, Falko Zimmermann, Lehrstuhl für Produktionswirtschaft und Industriebetriebslehre, Universität Bremen

9.1. Einleitung

Der Güterverkehr hat einen erheblichen Anteil am Verkehrsaufkommen in Deutschland. Zugleich reduzieren Unternehmen im Zuge des Lean-Managements ihre Lager, in der Absicht Kosten zu sparen. Daher lassen sie ihren Komponentenbedarf häufig Just-in-time anliefern. In wichtigen Branchen, insbesondere der Automobilbranche, wird sich dieser Trend über die nächsten Jahre unvermindert fortsetzen. Dadurch steigt zunächst die Zahl der Transporte und die Unternehmen -Versender wie Empfänger von Warenlieferungen- haben ein Interesse an der Optimierung der Lieferprozesse, um zusätzliche Kosten durch mehr Warenlieferungen und ein komplexeres Transporthandling zu verringern. An der Optimierung der Transportprozesse setzt das Projekt AMATRAK- Verkehrsvermeidung durch intelligente Steuerung im Wirtschafts- und Güterverkehr auf Basis autonomer Multiagenten Transport Koordination an. Das Projekt wird vom ISL gemeinsam mit den Partnern Stute Verkehrs GmbH und Cargon GmbH & Co. KG durchgeführt und wird im Rahmen des Forschungsprogramms Intelligente Logistik im Güter- und Warenverkehr durch das Bundesministerium für Wirtschaft und Technologie (BMWi) gefördert.

Das Ziel des Projektes ist, das Verkehrsaufkommen zu reduzieren und eine höhere Auslastung der Transportfahrzeuge zu erzielen. Die Einsparung von gefahrenen Kilometern und eine Steigerung der Auslastung ist dabei nicht nur auf makroskopischer Ebene positiv zu bewerten, sondern trägt auch zur Stärkung der wirtschaftlichen Position des jeweiligen Unternehmens bei. Diese Ziele sollen mit Hilfe eines selbststeuernden multiagentenbasierten Dispositionssystems erreicht werden. Die Disposition von Transportaufträgen stellt ein hoch komplexes und dynamisches Problemfeld dar. Multiagenten-Systeme (MAS) eignen sich aufgrund ihrer verteilten Struktur besonders gut zum Bearbeiten solcher Problemfelder. Global optimierende Algorithmen sind unter Laufzeitgesichtspunkten oftmals ineffizient und bieten sich daher nicht für den praktischen Einsatz an. Das Multiagenten-System AMATRAK ermöglicht eine effiziente und flexible Disposition und leistet somit einen Beitrag zum praktischen Einsatz von Agenten-Systemen in Unternehmen.

9.2. Multiagenten-Systeme

9.2.1. Agenteneigenschaften

Es gibt eine Vielzahl von Einsatzmöglichkeiten und Ausprägungen von unterschiedlichsten Agentensystemen. Im Zusammenhang mit dem System AMATRAK bezieht sich die Bezeichnung Agent ausschließlich auf intelligente Softwareprogramme, sog. Softwareagenten. Der Agentenbegriff als solcher ist bisher nicht einheitlich definiert,[1] dennoch wird zunächst eine Begriffsabgrenzung anhand zweier weitverbreiteter Definitionen vorgenommen.

Einem Agenten werden nach Wooldridge und Jennings die Eigenschaften Autonomie, Soziale Fähigkeit, Reaktivität und Proaktivität zugeordnet.[2] Diese Definition ist absichtlich einfach gehalten, ermöglicht einen leichten Einstieg und ist daher auch weitverbreitet. Dies geht jedoch zu Lasten der Genauigkeit, denn es wird beispielsweise nicht zwischen notwendigen und optionalen Eigenschaften unterschieden. Eine differenziertere Definition basierend auf den Arbeiten von Wooldridge bietet Lockemann.[3] Damit ein Softwareprogramm die Bezeichnung Agent tragen kann, muss es die folgenden Eigenschaften erfüllen: Es muss sich um ein Programm handeln, das in einer Umwelt eingebettet ist, die es wahrnehmen und auf die es einwirken kann. Weiterhin handelt es sich um ein gekapseltes Programm, welches autonom Aktionen durchführen kann. Die Entscheidung, welche Aktionen durchgeführt werden, beruht dabei auf einem eigenständigen Zielsystem. Entscheidend für die Abgrenzung von Agenten in Multiagenten-Systemen und Objekten der objektorientierten Programmierung sind hierbei die Eigenschaften der Autonomie und der Zielverfolgung. Objekte sind ebenfalls gekapselt, auf sie wird aber über öffentliche Methoden zugegriffen, ein Vorgang der vom Objekt nicht gesteuert werden kann.[4] Agenten hingegen besitzen keine öffentlichen Methoden und können flexibel entscheiden, ob sie einen Service anbieten oder nicht.[5]

Diese Eigenschaften verleihen den Agenten ein hohes Maß an Flexibilität, welches ihnen ermöglicht, auch Problemstellungen aus nicht deterministischen Umwelten zu lösen. Hierzu müssen die Agenten jedoch noch weitere Eigenschaften aufweisen. Die Agenten müssen auf ihre Umwelt reagieren können und hierbei gleichzeitig einen Ausgleich zwischen reaktivem und zielgerichtetem Verhalten erzielen. Das zielgerichtete Verhalten muss dabei auch pro-aktiv ver-

---

1	Vgl. Wooldridge (2008) S. 15
2	Vgl. Wooldridge & Jennings (1995) S. 116 ff.
3	Vgl. Lockemann (2006) S. 21 ff.
4	Vgl. Dangelmeier, APape & Rüther (2004) S. 29 f.
5	Vgl. Moyaux, Chaib-draa & D'Amours (2006) S. 8

folgt werden, das bedeutet, dass auch aus eigener Initiative Handlungen angestoßen werden. Um Aktionen mit anderen Agenten koordinieren und kommunizieren zu können, müssen sie weiterhin soziale Fähigkeiten besitzen. Agenten, die diese Eigenschaften aufweisen, bezeichnet man auch als intelligente Agenten.

9.2.2. Koordination und Kommunikation in Multiagenten-Systemen

Softwareagenten, die sich in einer gemeinsamen Umgebung befinden, haben die Möglichkeit, bei der Durchführung ihrer Aktivitäten miteinander in Interaktion zu treten. Die so entstehenden Agentennetzwerke werden als Multiagenten-Systeme bezeichnet.[6] Ein Multiagenten-System besteht gemäß Wooldridge aus einer gewissen Anzahl an Softwareagenten, die in Form von Nachrichtenaustausch durch ein Computernetzwerk miteinander kommunizieren.[7] Multiagenten-Systeme können aus heterogenen Agenten zusammengesetzt sein und lassen sich zusätzlich zu den Eigenschaften der Softwareagenten durch folgende Charakteristika beschreiben:

- Verteilte Fähigkeiten: Jeder Agent besitzt ein unvollständiges Wissen über seine Umwelt sowie begrenzte Fähigkeiten für die Problemlösung.

- Dezentralität: Es existiert keine zentrale Steuerungsinstanz und die Datenhaltung erfolgt dezentral.

- Asynchronität: Die Verarbeitung von Aufgaben durch Agenten erfolgt asynchron.[8]

Voraussetzung für die Kommunikation und Interaktion innerhalb von Multiagenten-Systemen ist eine ausreichende Software-Infrastruktur, welche Kommunikations- und Interaktions-Protokolle für die Agenten bereitstellt.[9] Diese ermöglicht eine Abstimmung von Aktionen, einen Austausch von Informationen und eine flexible Lösung von Konflikten, sodass eine Zusammenarbeit der einzelnen Agenten möglich wird.[10]

Nach Eymann lassen sich grundsätzlich drei verschiedene Kommunikationsformen unterscheiden. Die Blackboard-Kommunikation, die Broadcast-Kommunikation und die direkte Kommunikation.[11] Bei den zuerst genannten handelt es

---

6 Vgl. Kirn (2002) S. 61
7 Vgl. Wooldridge (2009) S. 5
8 Vgl. Jennings, Sycara & Wooldridge (1998) S.17
9 Vgl. Huhns & Stephens (1999) S. 79
10 Vgl. Ferber (2001) S. 335
11 Vgl. Eymann (2003) S. 56

sich um indirekte Kommunikationsformen. Im Rahmen der Blackboard-Kommunikation dient ein Blackboard als gemeinsamer Datenbereich zum Austausch von Wissen und zur Sammlung von Teillösungen zwischen den einzelnen Agenten.[12] Diese Methode setzt voraus, dass alle Agenten in der Lage sind, Nachrichten des Blackboards zu lesen und zu schreiben.[13] Die Architekturen der Broadcast-Kommunikation übertragen sämtliche Nachrichten an alle Agenten ihrer Umwelt, sodass bei allen Agenten ein gleicher Wissensstand erreicht wird. Sie weisen eine hohe Flexibilität auf und eignen sich gut für Anwendungsdomänen bei denen die Verfolgung eines Gesamtziels im Vordergrund steht.[14] Bei einer direkten Kommunikation zwischen Agenten kann ein gerichtetes Senden der Nachrichten von einem Sender-Agenten an einen Empfänger-Agenten erfolgen. Hierfür benötigen die Agenten die direkten Netzwerkadressen anderer Agenten. Entsprechend der indirekten Kommunikation müssen die Nachrichten in einer Agentenkommunikationssprache kodiert sein, die sowohl der Sender als auch der Empfänger beherrscht.[15] Die gerichtete Kommunikation kann entweder direkt vom Sender zum Empfänger erfolgen oder durch einen Vermittlungsagenten durchgeführt werden. In sogenannten Federated Systems werden neben den eigentlichen Problemlösungsagenten spezielle, einzig für die Kommunikation zuständige Facilitatoren eingeführt. Im Foundation for Intelligent Physical Agents (FIPA) Standard ist beispielsweise ein ‚Domain Facilitator' vorgesehen, der neben der Kommunikation nach außen auch die innere Kommunikation zwischen den Problemlösern unterstützt.[16]

Die Kommunikation ermöglicht es den Agenten ihre Aktionen und ihr Verhalten besser zu koordinieren, sodass die Ziele der Agenten oder auch ein gemeinsames globales Ziel kohärent verfolgt werden können.[17] Ferber definiert Koordination als zusätzliche von den produktiven Aktionen abweichende Aufgaben, die dazu dienen, die Form der Zusammenarbeit zwischen den Agenten zu verbessern.[18]

Die Koordination eines Zusammenschlusses mehrerer Agenten zu einem Multiagenten-System kann auf verschiedene Arten erfolgen, z.B. durch klare hierarchische Strukturen oder offene Verhandlungen gleichgestellter Akteure. Für dynamische Ressourcenverteilungen eigenen sich ebenfalls Auktionsansätze. Diese ähneln marktwirtschaftlichen Koordinierungsmechanismen und bieten dabei den Vorteil, dass es sich um einen transparenten und effizienten

---

12	Vgl. Brenner, Zarnekow & Wittig (1998) S. 44
13	Vgl. Timm et al. (2007) S. 39f.
14	Vgl. Eymann (2003) S. 56
15	Vgl. Timm et al. (2007) S. 41
16	Vgl. Eymann (2003) S. 58
17	Vgl. Huhns & Stephens (1999) S. 83
18	Vgl. Ferber (2001) S. 431

Ansatz handelt. Ebenfalls hat sich dieser Ansatz bei der Koordination verteilter Problemstellungen bewährt.[19]

Im Rahmen der dezentralen Planung von Kooperationen erfolgt die Koordination regelmäßig (entsprechend des FIPA-Standards) durch das Abschließen von Verträgen zwischen den Agenten.[20] Diese im Englischen als ‚Contracting' bezeichnete Koordinationstechnik basiert auf dem von Smith entwickelten Kontrakt-Netz-Protokoll.[21] In diesem komplexen Interaktionsprotokoll können Agenten zwei Rollen einnehmen. Zum einen können sie als Manager agieren, welche die Probleme in kleinere Einheiten unterteilen, diese Teilaufgaben an andere Agenten verteilen und das Ergebnis der Gesamtaufgabe kontrollieren. Zum anderen gibt es Agenten, die als Contractor fungieren und die Teilaufgaben ausführen. Dabei ist es möglich, dass ein Contractor selbst wieder zum Manager wird und seine Teilaufgabe erneut in kleinere Einheiten unterteilt, welche er an andere Agenten vergibt.[22] Das Kontrakt-Netz-Protokoll wird von Agenten angewandt, die einen anderen Agenten mit der Bearbeitung einer Aufgabe betrauen wollen, jedoch keinen geeigneten Agenten kennen.[23] Es läuft nach folgendem Schema ab:

1. Der Manager sendet seine Anfrage an eine Reihe von Agenten.
2. Diese lehnen den Auftrag entweder ab oder antworten mit einer Angebotsnachricht, die eine Bedingung zur Erfüllung der Aktion, wie beispielsweise einen Angebotspreis oder eine Zeitrestriktion, enthält.
3. Der Manager evaluiert die eingegangen Angebote und sucht das aus seiner Sicht Beste heraus.
4. Der Manager sendet die Auftragszusage an den ausgewählten Contractor sowie Auftragsabsagen an alle anderen Bieteragenten.
5. Nach Ausführung des Auftrags gibt der beauftragte Agent dem Manager Rückmeldung.[24]

Durch diese Interaktionstechnik ist es möglich, ohne den Einsatz eines gemeinsamen Speicherbereichs, wie beispielsweise bei der Blackboard-Kommunikation, sowie ohne das Wissen über die Netzwerkadressen der anderen Agenten die Auftragsverteilung zu koordinieren.[25] Das Kontrakt-Netz-Protokoll ermög-

---

19 Vgl. Zelewski (1998)
20 Vgl. Dangelmaier, Pape & Rüther (2004) S. 43
21 Vgl. Smith 1980, S. 1104
22 Vgl. Nwana, Lee & Jennings (1996) S. 81
23 Vgl. Ickerott (2007) S. 49
24 Vgl. Ickerott (2007) S. 50
25 Vgl. Ferber (2001) S. 47

licht eine optimale Nutzung des vorhandenen Wissens im Gesamtsystem sowie die Lösung einzelner Teilprobleme in kürzester Zeit.[26]

9.2.3. Schwächen global optimierender Algorithmen

Multiagenten-Systeme eignen sich aufgrund ihrer verteilten Struktur besonders für komplexe und dynamische Problemstellungen. Dies gründet nicht auf einem besonders effizienten global optimierenden Algorithmus, sondern die Eignung entsteht aus dem Zusammenspiel von Kommunikation und Koordination der verschiedenen Agenten untereinander. Der verteilte und modulartige Aufbau von Multiagenten-Systemen verleiht ihnen eine besondere Robustheit und ermöglicht darüber hinaus eine leichte Berücksichtigung und Verarbeitung von Problemstellungen, die sich durch verteilte Informationen und Ressourcen hervorheben, wie z.B. Tourenplanungen. Dieses Aufgabengebiet zeichnet sich zusätzlich im täglichen Betrieb durch eine besonders hohe Dynamik aus, welcher Multiagenten-Systeme aber aufgrund ihrer Flexibilität gewachsen sind.[27] Die Flexibilität ergibt sich aus der Struktur und den daraus folgenden kurzen Berechnungslaufzeiten von Agentensystemen.

Zentrale Koordinationskonzepte zeigen dagegen verschiedene Schwächen bei dynamischen und verteilten Problemstellungen. Die Ursache hierfür ist, dass in der Regel von stabilen Planungsprozessen ausgegangen wird. Diese Annahme ist jedoch unrealistisch, da die Planung häufig durch externe und interne Störungen hinfällig wird. Dies kann im Fall der Tourenplanung der Ausfall eines Fahrzeugs oder auch ein neuer Kundenauftrag sein. Um die Planungsprozesse dennoch stabil zu halten, werden eingefrorene Planungsperioden definiert, in denen nicht mehr umgeplant werden kann. Die oben genannten Beispiele der Störungen zeigen jedoch, dass dies kein geeignetes Mittel darstellt, um diesen Unstimmigkeiten zu begegnen. Die Anforderung an das Steuerungstool ist demnach eine möglichst schnelle Reaktionszeit auf unvorhergesehene Zwischenfälle. Dies kann von zentralen Planungsalgorithmen nicht geleistet werden. Sie bieten zwar den Vorteil, dass sie in der Lage sind, eine streng optimale Lösung zu generieren, falls eine solche existiert. Wenn es sich aber um komplexe und verteilte bzw. NP-harte Problemstellungen handelt, ist jedoch ein exponentieller Anstieg der benötigten Rechenzeit zu verzeichnen, der für einen praktischen Einsatz nicht mehr zweckmäßig ist.[28] Die Berechnungen können mehrere Stunden dauern und werden zum Teil über Nacht durchgeführt. Die Anwendung im Tagesgeschäft einer Spedition wäre also nur möglich, falls alle Aufträge weit genug im Vorfeld feststehen. Dies würde aber auch nur eine einmalige Planung

---

26   Vgl. Brenner, Zarnekow & Wittig (1998) S. 44
27   Vgl. Haasis, Zimmermann & Plöger (2010) S. 266f.
28   Vgl. Kukreja & Schmidt (2005) S. 2071.

gewährleisten. Die angesprochenen Störungen könnten nicht mit so einem System verarbeitet werden. Die Maßgabe an ein System, welches im täglichen Einsatz arbeiten können soll, muss also eine äußerst schnelle Reaktionszeit sein, um bspw. einem Kunden nach kurzer Überprüfung die Machbarkeit eines Auftrags zurückmelden zu können.

Die Lösungen, die ein Multiagenten-System (MAS) im Bereich dynamischer Problemstellungen erzeugt, sind in der Regel heuristischer Natur. Dies wird bedingt durch das Fehlen von festgelegten Planungsverläufen. Es werden vielmehr laufend unvorhergesehene Änderungen bei einem offenen Planungshorizont berücksichtigt.

9.3. Das Multiagenten-System AMATRAK

Mit dem Multiagenten-System AMATRAK sollen die zuvor dargelegten Eigenschaften und Vorteile in die betriebliche Praxis überführt werden. In Zusammenarbeit mit den Praxispartnern wurde daher zunächst eine Ist-Analyse der Dispositionsprozesse der Stute Verkehrs GmbH vorgenommen, um das zu entwickelnde System möglichst optimal mit den bestehenden Prozessen abzustimmen.

Als zentrale Agentenrollen wurden der Dispositionsagent und die Fahrzeugagenten definiert.[29] Die Zuordnung von Transportaufträgen zu Fahrzeugen basiert auf einem Auktionsmechanismus zwischen Dispositions-agent und Fahrzeugagenten. Jeder Fahrzeugagent repräsentiert hierbei einen Lkw des Unternehmens. Der Dispositionsagent dagegen repräsentiert alle Disponenten der verschiedenen Profit Center des Unternehmens. Die verschiedenen Aufträge werden aber absolut gleich behandelt ohne ihren Ursprung zu beachten. Gehen bei einem menschlichen Disponenten Aufträge bspw. per EDI (Electronic Data Interchange) oder Telefon ein, entscheidet dieser, welche davon an das Multiagenten-System AMATRAK weitergeleitet werden (siehe Abb. 1).

---

29   Vgl. Haasis, Wildebrand, Plöger & Zimmermann (2009) S. 7

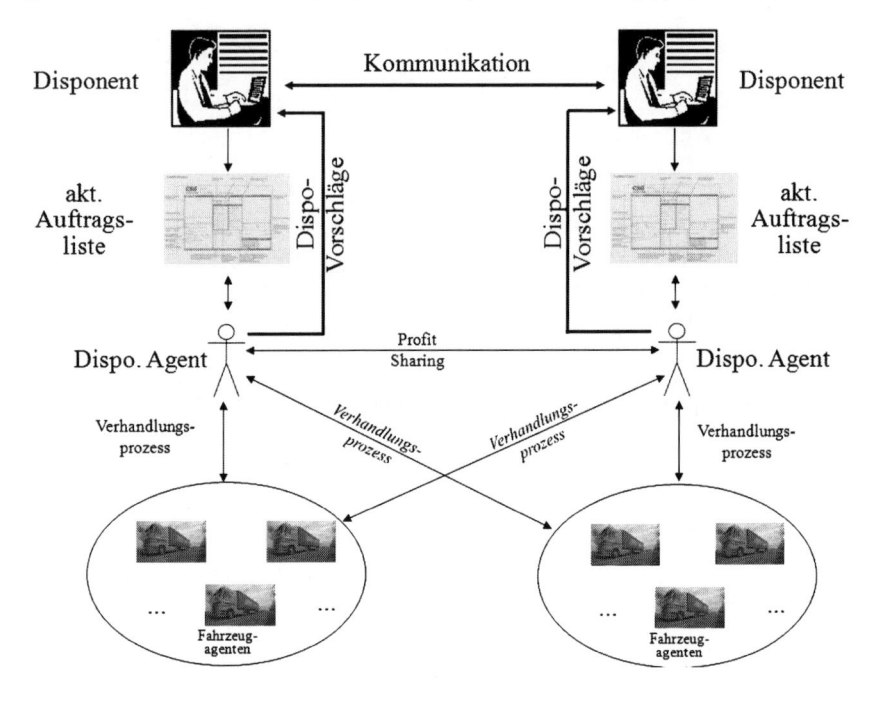

Abb. 5 Konzeption Multiagenten-System AMATRAK

Innerhalb des MAS beginnt nun der Dispositionsagent mit einer Ausschreibung des Auftrags an die Fahrzeugagenten. Jeder verfügbare Fahrzeugagent prüft nun, ob er in der Lage ist, den aktuellen Auftrag auszuführen. Diese Restriktionsprüfung deckt einen Bereich von vielen verschiedenen Einschränkungen ab. Exempla-risch können hier etwa die Aufliegerkompatibilität, die Gewichts- und Volumenkapazität, das Ladungs-kombinationsverbot, die Be- und Entladezeiten sowie die verbleibende zulässige Fahrzeit des Fahrers angeführt werden. Bspw. wird bei der Aufliegerkompatibilität überprüft, ob es sich bei der Ladung um ein Schüttgut handelt, welches einen speziellen Auflieger benötigen würde, oder um palettierte Ware, die mit einem Standardauflieger transportiert werden kann. An diesem Beispiel lässt sich ebenfalls ein mögliches Szenario für das Ladungskombinationsverbot erkennen. Neben diesen technischen Voraussetzungen, die das Fahrzeug bzw. der Auflieger erfüllen müssen, ist die Einhaltung der vorgeschriebenen Be- und Entladezeiten unter Berücksichtigung der Fahrzeiten des Fahrers natürlich besonders wichtig. Falls ein Fahrzeugagent eine der Restriktionen verletzt, scheidet er aus dem weiteren Prozess aus.

Die Fahrzeugagenten, die den Auftrag durchführen können, nehmen an dem Auktionsverfahren teil und melden dem Dispositionsagenten eine Verrechnungseinheit zurück, die Auskunft darüber gibt, wie geeignet das Fahrzeug für die Durchführung des Auftrages ist. Die Gestaltung dieser Einheit hängt von der Zielsetzung des Gesamtsystems, der Gewichtung der verschiedenen Einflussfaktoren und der Aufgabenstruktur ab, hier werden also z.b. unter anderem die Lastkilometer berücksichtigt. Die Verrechnungseinheit ist so gestaltet, dass entsprechend der Zielsetzung die gefahrenen Kilometer minimiert und die Auslastung maximiert wird. Die Einheit wird von den Fahrzeugagenten generiert und an den Dispositionsagenten zurückgemeldet.

Der Dispositionsagent wählt nun aus den verschiedenen Geboten das Beste aus und ordnet den Auftrag dem Fahrzeug zu. Sind alle eingespeisten Aufträge abgearbeitet, werden sie den jeweiligen Disponenten mit der entsprechenden Zuordnung zurückgemeldet. Die endgültige Entscheidung für die Durchführung der Zuordnungsvorschläge liegt nun beim Disponenten. Auf diesem Wege ist gleichzeitig eine Kontrolle der Vorschläge durch einen menschlichen Akteur gewährleistet und es ist so möglich, auch nicht standardisierte Restriktionen zu berücksichtigen.

9.3.1. AMATRAK - Systemumgebung

Die Einbindung des MAS AMATRAK in die bestehende IT-Infrastruktur stellt eine anspruchsvolle Aufgabe hinsichtlich der Schnittstellengestaltung dar, da verschiedene Systeme aufeinander abgestimmt werden müssen. Die momentan bei der Stute Verkehrs GmbH zum Einsatz kommenden Systeme im Bereich der Transportplanung und –steuerung sind:

- active-m-ware: Bei der Speditionssoftware active-m-ware handelt es sich um eine Verwaltungssoftware zur Unterstützung des Dispositionsprozesses.

- PSV^3: Die Kommunikationssoftware PSV^3 ermöglicht es, mobile Mitarbeiter, wie beispielsweise Fahrer über PDAs in die IT-Kommunikation des Unternehmens mit einzubinden.

- FleetBoard: Das FleetBoard ist ein Flottenmanagementsystem, das es unter anderem ermöglicht, Sendungsverfolgungen durchzuführen und Fahrerarbeitszeiten zu dokumentieren.

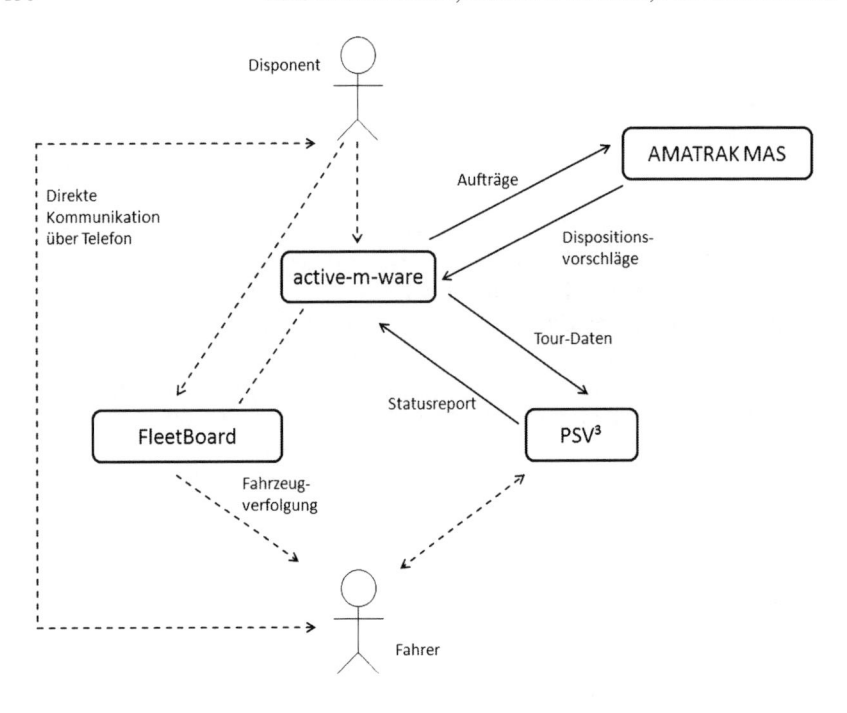

Abb. 6 Systemumgebung AMATRAK

Abb. 2 zeigt die Integration des MAS AMATRAK in die bestehende IT-Infrastruktur. Die Dispositionssoftware active-m-ware stellt den zentralen Bezugspunkt für das MAS, die weiteren Systeme und den Disponenten dar. Auf diesem Wege muss der Disponent trotz verschiedener Systeme nur mit einer Oberfläche arbeiten. Die eingehenden Aufträge werden mittels active-m-ware verwaltet und entsprechend der Entscheidung des Disponenten an AMATRAK übergeben. Die Prozesse, die innerhalb des MAS ablaufen, stellen für den Disponenten eine Black-Box dar. Er bekommt über active-m-ware die von AMATRAK erstellte Auftragszuordnung (Vorschlagsliste für die Disponenten) angezeigt und kann hier über die Durchführung entscheiden. Wird einem Dispositionsvorschlag zugestimmt, werden die Transportdaten nun von hier mittels PSV[3] an den Fahrer übermittelt. Der Fahrer erhält so auf elektronischem Wege alle notwendigen Informationen zur Durchführung des Auftrags. Mit dem gleichen System kann der Fahrer den Status des Transportes zurückmelden. So kann der Disponent die termingerechte Abwicklung des Transports überwachen. Mittels des FleetBoard Systems ist es möglich, die Position des Fahrzeugs zu überprüfen sowie weitere fahrzeugbezogene Daten zu ermitteln und die Fahrzeit des Fahrers zu überwachen.

Das MAS und die dazugehörigen Datenbanken sind so entwickelt, dass sie auf handelsüblichen PCs problemlos ausgeführt werden können. Der Betrieb in einem Unternehmen mit entsprechender Serverstruktur ermöglicht dabei noch weitere Performancesteigerungen. Das MAS AMATRAK ist auf der weit verbreiteten JADE (Java Agent Development Framework) Plattform aufgebaut. Diese basiert auf der objektorientierten Programmiersprache Java und ist kompatibel mit der FIPA Systemarchitektur, aus welcher die Agenten des MAS AMATRAK entstammen.

9.3.2. Vorteile des Multiagenten-Systems AMATRAK

Bei der Disposition durch das MAS AMATRAK steht wie oben beschrieben nicht die Optimierung der einzelnen Profit Center, sondern im Sinne des Profit Sharing die optimale Zuordnung der Aufträge zu den zur Verfügung stehenden Fahrzeugen Profit Center-übergreifend im Vordergrund.

Dies stellt einen wesentlichen Vorteil des MAS AMATRAK im Vergleich zur bisherigen manuellen Disposition dar. Im Rahmen der manuellen Disposition ist es einem menschlichen Disponenten aufgrund der Planungskomplexität nicht möglich, alle Lkw des eigenen Fuhrparks sowie der Subunternehmer in die Planung mit einzubeziehen. Seine Disposition beschränkt sich auf einen Teil des Fuhrparks seines Profit Centers. Dies hat zur Folge, dass zwar für den von ihm disponierten Anteil möglichst optimale Touren geplant werden, das Gesamtoptimum aufgrund einer beschränkten Sichtweise jedoch nicht erreicht werden kann. Das MAS AMATRAK bietet die Möglichkeit, alle Lkw des gesamten Unternehmens sowie die der Subunternehmer in die Disposition der Transportaufträge mit einzubeziehen. So wird es möglich, bisher ungenutzte Synergieeffekte zwischen den Profit Centern zur Reduzierung von Leerfahrten, Erhöhung der Kapazitätsauslastung und unternehmensweiten Gewinnmaximierung zu heben.

Da die abschließende Entscheidung für oder gegen einen Dispositionsvorschlag durch einen menschlichen Disponenten erfolgt, gehen auch die Vorteile der manuellen Disposition nicht verloren. So können beispielsweise wichtige Erfahrungswerte weiterhin in die Planung mit einfließen. Außerdem bleibt die persönliche Beziehung zwischen dem Kunden und dem Disponenten bestehen, denn die Kommunikation zum Kunden als auch zu den Fahrern erfolgt weiterhin durch den Disponenten des jeweiligen Profit Centers. Aufgrund der Entlastung durch das MAS AMTRAK kann der Fokus von Seiten der Disponenten auf die Kundenbetreuung sogar ausgebaut werden.

Des Weiteren benötigt das MAS AMATRAK durch seinen dezentralen Aufbau geringe Berechnungszeiten für die Zuordnung der Transportaufträge. In einem

Probelauf konnten 1800 Aufträge in etwa sechs Minuten disponiert werden. Zentrale, gängige Dispositionsplanungssysteme führen zumeist Batch-Läufe durch, die für die Zuordnung der Transportaufträge mehrere Stunden in Anspruch nehmen können und deswegen üblicherweise über Nacht zum Einsatz kommen. Während der Berechnungsläufe kann nicht auf diese Systeme zugegriffen werden, um beispielsweise weitere Aufträge einzuplanen.

Durch eine erhebliche Reduktion dieser sogenannten Totzeiten durch das MAS AMATRAK wird der Einsatz dieses innovativen Systems in der täglichen operativen Dispositionsplanung ermöglicht. Der dezentrale, schnelle Berechnungsprozess gestattet eine Disposition in Echtzeit. Die Softwareagenten lösen die alltäglichen Probleme in der Disposition einer Spedition mit einer hohen Flexibilität und sind in der Lage, bei Veränderungen der Umweltsituation sofort neue Touren vorzuschlagen.

Das MAS AMATRAK stellt ein gegenüber Abweichungen robustes System für die Tourenplanung dar. Durch seine dezentrale Arbeitsweise führen lokale Störungen nicht wie bei herkömmlichen Dispositionsplanungssystemen zur Störung der übrigen Planungsergebnisse.

Abschließend sei auf die Erweiterbarkeit des MAS AMATRAK hingewiesen, welche ebenfalls aus der dezentralen, modularen Aufbauweise des Systems resultiert. Diese ermöglicht es, das MAS AMATRAK auch für die Planung und Steuerung anderer komplexer und dynamischer Transport- und Tourenplanungsprobleme nutzbar zu machen.

9.3.3. Simulationsergebnisse

Um die Funktionalität des MAS zu gewährleisten, wurden während der Entwicklung eine Reihe von Tests durchgeführt. Da AMATRAK über eine Schnittstelle als Black-Box in active-m-ware integriert wird, war es für die Simulation und Feinparametrisierung zunächst notwendig, eine eigene Nutzeroberfläche zu entwickeln (siehe Abb. 3).

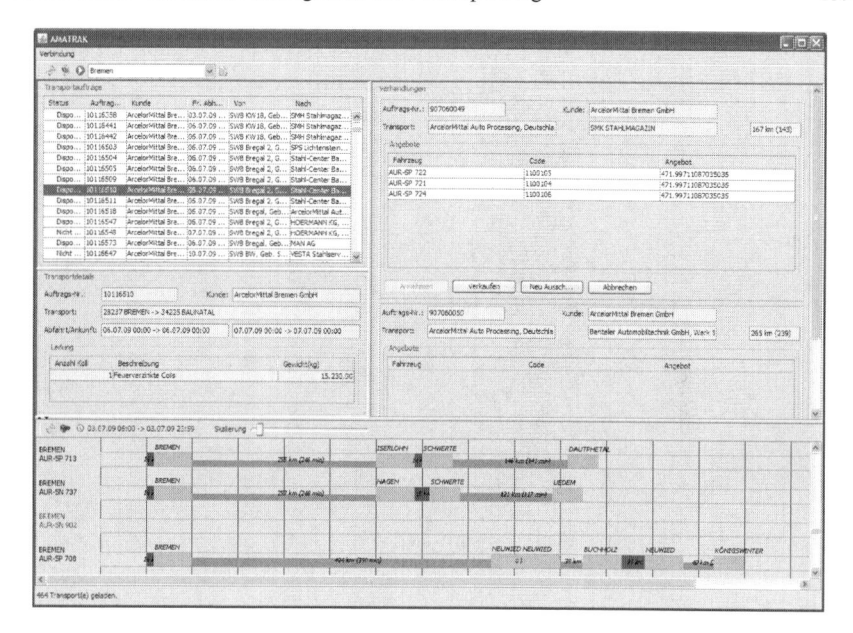

AMATRAK – Künstliche Intelligenz in der Tourenplanung

Abb. 7 Nutzeroberfläche Simulation

Die Nutzeroberfläche ermöglicht mit dem MAS manuell sowie vollautomatisiert zu simulieren. Zusätzlich bietet sie eine grafische Übersicht der disponierten Aufträge, die u.a. Auskunft über Zuordnung, Auslastung und die verschiedenen Prozesse während der Auftragsabwicklung gibt. Es wurden verschiedene Simulationsläufe durchgeführt und die entsprechenden Kennzahlen (gefahrene Gesamtkilometer und Auslastung der Fahrzeuge nach Volumen) ermittelt. Grundlage für die Simulation waren die Auftragsdaten von zwei Arbeitstagen der Stute-Profit Center Bremen, Neuwied und Schwerte. Zunächst wurden zur Schaffung eines Ausgangswertes die Aufträge manuell so disponiert, wie sie im Echtbetrieb real durchgeführt wurden. Im Anschluss wurde das MAS mit der Disposition beauftragt. Das MAS zeigt bereits nach den ersten Simulationsläufen deutlich bessere Ergebnisse als die manuelle Disposition. Auf dieser Grundlage wurden weitere Simulationsläufe durchgeführt, die verschiedene Einlaststrategien der Aufträge und eine Variation des Algorithmus zur Bestimmung der Verrechnungseinheiten enthielten. Die verschiedenen nachfolgenden Simulationsläufe führten zu weiteren stetigen Verbesserung der o.g. Kennzahlenergebnisse, so dass eine Einsparung der gefahrenen Gesamtkilometer in Höhe von 10,8% und eine Steigerung der Auslastung der Fahrzeuge nach Volumen um 12% erzielt werden konnten. Abb. 4 zeigt die gefahrenen Leerkilometer der real durchgeführten Disposition und der von AMATRAK simulierten.

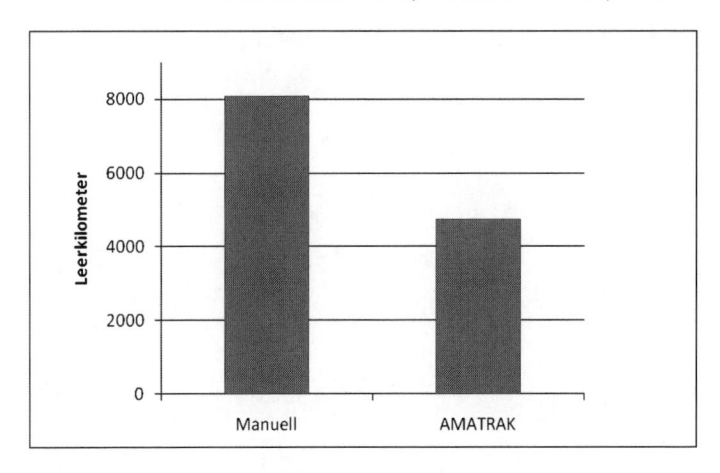

Abb. 8 Vergleich Leerkilometer

Im Vergleich zeigt sich, dass in diesem Fall die gefahrenen Leerkilometer annähernd halbiert werden konnten. Leerkilometer sind sowohl aus wirtschaftlicher Sicht des Unternehmens, als auch aus Sicht der gesamt-wirtschaftlichen Verkehrsbelastung als besonders ineffizient zu bewerten. Die reduzierte Kilometeranzahl verdeutlicht daher das monetäre Einsparungspotenzial, welches das Unternehmen durch die Nutzung des MAS AMATRAK erzielen kann. Gleichzeitig wird ein klarer Beitrag zur allgemeinen Verkehrsreduktion erbracht. Die Steigerung der Auslastung der Fahrzeuge nach Volumen und Senkung der gefahrenen Gesamtkilometer, hierbei vor allem durch die Reduktion der Leerkilometer, zeigen die Leistungsfähigkeit des MAS AMATRAK.

Der nächste Schritt auf dem Weg zur Implementierung des Systems ist der parallele Testbetrieb von AMATRAK während des laufenden Tagesgeschäfts. So können die Vorschläge des Systems direkt parallel geprüft und weitere Optimierungsmöglichkeiten identifiziert werden.

9.4 Zusammenfassung

Im Rahmen dieses Beitrags wurde zunächst auf die Notwendigkeit einer optimalen Disposition von Transportaufträgen mit dem Ziel einer Reduktion der gefahrenen Kilometer und der damit einhergehenden Reduktion der Verkehrsbelastung aus unternehmerischer und gesellschaftlicher Perspektive Bezug genommen.

Da es sich bei der Disposition von Transportaufträgen um eine komplexe und dynamische Problemstellung handelt, wurde der Einsatz von MultiagentenSystemen zur Steuerung vorgeschlagen. Zunächst wurden auf theoretischer Basis die Eigenschaften und Fähigkeiten von Multiagenten-Systemen und damit ihre besondere Eignung für diese Aufgabenstellung dargelegt. Vor allem sind hier die Vorteile hinsichtlich der Laufzeit gegenüber global optimierenden Algorithmen zu nennen, die den Einsatz dieser Technologie nahelegen. Die innovative Multiagenten-Technologie in einem Logistikunternehmen zur Anwendung zu bringen, zählt ebenfalls zu den hervorzuhebenden Leistungen des hier dargestellten Projektes AMATRAK.

Im weiteren Verlauf wurden die Bestandteile, Funktionsweisen und Schnittstellen des Systems vorgestellt. Für die Steuerung der Zuordnung von Transportaufträgen zu Fahrzeugen verwendet das MAS AMATRAK einen Auktionsmechanismus, welcher eine Einsparung von Kilometern und eine Erhöhung der Auslastung der Fahrzeuge nach Volumen zum Ziel hat.

Abschließend wurden die bisher mit dem System erzielten Simulationsergebnisse vorgestellt. Die Reduktion der gefahrenen Gesamtkilometer um 10,8 % und die Steigerung der Auslastung um 12 % zeigen deutlich die nachhaltige Leistungsfähigkeit des Multiagenten-Systems.

Aktuell werden Tests des Systems parallel zum laufenden Tagesgeschäft durchgeführt. Hiermit wird die Tauglichkeit des MAS für den dauerhaften Einsatz in Unternehmen sichergestellt sowie Optimierungspotenziale identifiziert und implementiert. Mit Abschluss der Testläufe ist ebenfalls ein vorwettbewerbliche Demonstrator fertiggestellt. Dieser erfolgreiche Einsatz der Agententechnologie in der unternehmerischen Praxis stellt die Grundlage für Erweiterungen des Systems für ähnliche logistische Problem- bzw. Anwendungsfelder dar.

Literatur

Brenner, W., Zarnekow, R. & Wittig, H. (1998): Intelligente Softwareagenten – Grundlagen und Anwendungen, Berlin/Heidelberg, 1998

Dangelmeier, W., Pape, U. & Rüther, M. (2004): Agentensysteme für das Supply Chain Management. Grundlagen – Konzepte – Anwendungen, Wiesbaden, 2004

Eymann, T. (2003): Digitale Geschäftsagenten, Berlin/Heidelberg, 2003

Ferber, J. (2001): Multiagentensysteme – Eine Einführung in die Verteilte Künstliche Intelligenz – Deutsche Übersetzung von Stefan Kirn, München, 2001

Gudehus, T. (2005): Logistik – Grundlagen, Strategien, Anwendungen, 3. Aufl., Berlin/ Heidelberg, 2005

Haasis, H.-D., Wildebrand, H., Plöger, M. & Zimmermann, F. (2009): AMATRAK - Traffic reduction through intelligent control of freight service on the basis of autonomus multiagent transport coordination, in: Proceedings of the 13th EWGT Conference, Padua, 2009

Haasis, H.-D., Zimmermann, F. & Plöger, M. (2010): Unternehmensübergreifende Bestandsallokation mittels software-basierter Multiagentensysteme, in: Bogaschewsky, R., Eßig, M., Lasch, R. & Stölzle, W. (Hrsg.): Supply Management Research – Aktuelle Forschungsergebnisse 2010, Wiesbaden, 2010, S. 263-276

Herer, Y.T. & Tzur, M. (2001): The Dynamic Transshipment Problem, Naval Research Logistics, 48(5), S. 386-408

Huhns, M. N. & Stephens, L. M. (1999): Multiagent Systems and Societies of Agents, in: Weiss, G. (Hrsg.): Multiagent Systems – A Modern Approach to Distributed Artificial Intelligence, Massachusetts Institute of Technology Cambridge et al., S. 79-120

Ickerott, I. (2007): Agentenbasierte Simulation für das Supply Chain Management, Lohmar, 2007

Jennings, N. R., Sycara, K. & Wooldridge, M. (1998): A Roadmap of Agent Research and Development, in: Autonomous Agents and Multi-Agent Systems, 1. Jg., 1/1998, S. 7-38

Kirn, S. (2002): Kooperierende intelligente Softwareagenten, in: Wirtschaftsinformatik, 44. Jg., 1/2002, S. 53-63

Kukreja, A. & Schmidt, C.P. (2005): A model for lumpy demand parts in a multi-location inventory system with transhipments, in: Computer & Operations Research, 32(8), S. 2059-2075

Lockemann, P.C. (2006): Agents, in: Kirn, S., Herzog, O., Lockemann, P. & Spaniol, O., (Hrsg.): Multiagent Engineering, Theory and Applications in Enterprises, Berlin/Heidelberg 2006, S. 17-34

Moyaux, T., Chaib-draa, B. & D'Amours, S. (2006): Supply Chain Management and Multiagent Systems: An Overview, in: Müller, J.P. & Chaib-draa, B. (Hrsg.): Multiagent-Based Supply Chain Management, Berlin/Heidelberg 2006, S. 1-27

Nwana, H. S., Lee, L. & Jennings, N. R. (1996): Co-ordination in software agent systems, in: British Telecommunications Technology Journal, 14. Jg., 4/1996, S. 79-89

Smith, R.G. (1980): The Contract Net Protocol: High-Level Communication and Control in a Distributed Problem Solver, IEEE Transactions on Computers, C 29(12), S. 1104-1113

Timm, I. J. et al. (2007): Autonomy in Software Systems, in: Windt, K. & Hülsmann, M. (Hrsg.): Understanding autonomous cooperation and control in logistics: the impact of autonomy on mananagement, information, communication and material flow, Berlin/Heidelberg, 2007

Wooldridge, M. & Jennings, N. R. (1995): Intelligent Agents: Theory and Practice, Knowledge Engineering Review, 10(2), S. 115- 152

Wooldridge, M. (2008): An introduction to Multiagent Systems, Chichester 2008

Zelewski, S. (1998): Multi-Agenten-Systeme – ein innovativer Ansatz zur Realisierung dezentraler PPS-Systeme, in: Wildemann, H. (Hrsg.): Innovation in der Produktionswirtschaft – Produkte, Prozesse, Planung und Steuerung, München 1998, S. 133-166

10. Enhancing Security and Visibility in International Intermodal Container Supply Chains

Prof. Dr. Frank Arendt, Dr. Nils Meyer-Larsen, Rainer Müller, Institute of Shipping Economics and Logistics

After the decrease in container throughput due to the recent economic crisis, container numbers are expected to increase again in the near future. Thus, container terminals and transport operators will again have to deal with several challenges like increasing cargo volumes and security demands that put additional burden on them but offering potentials for process optimisation at the same time. Drivers are:

- Commercial: how to cope with continuous rising cargo volumes to be handled

- Legal/Security: how to deal with new security rules and regulations for fighting against terrorism and the change of responsibilities in the chain

- Technical: how to best integrate technologies such as RFID transponders for container identification and electronic seals combining the benefits of classical bolt seals with RFID capabilities

To mention only some of the challenges to cope with, these are for example bottlenecks in hinterland connections, complex logistics chains consisting of many actors, information gaps, as well as new security regulations. These exercises have to be managed both by industry and administration. The main factors in today's international intermodal container transport, logistics and security, are aiming at different objectives and sometimes lead to contradictory strategies.

In order to support container transport, the projects CHINOS (Container Handling in Intermodal Nodes – Optimal and Secure!) and INTEGRITY (Intermodal Global Door-To-Door Container Supply Chain Visibility), both funded by the European Commission, are currently investigating how innovative technologies can increase the efficiency and security of transport processes. The whole transport chain shall become more reliable and predictable[1], which is of vital importance for the prevention of supply bottlenecks, which will significantly increase the supply chain performance and finally lead to a better fulfillment of customer

---

1   A.T. Kearney: Smart boxes - RFID Can Improve Efficiency, Visibility and Security in the Global Supply Chain, Chicago 2005

needs. Within the projects, methodologies and IT systems are developed serving both issues satisfying industry and authorities at the same time by creating Supply Chain Visibility. Enhanced security measures together with shared data on vehicles, cargo and inspection results shall lead to trade facilitation and pre-arrival clearance from customs in the importing country. Both projects are coordinated by the Institute of Shipping Economics and Logistics (ISL) co-located in Bremen and Bremerhaven, Germany.

Fig. 1 North Sea Terminal Bremerhaven (NTB) is the German terminal for the CHINOS pilot application (Source: NTB)

Major "clients" of the approach are the commercial participants in the chain (3 PLs, cargo owners, exporters, transport and port operators) and authorities (mainly Customs) creating a win-win situation for both of these groups. The consortium consisting of Customs Authorities, 3PLs, cargo owners, port operators, R&D institutions, and system developers guarantees a high potential for a successful implementation.

The INTEGRITY approach together with the system to be developed will be demonstrated in international door-to-door transport chains from China to Europe via the ports of Yantian, Rotterdam and Felixstowe up to their final destination by rail, inland waterways or road. There will be real-life demonstrations involving all partners in the chain validating and verifying the benefits for all players.

Enhancing Security and Visibility 145

10.1. Background

Current state-of-the-art logistics door-to-door chains still show a lack of information flows preventing the provision of high efficient and reliable services. A.T. Kearney surveyed some of the biggest importers and exporters of the US on requirements in supply chains and in cooperation with the International Cargo Security Council (ICSC)[2]. Their key concerns in the over-ocean supply chain were prioritised and can be found in the following graph:

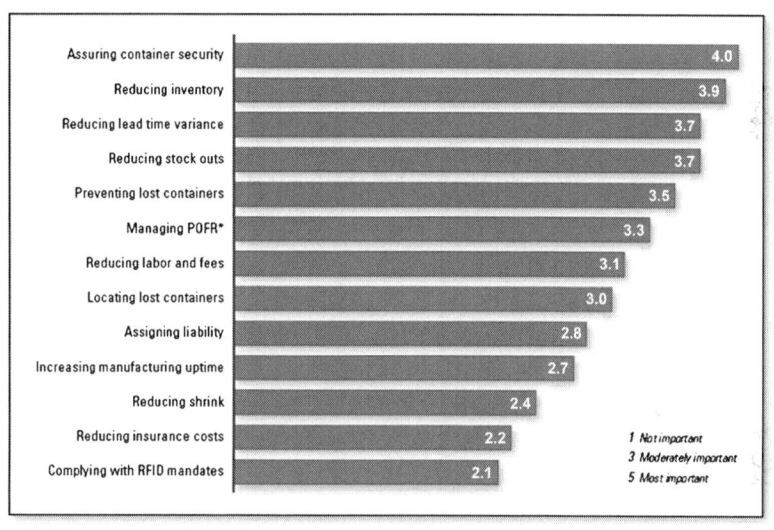

Issue	Score
Assuring container security	4.0
Reducing inventory	3.9
Reducing lead time variance	3.7
Reducing stock outs	3.7
Preventing lost containers	3.5
Managing POFR*	3.3
Reducing labor and fees	3.1
Locating lost containers	3.0
Assigning liability	2.8
Increasing manufacturing uptime	2.7
Reducing shrink	2.4
Reducing insurance costs	2.2
Complying with RFID mandates	2.1

1 Not important
3 Moderately important
5 Most important

*POFR stands for perfect order fill rate, a measure of order accuracy, timeliness, quality and completeness; Source: A.T. Kearney

Fig. 2 Importance of the top 10 management issues in the over-ocean supply chain

The Aberdeen Group published in its "Supply Chain Visibility Roadmap"[3] the following statements being of relevance for research projects:

- "Supply chain executives identify improving visibility as their number one priority. They overwhelmingly desire better transparency to orders, inventory, and shipments across their extended supply chain."[4]

---

2   A.T. Kearney: Smart boxes - RFID Can Improve Efficiency, Visibility and Security in the Global Supply Chain, Chicago 2005
3   Aberdeen Group: The Supply Chain Visibility Roadmap – Moving from Vision to True Business Value, Boston November 2006
4   ibid., p. i.

- "Top performers avoid using visibility technologies to create a turbocharged tracking system; rather, they use visibility systems to drive sustainable improvements in lead times, delivery reliability, and inventory reductions. Many of them are now focusing on using visibility information to protect gross margin and capture more market share."[5]

The intention of the European Commission (DG TREN) to regulate this issue in the European Union with its Draft Supply Chain Security Directive (Secure Operator concept) will be re-evaluated in the light of the recently revised Customs Code introducing the concept of the AEO concept. Due to the unpredictability and unreliability, actual procedures lead to certain bottlenecks:

- too many goods have to be held in safety stocks
- too many goods are locked in security processes

leading to avoidable economic drawbacks being increased costs and reduced quality which can be offered and guaranteed to the clients.

10.2. Improve Visibility and Security using RFID

The CHINOS project together with its predecessor PIER use innovative IT technology like RFID (radio frequency identification) and automatic damage documentation in order to support transport and terminal operators. The implemented solutions can on the one hand optimise logistics processes e.g. by automatic identification of containers using container RFID tags and on the other hand can raise the security level of the transport process using RFID e-seals. Thus, the drivers in the above mentioned areas are twofold: Security and logistics optimisation. While the first is dominated by regulations mainly initiated by security efforts by the US Government, the latter is facing at logistics optimisations and cost reduction potentials due to automated identification procedures throughout the logistics network. Especially RFID can on the one hand raise the security level by the introduction of electronic seals (eSeals) and on the other hand develop optimisation potentials through the automated container identification by using container tags. Due to the fact that container transport is a global business, of course it is useless to perform tests with isolated applications. The employed technology must in fact be based on the existing global standardisation efforts. As an example, we expect the container tag to be specified as a passive UHF transponder working in a frequency band from 860 – 960 MHz. The global background is established by the published international standard ISO 10891. The e-seal, however, is specified by the standard ISO 18185, which is

---

5   ibid.

Enhancing Security and Visibility 147

also published international standard. CHINOS puts a special focus on the integration of these new technologies into the terminals' business processes. The applicability and usefulness of the CHINOS systems was successfully demonstrated at several European locations, in particular North Sea Terminal Bremerhaven (NTB), Germany, the Port of Thessaloniki, Greece, the POLZUG rail terminal at Warsaw, Poland, and Cargo Center Graz, Austria.

The Institute of Shipping Economics and Logistics (ISL) accommodated the increasing importance and relevance of these topics by the formation of its competence area "RFID and Security in Container Transport" at the ISL branch at the city of Bremerhaven, Germany. The competence area concentrates on the design of concepts as well as the development of pilot projects for the implementation of automatic identification systems and their connection to business and EDI processes, e.g. for container turnover, as well as for the building of surveying systems of intermodal networks for the purpose of logistics and security.

The projects PIER and CHINOS examined and validated the capabilities of RFID and SCEM throughout intermodal container transport chains under the leadership of ISL. The project PIER, supported with Bremen subsidies by the Bremerhavener Gesellschaft für Investitionsförderung und Stadtentwicklung mbH (BIS) and Deutsche Telekom, demonstrated the feasibility of the application of RFID technology at the terminal interfaces of North Sea Terminal Bremerhaven (NTB). In the context of the project, several scenarios have been defined and implemented in order to examine the practical application of RFID. The scenarios involved barge transport from the port of Bremen to the Bremerhaven container terminal, containers transported by truck within the area of northern Germany, and rail operations at the container terminal. As an example, during the rail test, several wagons and containers of an incoming train were equipped with RFID tags as shown in Fig. 3. After the train was pushed into the terminal, the tags were scanned by the terminal's rail checker during the regular train checking procedure using a handheld RFID reader.

Within this project, passive transponders working in the UHF frequency range were used which contained data identifying the containers such as container number and container type. The transponders were read out by handheld RFID reading devices at the terminal's interfaces such as quay, truck gate, and the rail operations facilities. The read data was processed by the software developed within the PIER project and integrated into the terminal's business processes. All tests concluded successfully. The container tags could be read out in all scenarios under all circumstances and the handling of the mobile readers could be integrated smoothly into the existing business processes. These results demonstrate that the new technology leads to considerable optimisations of the processes regarding the acquisition of container data.

Fig. 3 Mounting and readout of container and wagon tags and readout of the tags during the regular train check (Source: ISL)

In contrast to the PIER project, CHINOS pursued a much broader strategy. Thirteen partners from Germany, Greece, and Austria, amongst others the dbh Logistics IT AG (Bremen), Eurogate Technical Services (Bremerhaven), i2dm Consulting and Development (Bremen), Tricon Consulting (Traun/Austria), T-Systems (Karlsruhe), and the National Technical University of Athens, examined the application of RFID technology and organisational issues as well as the integration of RFID into existing processes and systems throughout the complete container supply chain.

As explained above, there were several drivers for this project: on commercial, legal and technical level. All these drivers formed a complex area that the CHINOS project supported:

- Commercial drivers

Before the economic crisis cargo handling figures in container ports constantly grew. The total container traffic volume of the "Top 50" container ports (representing about 70% of the World container traffic) increased their handling volume in 2003 by 13.7 per cent compared to 2002. Also European ports participate in this growth. Studies predict an actual average growth of 7% p.a. such that some terminals have to cope with doubling the number of handled containers in seven years.

Enhancing Security and Visibility 149

In order to manage this increase efficiently there are the measures of building new infrastructure, optimising the storage capacity or optimising existing manual procedures, at truck gates, rail gates and in vessel handling. CHINOS has focussed to support the latter by automating procedures.

- Legal and security drivers

After 9/11, several regulations and laws have been implemented to enhance the security in goods transport. Most important one is the introduction of the ISPS Code in port terminals and onboard vessels. Terminals had invested huge amounts of money to become ISPS compliant. But the ISPS code is not the end of the story. In the future, also inland terminals (road/rail or road/inland waterways) will be affected.

Additionally, the replacement of bolt seals with electronic seals (at least in the US trade) is discussed on various political and industrial levels. If becoming mandatory, new requirements appear for the terminal operators.

- Technical drivers

In container transport, several new technologies are in discussion, which create challenges for terminal and transport operators. The RFID technology for containers is currently being discussed in two areas: for identifying the container („container tag" or "license plate") as well as to check the intactness of the seal ("electronic seal") – both to be read electronically and contactless. Electronic licence plates (ISO 10891) as well as electronic seals (ISO 18185) were brought into the standardisation bodies at ISO. For the application of these technologies, big ocean liners (being also the majority of the container owners) will be the forerunners; Feeder service operators, terminals, inland transport operators the followers.

For hinterland transports the transport means should be equipped as well. In rail transport, the full benefit is obvious if containers and wagons are equipped with transponders so that the assignment between these two entities can be automatically recorded without the necessity to walk along the train and perform this task manually.

Processes can be optimised and accelerated tremendously by using automatic identification and condition checks with contact free reading possibilities (container RFID tags, electronic seals, optical checks) without requiring human intervention. This combination of commercial and security issues in one approach makes CHINOS quite unique. CHINOS terminal operators are able to optimise their storage space and to enhance the integration of transport modes along intermodal logistics chains by re-designing the procedures at their interfaces.

Since the full benefit from new technologies can be exploited only if the total integration of (re-engineered) business processes and IT systems will be achieved, CHINOS puts a special focus on this integration work and the validation at several European locations, i.e. in the ports of Bremerhaven, Thessaloniki, the Graz freight village and a railway station of the Polzug network. Fig. 4 shows first RFID tests at Cargo Center Graz where the readout of container tags and eSeals was examined using a container train.

CHINOS results are ready-to-the-market IT tools as well as technical and organisational recommendations how to efficiently exploit these new technologies to be prepared for the actual and upcoming challenges.

Fig. 4 First RFID rail tests including container tags and eSeals at Cargo Center Graz
(Source: CHINOS project)

As a project result, we conclude that although the distinct users employ different business processes and IT systems, while the respective bottlenecks and potential for cost reductions are not identical, the results of the validation of the project are very encouraging regarding the potential benefits at each test site: We infer that there is significant margin for cost reduction at each test site after a full scale implementation of CHINOS and other secondary benefits, which at the validation phase cannot be quantified such as reduced economic losses from theft, from terrorism, sabotage and other cases of security breach, reduction of human errors due to misreadings, various benefits from transportation chain improvement, i.e. significant reduction of bottlenecks at various locations of the Logistics nodes, leading to decrease of gas emissions, pollution, traffic, etc.

CHINOS has been a technological success, its real power being the fact that it provides state of the art solutions to existing market needs. From the validation phase, all CHINOS components are practically ready to be used, and as long as users are willing to pay for the services offered.

In terms of impact, the main conclusions of general use that can be drawn from the CHINOS system are summarised below:

1. The facilitation of communication and information exchange achieved by RFID applications lead to elimination of errors, cost reductions, and improved transparency. This results in enhanced co-operation among different business units of the logistics node and better cooperation between a logistics node and the freight forwarders or shipping companies.

2. There is always a strong resistance to organisational changes both intra- and inter-company and it is every time a very difficult to shift to a new system and abandon old and well-trusted procedures, even when the technological advances are pressing towards this direction. Automations are still not being considered as a strategic issue within the Logistics business, while transport in general, and its waterborne segment more specifically, have proved very traditional. CHINOS, however, has the potential to be adopted by the sector, because it delivers tangible benefits.

3. CHINOS has been a technological success, its real power being the fact that it provides tailor-made solutions to existing needs of the logistics supply chains. Its impact, however, could be much higher, if seen as an integral part of business processes, also contributing to process improvements.

The evolution of the waterborne transport industry and the responsiveness of the shipping companies to market needs due to their relatively small size are factors supporting the sustainability of the project, given that container transport gains further momentum from the constantly increasing international trade and that CHINOS remains at the frontline of business not being used as a mere tool for only specific handling activities. IT will change business patterns at an enormous speed, and thereby CHINOS can serve as a starting point with large potential.

CHINOS software components are practically fully developed. It is worth repeating once again that the respective software applications and hardware components are already available to enter commercial use, as long as users other than CHINOS members are willing to pay in order to acquire the appropriate hardware, software and the right to use it. The reliability of the system is considered very high, as none of the parties involved has recorded any technical failure beyond the testing phase of the applications. In conclusion, as modern logistics companies are large in size and competitive as such, they could be very adaptive to this new technology. Especially the liner business is more flexible than any other segment of the transport sector. Automation technologies have the potential to change business patterns at an enormous speed. CHINOS can serve as a starting point with large potential towards meeting the great expected demand for higher productivity and security at logistics centers, as long as it is adopted from all participants of the supply chain, i.e. shipping companies, logistics nodes, freight forwarders, etc. at a Pan-European scale.

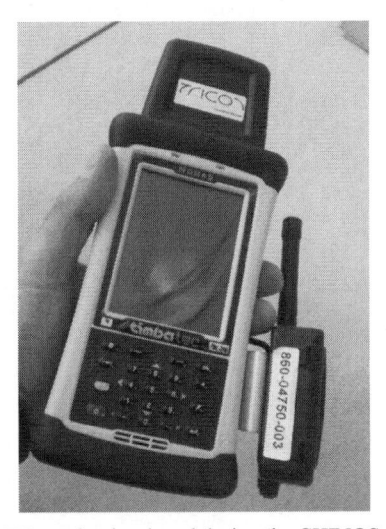

Fig. 5 The handheld RFID reader developed during the CHINOS project is the first one capable of reading both container tags and e-seals (Source: CHINOS project)

10.3. Supply Chain Event Management

Another approach of the CHINOS project is related to an improved monitoring of the container transport network. A Supply Chain Event Management (SCEM) approach can assist the operators monitoring the transport. To achieve this goal, the physical progress of the transport will be compared with the planned procedure by examining so-called events which occur during the transport and could

Enhancing Security and Visibility

be generated e.g. using RFID. On the one hand there are expected events such as loading and unloading messages. These and the sequence of their occurrence are clearly defined and can easily be monitored. On the other hand there are events which occur unexpectedly and which may allude to problems such as delay messages or a notice indicating a technical defect. If the transport proceeds according to the original plans, the system will stay passive in order to prevent the user from receiving useless "OK" messages. Only if the system detects a deviation of the physical transport from the planned procedure, the operator will be informed pro-actively which enables him to intervene at an early stage of the problem.

The SCEM system will compare the expected events with the actual events and decide on appropriate actions, e.g. inform the user, here the manager of the intermodal transport chain, in case of problems. The chain manager is enabled to react in time on exceptions. Problems can be coped with soon after their occurrence and before they cause a severe impact to the transport process. Thus, an optimisation of the transport chains will become feasible.

Status events can be obtained via RFID, EDI (e.g. discharge messages from container terminals), via mobile devices (e.g. handheld computers using GPRS communication) or using web interfaces. ISL has developed an SCEM system for logistic purposes to evaluate how SCEM concepts can be used for intermodal container transports covering several sub-transports performed by different transport modes (e.g. imports using ocean shipping to one of the big North Sea ports, rail transport into the hinterland, final distribution to the receiver by truck); details can be found in [2]. The visibility of container transports is increased by SCEM software platforms and this leads to a better reliability and predictability of the transport chain performance.

10.4. Introducing Supply Chain Visibility involving industry and Customs

The INTEGRITY project has a wider approach. It aims at creating Supply Chain Visibility by providing a basis for securing intermodal container chains. This will be achieved by evaluating information from various sources, like RFID for container identification, e-seals or container security devices, X-ray inspection and radiation portals to identify illegal contents, satellite tracking of vessels and other vehicles, and external databases for tracing and validity checks, among others. Supply Chain Visibility will lead to a better reliability and predictability of the transport chain performance. Different organisational and technical measures can enhance the security of the chain and support Supply Chain Visibility – also for logistics purposes – at the same time. Major "clients" of the approach are the commercial participants in the chain (3PLs, cargo owners, exporters, transport and port operators) and authorities (mainly Customs) creating a win-win situation for both of these groups.

The White Paper from the industry funded supply chain security and efficiency initiative "Smart & Secure Trade lanes"[6] listed the following problems and challenges:

- supply chain data is missing or inaccurate, untimely or incomplete making it invaluable for decision making

- arrival notices appear days after the arrival

- check of mechanical seals for tampering are performed only partly

- containers deviate from their assigned routing.

Different measures, such as the introduction of the ISPS code in 2004 and the C-TPAT programme in the US, enhanced the security in parts of the international intermodal chain, but a worldwide approach covering the chain from origin to destination is still missing. However, first attempts have been made by the US with the programmes OSC (Operation Safe Commerce) and SST (Smart and Secure Trade Lanes). An important step towards secure operators is the EU Customs Code issued by the Directorate-General Taxation and Customs Union (DG TAXUD) with its AEO (Authorised Economic Operator)[7] approach. Cooperation between Customs Authorities is actually being discussed e.g. in the SSTL project between EU and China Customs Authorities which is closely linked to INTEGRITY. Here, issues of the Customs-to-Customs cooperation will be tackled also from the industry's perspective supporting Customs-to-business and business-to-business cooperation.

If Customs Authorities agree on a mutual recognition and a common set of data facilitating pre-arrival clearance before the cargo arrives at its destination, this will speed up the whole process and – even more important – lead to an improved reliability and predictability of the whole chain. Due to the active involvement of Customs services along the intended demonstration chains as

---

6 Smart & Secure Tradelanes: Phase One Review – Network Visibility: Leveraging Security and Efficiency in Today´s Global Supply Chains, November 2003

7 Documents from the World Customs Organisation and the European Commission can be found at http://www.wcoomd.org/ie/En/Topics_Issues/ FacilitationCustomsProcedures/AEO%20Guidelines.pdf; TAXUD/C4 (2005) 1432, The Authorized Economic Operator, http://ec.europa.eu/taxation_customs/resources/ documents/customs/policy_issues/customs_security/AEO_strategic_paper_en.pdf

Enhancing Security and Visibility   155

well as the close link to the EU/ China Customs Project, the ease of administration together with supporting measures and incentives, e.g. the green lane for supervised secure transports, is covered as well.

The expected benefits are significant: door-to-door chains will become more secure and smooth. All target groups will be satisfied in one approach. Specific analyses on the benefits for all players in the chain analysing actual bottlenecks and performing before-after comparisons including the related costs for such a service will be part of the project.

INTEGRITY is an integration project. Although a lot of building blocks are existing, most of the above mentioned technologies have been run through technical feasibility tests without tackling the integration into a common concept on the level of business processes, legal and administrative changes and possible incentives when using them in a consistent and reliable manner. The combination of existing technologies and new business processes together with legal and administrative agreements between administration/Customs and industry/ logistics will create a win-win situation for both target groups.

Different organisational and technical measures can enhance the security of the chain and support the supply chain visibility – also for logistics purposes - at the same time. These are:

- working with trusted parties (AEOs, authorized economic operators)
- using auto-ID methods like RFID for containers
- using X-ray inspection or container imaging (content) facilities
- using radiation portals to identify nuclear materials
- using e-seals or container security devices monitoring the door condition, light, temperature, humidity, radiation, chemicals, etc.
- using satellite tracking of vessels and other vehicles
- using databases with tracing and event information and intelligent algorithms to detect possible risks
- using EDI or web services to perform validity checks with external databases (e.g. owned by transport operators).

In addition to these measures, relevant business processes, e.g. for gaining permissions from authorities will be analysed and adapted for exploiting the technology potentials in an optimal way. The full-scale integration of IT systems along the chain will enable the creation of the so-called Shared Intermodal Container Information System (SICIS) containing either the data itself or links to the data providers (such as port community systems, shipping lines, port authorities) allowing fast and reliable access to the planning data and status information of selected transports. Furthermore, SICIS will pro-actively inform the relevant user if possible risks were detected during the transport process. An important issue is the careful handling of the data which for the first time is consolidated in the described manner. The design of SICIS allows its connection to any other system like port community systems or existing legacy systems, hence data security must be ensured at any time.

The following scenario will clarify the INTEGRITY approach: A container is stuffed and sealed at a Chinese factory by an AEO certified partner. Another AEO transports the container to the ISPS (International Ship and Port Security Code) certified port of Yantian. Inside the terminal, the seal is checked, and the container is examined with respect to radioactive contents and potentially scanned. After the container was loaded on a vessel operated by an ISPS certified shipping company, all relevant information about the transport includeing the inspection results is forwarded to the Customs of the importing country. On that basis, Customs can decide on the necessity of a physical inspection of the container already during the sea transport, which will lead to a possible pre-arrival clearance. This will speed up the import process and reduce the risk of delays caused by Customs inspections. As a consequence, the on-carriage can be planned with a much higher accuracy and predictability.

As a first step, SICIS was implemented at a trade lane starting at the port of Yantian (China) and ending at the ports of Rotterdam and Felixstowe. Nevertheless, it will be possible to transfer the respective experiences and test results to any other corridor worldwide. During the INTEGRITY project, tests will be carried out using several thousand containers. The first demonstration phase including the tracking of containers started in September 2009. The second phase combining container data with vessel tracking data using the vessels' AIS transponders started in March 2010, and the third demonstration phase also including consignment data is planned for summer 2010.

Enhancing Security and Visibility 157

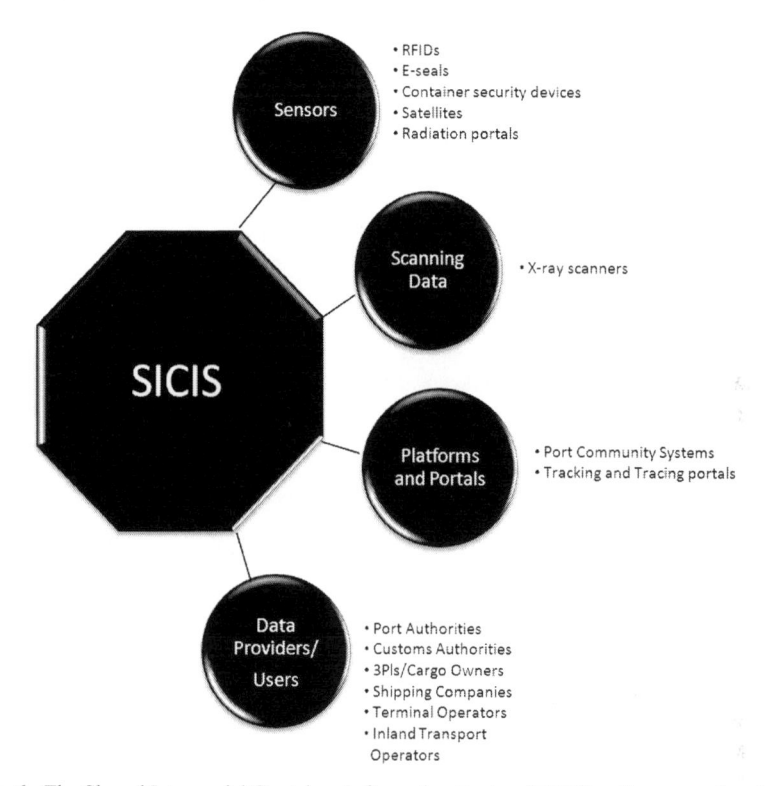

- Sensors
  - RFIDs
  - E-seals
  - Container security devices
  - Satellites
  - Radiation portals

- Scanning Data
  - X-ray scanners

- SICIS

- Platforms and Portals
  - Port Community Systems
  - Tracking and Tracing portals

- Data Providers/Users
  - Port Authorities
  - Customs Authorities
  - 3Pls/Cargo Owners
  - Shipping Companies
  - Terminal Operators
  - Inland Transport Operators

Fig. 6 The Shared Intermodal Container Information System (SICIS) will process data from different data sources and communicate with various platforms (Source: ISL)

10.5. Conclusions

Many researchers consider introducing RFID-supported identification technology for items in the logistics process to be a fundamental prerequisite for further automation and increased efficiency. The separation of economic growth and the consumption of scarce resources will eventually call for this technology. The political sphere should therefore have a vital interest in introducing RFID in container traffic. The effects of political efforts on positive economic development, something that is being discussed repeatedly in the current crisis, can be considered to be exceptionally high in number as well as sustainable. The next logical step on the road to a globally optimized, more environmentally friendly and more secure exchange of goods involves finding the right political platform and the right legal impetus for companies to introduce this innovation.

The main goal and the main benefits of projects like PIER, CHINOS, and INTEGRITY are obvious: to make door-to-door transport chains more secure and smooth. Both main clients, Customs as well as shippers, will be satisfied in one integrated approach. Several recent investigations show that the enhancement of supply chain visibility provides economic benefits for all participants in the chain. The Aberdeen Group reasoned that according to the background and the related problems in supply chain visibility the following performance benefits can be achieved:

- Inventory reductions: Companies that are Best in Class in inventory management are 2.4 times as likely to use a supply chain visibility system. These top performers have customer service levels of at least 96% and have reduced inventory levels since 2004, often by 20-30%

- Cycle times: Companies using a visibility system are three times as likely to have faster order to delivery times as those companies that have no plans to adopt such a solution.

- On-Time Deliveries: Companies that track more than 80% of their domestic shipments are twice as likely as their peers to have an on-time delivery rate of 95% or higher."[8]

- Management by exception delivers effective shipment tracking, Supply Chain disruption management and Supply chain improvement[9]

More information can be found on the projects' websites www.chinos-rfid.eu and www.integrity-supplychain.eu.

References

Aberdeen Group (2006): The Supply Chain Visibility Roadmap – Moving from Vision to True Business Value, Boston, November 2006

APL Logistics (2003) Adding Security and Value to the Supply chain, http://www.apl.com/news/documents/security_white_paper.pdf

A.T. Kearney (2005): Smart boxes - RFID Can Improve Efficiency, Visibility and Security in the Global Supply Chain, Chicago, 2005

---

8 Aberdeen Group: The Supply Chain Visibility Roadmap – Moving from Vision to True Business Value, Boston, November 2006, p.4
9 Aberdeen Group: The Supply Chain Visibility Roadmap – Moving from Vision to True Business Value, Boston, November 2006, p.11

Blecker, T. et al. (2007): Key Factors for Successful Logistics, Erich Schmidt Verlag GmbH&Co., Berlin, 2007

Bundesministerium für Verkehr, Bau und Wohnungswesen (Hrsg.) (2005), Verkehr in Zahlen 2005/2006, Deutscher Verkehrs-Verlag, Hamburg

CHINOS website (2009). http://www.chinos-rfid.eu

Collins, J. (2005) IBM, Maersk Developing Cargo Tracker, RFID Journal Sept. 22, 2005, http://www.rfidjournal.com/article/articleview/1884/1/1/

European Commission (2001), White Paper — European transport policy for 2010: time to decide, Office for Official Publications of the European Commu-nities, Luxembourg

INTEGRITY website (2010). http://www.integrity-supplychain.eu

International Maritime Organisation (2003), The International Ship and Port Security Code, 2003 Edition

MaTIB website (2008), http://www.matib.de

Savi, http://www.savi.com

Smart & Secure Tradelanes (2003): Phase One Review – Network Visibility: Leveraging Security and Efficiency in Today's Global Supply Chains, November 2003

11. Green Maritime Logistics: Some Simple Models

Prof. Dr. Harilaos N. Psaraftis, Laboratory for Maritime Transport, National Technical University of Athens, Greece

11.1. Introduction

Green maritime logistics is defined as an attempt to attain an acceptable environmental performance of the maritime transportation mode, while at the same time respecting traditional economic performance criteria. This paper tackles the problem by focusing on CO_2 emissions, which are currently the subject of intense scrutiny for shipping. We take a look at some of the tradeoffs that are at stake in the goal for greener shipping and may impact the cost-effectiveness of the logistical supply chain and present some simple models that can be used to evaluate these tradeoffs. Some examples are also presented.

11.2. Background

Air pollution from ships is currently at the center stage of discussion by the world shipping community and environmental organizations. The Kyoto protocol to the United Nations Framework Convention on Climate Change -UNFCCC (1997) - stipulates concrete measures to reduce CO_2 emissions in order to curb the projected growth of greenhouse gases (GHG) worldwide. Although some regulation exists for non-GHGs, such as SO2, NO_x and others, shipping has thus far escaped being included in the Kyoto global emissions reduction target for CO_2 and other GHGs (such as CH4 and N2O). Even so, many circles feel that the time of GHG non-regulation is rapidly approaching its end, and measures to curb future CO_2 and other GHG growth are being sought with a high sense of urgency and are very high on the agenda of the International Maritime Organization (IMO) and of many individual coastal states. In the latest UNFCCC, which took place in Copenhagen in December of 2009 (COP-15), shipping, along with aviation, were still not explicitly included in a global GHG reduction target, but one would expect that eventually this will be the case, the next checkpoint being COP – 16, which is scheduled to take place in Mexico in December 2010.

For shipping, measures contemplated to reduce emissions can be considered to fall into three general categories: technical, market-based and operational.

Technical measures include more efficient ship hulls, energy-saving engines, more efficient propulsion, use of alternative fuels such as fuel cells, biofuels or others, "cold ironing" in ports (providing electrical supply to ships from shore sources), devices to trap exhaust emissions (such as scrubbers), and others, even including the use of sails to reduce power requirements. Market-based measures (MBMs) are classified into two main categories, Emissions Trading Schemes (ETS) and Carbon Levy schemes (also known as International Fund schemes). Finally, operational measures mainly involve speed optimization, optimized routing, improved fleet planning, and other, logistics-based measures.

Some of these measures, important in their own right as regards emissions reduction, may have non-trivial side-effects as regards the economics of the logistical supply chain. For instance, measures such as reduction of speed, change of number of ships in the fleet, and possibly others, will generally entail changes (positive or negative) in overall emissions, but also in other logistics and cost-effectiveness attributes such as in-transit inventory and other costs. Also, industry circles have voiced the concern that the mandated use of lower-sulphur fuel in some regions or globally may make maritime transportation (and in particular short-sea shipping) more expensive and induce shippers to use land-based alternatives (mainly road). A reverse shift of cargo from sea to land would go against the drive to shift traffic from land to sea to reduce congestion, and might ultimately increase the overall level of CO_2 emissions along the inter-modal chain.

Typical problems in the maritime logistics area include one or a combination of problems from the following generic list (which is non-exhaustive):

- Optimal ship speed
- Optimal ship size
- Routing and scheduling
- Fleet deployment
- Fleet size and mix
- Weather routing
- Intermodal network design
- Modal split
- Transshipment
- Queuing at ports
- Terminal management
- Berth allocation
- Supply chain management

The traditional analysis of these logistics problems is in terms of cost- benefit and other optimization criteria from the point of view of the logistics provider, carrier, shipper, or other end-user. Such traditional analysis by and large either ignores environmental issues, or considers them of secondary importance. Green maritime logistics tries to bring the environmental dimension into the problem, and specifically the dimension of emissions reduction, by trying to analyze the tradeoffs that are at stake and exploring 'win-win' solutions.

The rest of this paper is organized as follows. Section 11.3 describes some logistical scenarios and investigates factors and tradeoffs. Section 11.4 investigates possible impact on modal split. Finally Section 11.5 presents the paper's conclusions.

11.3. Logistical scenarios: factors and tradeoffs

Before logistical scenarios are examined, some basics have to be established. The first basic question is how are emissions computed?

To calculate CO_2 emissions, one has to multiply bunker consumption by an appropriate emissions factor, F_{CO2}. The factor of 3.17 has been the empirical mean value most commonly used in CO_2 emissions calculations based on fuel consumption -see EMEP/CORINAIR (2002) and Endresen (2007). According to the IMO GHG study (IMO, 2000), the actual value of this coefficient may range from 3.159 (low value) to 3.175 (high value). The update of the IMO 2000 study (Buhaug et al, 2008), uses slightly lower coefficients, different for Heavy Fuel Oil and for Marine Diesel Oil. The actual values are 3.082 for Marine Diesel and Marine Gas Oils (MDO/MGO) and 3.021 for Heavy Fuel Oils (HFO). In this paper we shall use the original value of 3.17 also used in Psaraftis and Kontovas (2008, 2009a).

As regards SO_2, which is not a greenhouse gas but causes some other undesirable problems like acid rain, this type of emissions depends on the type of fuel used. One has to multiply total bunker consumption (in tonnes per day) by the percentage of sulphur present in the fuel (for instance, 4%, 1.5%, 0.5%, or other) and subsequently by the exact factor of 0.02 to compute SO_2 emissions (in tonnes per day). The factor of 0.02 is exact in the sense that it is derived from the chemical reaction of sulphur with oxygen.

Finally, NO_x emissions depend on engine type. The ratio of NO_x emissions to fuel consumed (tonnes per day to tonnes per day) ranges from 0.087 for slow speed engines to 0.057 for medium speed engines.

Also directly proportional to the amount of fuel used is fuel cost, one of the most important components of total cost (although by no means the only one). Fuel cost can be estimated by multiplying the amount of bunkers used with the price of fuel. Even though it is typically assumed that the price of fuel is constant, in fact it is very much market-related, and, as such, may fluctuate widely in time, as historical experience has shown. Also, the ship will generally consume different kinds of fuels during the trip and in port.

For a given ship, and for speeds that are close to the original speed, the effect of speed on fuel consumption is assumed cubic, that is, the daily fuel consumption F at sea at speed V is a cubic function of speed V. The cubic law follows from hydrodynamic principles and is a standard assumption in most analyses. Note that this is only an approximation, and one that is usually valid for small changes in speed. If the speed changes drastically, for instance from 20 to 10 let alone 5 knots, one would expect a different relationship between V and F. But also in some other cases exponents higher than 3 may be applicable. Whatever the relationship is, assuming a cubic law causes no loss of generality, as our analysis would need minor modifications in case a different functional relationship is assumed.

At first glance, speed reduction may look like killing three birds in one stone: reduce fuel bill, reduce emissions, and, in a depressed market, help support freight rates by artificially shrinking the fleet supply curve. The question is, is this really so?

Psaraftis and Kontovas (2009b) investigated a simple logistical scenario to examine tradeoffs between ship CO_2 emissions and other attributes of the ship operation. The scenario assumed a fleet of N identical ships (N: integer), each of capacity (payload) W. Each ship loads from a port A, travels to port B with known speed V_1, discharges at B and goes back to port A in ballast (empty), with speed V_2. Assume speeds are expressed in km per day. The distance between A and B is known and equal to L (km) and the total time in port at both ports is T_{AB} (days). Assume these ships are chartered on a term charter and the charterer, who is the effective owner of this fleet for the duration of the charter, incurs a known operational cost of O_C per ship per year. This cost depends on market conditions at the time the charter is signed and includes the charter to the shipowner and all other non-fuel related expenses that the charterer must pay, such as canal tolls, port dues, cargo handling expenses, and so on. Not included in O_C are fuel expenses, which are also paid by the charterer, and which depend on the actual fuel consumed by the fleet of ships. The latter depends on how the fleet is used.

Assume that each ship's operational days per year are D (0<D<365), a known input, and that the total daily fuel consumptions (including both main engine and auxiliaries) are known and are as follows for each ship: f (tonnes per day) in

Green Maritime Logistics: Some Simple Models   165

port, and F_1, F_2 (tonnes per day) at sea, for the laden and ballast legs (respectively). As stated earlier, the effect of speed change on fuel consumption is assumed cubic for the same ship, that is, $F_1=k_1V_1^3$ and $F_2=k_2V_2^3$, where k_1 and k_2 are known constants (typically $k_1 > k_2$).

In addition to the standard costs borne by the charterer, Psaraftis and Kontovas (2009b) also took into account cargo inventory costs. These costs are assumed equal to I_C per tonne and per day of delay, where I_C is a known constant. In computing these costs, it is assumed that cargo arrives in port 'just-in-time', that is, just when each ship arrives. In that sense, inventory costs accrue only when loading, transiting (laden) and discharging. These costs are called 'in-transit inventory costs'. Generalizing to the case where inventory costs due to port storage are also considered is straightforward.

If the market price of the cargo at the destination (CIF price) is P ($/tonne), then one day of delay in the delivery of one tonne of this cargo will inflict a loss of PR/365 to the cargo owner, where R is the cost of capital of the cargo owner (expressed as an annual interest rate). This loss will be in terms of lost income due to the delayed sale of the cargo. Therefore, it is straightforward to see that I_C =PR/365.

Let us now assume that the speed of all ships in the fleet is reduced by a common amount $\Delta V \geq 0$. To maintain annual throughput constant, we have to add ΔN additional ships, assumed identical in design to the original N ones. It is easy to check (see Psaraftis and Kontovas, 2009b) that we can compute ΔN (which can be fractional) from the following equation:

$$\Delta N = N \left(\frac{\frac{L}{V_1 - \Delta V} + \frac{L}{V_2 - \Delta V} + T_{AB}}{\frac{L}{V_1} + \frac{L}{V_2} + T_{AB}} - 1 \right)$$

An implicit but very important assumption here is that these ΔN ships are readily available and can be immediately incorporated into the original fleet at a cost equal to O_C per ship per year, the same as that paid to charter the original N ships.

If $V_1 = V_2 = V$ (this may not mean that $k_1 = k_2$), after some algebra we find that the difference in total fleet costs is equal to:

$$\Delta(\text{total fleet costs}) = NL\Delta V \frac{-pD(2V-\Delta V)(k_1+k_2) + \dfrac{I_c WD + 2O_c}{V(V-\Delta V)}}{2\dfrac{L}{V} + T_{AB}} \quad [1]$$

The difference in fuel costs alone (costs after minus costs before) is equal to

$$\Delta(\text{total fuel costs}) = -NL\Delta V \frac{pD(2V-\Delta V)(k_1+k_2)}{2\dfrac{L}{V} + T_{AB}} \quad [2]$$

This result can be generalized to logistical scenarios that are more complex than the one examined here, one for instance that involves a ship which visits a set of ports and is less than full (which is typically the case for containerships).

It is interesting to note that for $\Delta V \geq 0$ and for all practical purposes the differential in fuel costs is always negative or zero, as difference $2V-\Delta V$ in [2] is positive for all realistic values of the speeds and of the speed reduction. This means that speed reduction cannot result in a higher fuel bill, even though more ships will be necessary. The same is true as regards emissions, as these are directly proportional to the amount of fuel consumed.

The core ramification from this is that total fuel costs, as well as total CO_2 emissions, will be always reduced by slowing down, even though more ships would be used. The higher the speed, and the higher the speed reduction, the higher this emissions reduction will be. The theoretically maximum reduction will be if we reduce speed all the way to zero, in which case both fuel costs and emissions will also be zero. Of course, such a scenario would not make any sense, as no cargo would be moved and hence cargo inventory costs and total costs would go to infinity. By the same token, a scenario of super-slow speed may suffer from similar problems.

However, and even though Δ (total fuel costs) in [2] is always negative or zero, Δ (total fleet costs) in [1] may be positive or negative, or may reach a minimum value other than zero, depending on the values of all parameters involved. Psaraftis and Kontovas (2009b) presented some examples to illustrate this approach, for tankers, bulk carriers and containerships. Of these, perhaps the most interesting was the one that investigated the effect of a speed reduction of just 1 knot (from 21 to 20) in a fleet of 100 Panamax containerships. The example showed that if the sum of additional cargo inventory costs plus other additional operational costs of the (5) extra ships that would have to be used (including the time charter) is less than $128,299 per extra ship per day, then speed reduction is overall cheaper. One would initially think that such a threshold would be enough. But it turns out that this is not necessarily the case if in-transit inventory costs are factored in.

To that effect, we note that the unit value in US dollars per short ton[1] of the top 20 containerized imports at the Los Angeles and Long Beach Ports in 2004 vary from 12,600 for furniture and bedding to 86,200 for optic, photographic and medical instruments (see CBO (2006)).

To compute in-transit inventory costs for the above example, Psaraftis and Kontovas (2009b) hypothetically assumed that cargo carried by these vessels consisted of high value, industrial products, similar to those in Table 5, and that its average value at the destination (CIF price) was $20,000/tonne. They also assumed the cost of capital being 8%. This means that one day of delay of one tonne of cargo would entail an inventory cost of I_C =PR/365 = $4.38/tonne/day. Computing the in-transit inventory costs for this case gives a total annual difference of $200,000,000 in favor of the case that moves cargo faster. This figure is significant, of the same order of magnitude as the fuel cost differential. Assuming a time charter rate of $25,000 per day (typical charter rate for a Panamax containership in 2007), the total other operational costs of the reduced speed scenario are computed at $958,125,000 per year for the reduced speed fleet ships (105 ships), versus $912,500,000 for the fleet of ships going full speed (100 ships). Tallying up we find a net differential of $11,478,741 per year in favor of not reducing the speed, meaning that for this scenario in-transit inventory and other operational costs offset the positive difference in fuel costs.

It should also be realized that cargo inventory costs are borne by the owner of the cargo, whereas the other cost components are borne by the shipowner and the charterer of the vessel, their distribution depending on the type of contract. This means that whatever is good for one of these parties may not necessarily be good for the other.

11.4. Effect on modal split

Another undesirable side-effect of speed reduction may be on modal split, that is, it may induce cargo to shift to land-based modes. This is true not only for short sea shipping, in those scenarios where land transportation is a real alternative (for instance, in European short sea shipping), but potentially for longer distances too. For instance, one might see cargoes from the Far East to Europe shift to the trans-Siberian railway, or to trucks, as a result of a drastic reduction of

---

1   1 short ton = 0.9072 tonnes.

containership speed. That may increase overall GHG emissions, as can be seen in the rudimentary example below.

The trans-Siberian railway is some 10,000 km long, but much shorter than the length of the Far-East to Western Europe ocean route, which can be as long as 43,000 km. Adding roughly 2,000 km from Moscow to a port in Western Europe (such as Hamburg) makes the total rail distance some 12,000 km long. The route is technically capable of carrying some 100 million tonnes of cargo per year and uses electric traction. But hauling any additional cargo via this route would entail the consumption of extra energy. Unless this energy is produced by nuclear or hydroelectric power, it will emit extra CO_2.

According to various sources, energy for electric railways may emit as much as 18 grams of CO_2 per tonne-km as opposed to 7.8 grams of CO_2 per tonne-km for a large containership, if the latter sails at maximum speed. If ship speed is reduced, total emissions will be reduced in a quadratic fashion, as per previous analysis. 150,000 tonnes of cargo (roughly corresponding to a full shipload of a large containership) traveling 12,000 km by rail would produce some 32,000 tonnes of CO_2, as opposed to some 18,000 tonnes of CO_2 for the ocean option if the ship is going at 60% of the maximum speed. That is, the rail option would produce more GHG emissions in spite of a shorter route. Even worse would be the situation if cargo goes by truck (not very viable for such long distance, but more attractive for shorter routes).

Given that the trans-Siberian railway already saves some 14 days on the trip from Far-East to Western Europe (Loginovs, 2009), a potential cargo shift if containership speeds are significantly reduced may have some ramifications. For extremely high-valued products of CIF = $85,000/tonne and an annual interest rate of 8%, an additional 26-day delay due to containership speed reduced to the 60% level would raise the total difference of in-transit inventory costs to some $743 per tonne of cargo in favor of the rail option. The difference in freight rates between the rail and maritime options today is above $743/tonne. Also the trans-Siberian rail freight corridor is plagued by a number of technical and administrative problems (different rail gauges, several border crossings, etc). But efforts to make the corridor more competitive are under way, and this would reduce both freight rates and transit time in the future[2]. If such a drastic containership speed reduction is implemented, this might shift some cargoes, especially niche cargoes for which short transit time is desirable, away from the waterborne mode, with a net increase in GHG emissions.

---

2 For instance, the Trans Eurasia Express service between Asia and Europe, a joint venture between Deutsche Bahn (DB) and the Russian Railways (RZD,) is an indication that commercial interest for the trans-Siberian rail route is real.

Green Maritime Logistics: Some Simple Models

So in this scenario a major speed reduction in the containership fleet in order to save on bunker costs and GHG emissions may in turn increase GHG emissions inland and overall, particularly if the land surface option is made more competitive.

Other scenarios for shorter distances may be devised (for instance, within Europe or North America), which may favor cargo shifts to road transport, the result there being worse in terms of GHG emissions.

To formally quantify effects of speed reduction on modal split, assume that cargo from A to B has two modal choices: Mode 1 is by ship and mode 2 is by another mode (rail, road, or other). The extension to more than 2 modes is straightforward.

Let x_i be the fraction of the cargo traffic that will choose mode i (i=1, 2), assuming that carrier capacity to do so is available ($0 \leq x_i \leq 1$). Then the split among the two modes is assumed to follow a "multinomial logit" model as follows:

$$x_i = \frac{e^{-\lambda C_i}}{e^{-\lambda C_1} + e^{-\lambda C_2}}$$

where
λ is a constant >0 (tonne/$)
C_i is the generalized cost of mode i, equal to $C_i = p_i + k t_i$, with
p_i = freight rate from A to B via mode i ($/tonne)
t_i = transit time from A to B via mode i (days)
k = constant >0 ($/tonne/day)

k reflects the value of time for the cargo in question, and is commodity-dependent, being higher for more expensive cargoes. It is the per day and per tonne of cargo inventory cost of the cargo (what was defined as I_C before).

Assume now that speed is reduced in mode 1. The effect of this will be a net increase of transit time t_1, and (possibly) a change of the freight rate p_1. The latter may be decided by the carrier or it may be the result of the new market equilibrium that will be established. Assume that the data for mode 2 will not change.

Transit time of mode 1 will increase due to a decrease in the average transit speed from V to V-ΔV. Note that V is defined as the average speed, that is, incorporates any effects of intermediate stops at ports along the route. V is in km/day.

Denote by x_1^*, C_1^*, etc the new variables for mode 1. Then it is straightforward to check that the new fraction x_1^* is given by

$$x_1^* = x_1 e^{-\lambda(p_1^* - p_1) + k(t_1^* - t_1)}$$

If L_1 is the distance travelled by mode 1, in km's (which may not be the same as L_2, the distance traveled by mode 2), then

$t_1 = L_1/V$
$t_1^* = L_1/(V-\Delta V)$
and, after some algebra,

$$x_1^* = x_1 e^{-\lambda(p_1^* - p_1) + k\frac{L_1 \Delta V}{V(V-\Delta V)}}$$

In a hypothetical example, assume V= 800 km/day (corresponding to an average speed of about 18 knots), ΔV= 0.3V = 240 km/day (corresponding to a reduction to about 12.6 knots average speed), L_1 = 40,000 km, and λ= 0.001 (tonne/$).

Then one can compute the values of the ratio x_1^*/x_1 parametrically, as a function of k and the price difference (p_1^*- p_1) as follows:

k \ (p_1^*- p_1)	0	-$100/tonne	-$200/tonne
$2/day/tonne	0.958	1.059	1.170
$5/day/tonne	0.898	0.993	1.097
$10/day/tonne	0.807	0.892	0.986

Tab. Ratio x_1^*/x_1 as a function of k and the price difference

One can observe that if the freight rate stays the same, then the maritime mode's share will always drop, and more so for more expensive cargoes. The only chance that the maritime mode's share may increase is if speed reduction is accompanied by a simultaneous freight rate decrease, and this only for relatively cheaper cargoes. However, it should be reminded that a rate decrease may be easier said than done, as one of the side effects of speed reduction may actually be a rate increase, due to the shrinking of the fleet capacity supply curve.

11.5. Conclusions

This paper has taken a cursory look at some of the problems associated with green maritime logistics. Other examples can be devised (for instance, possible effect of cleaner fuels to reduce SO_x emissions on modal split- see Psaraftis and Kontovas 2009b). It was seen that caution should be exercised in proposing policy measures that may at first glance look environmentally friendly, but in reality they may have negative side effects. Clearly, the models presented here can be extended to more complex logistical scenarios, involving, among other things, issues such as ship routing and scheduling, maritime and intermodal network design, queuing at ports, emissions at ports, and all the others listed at the introductory section. Plus, the broader consideration of such issues in a strategic setting is also important. In the emerging drive for green maritime logistics, investigating such problems would become increasingly important in the future.

Acknowledgments

The research reported in this paper was funded in part by a gift from Det Norske Veritas (DNV) to the National Technical University of Athens. The assistance of Christos A. Kontovas, PhD candidate at NTUA, is duly appreciated.

References

Buhaug, Ø., J.J. Corbett, Ø. Endresen, V. Eyring, J. Faber, S. Hanayama, D.S. Lee, D. Lee, H. Lindstad, A. Mjelde, C. Pålsson, W. Wanquing, J.J. Winebrake, K. Yoshida (2008): Updated Study on Greenhouse Gas Emissions from Ships: Phase I Report, International Maritime Organization (IMO) London, UK, 1 September, 2008 (included as Annex in IMO document MEPC58/INF.6).

Congressional Budget Office (CBO) (2006): The Economic Costs of Disruptions in Container Shipments. U.S. Congress, Washington, DC

Endresen, Ø., E. Sørgård, H.L. Behrens, P.O. Brett, I. S. A. Isaksen (2007): A historical reconstruction of ships fuel consumption and emissions. Journal of Geophysical Research 112

EMEP/CORINAIR (2002): EMEP Co-operative Programme for Monitoring and Evaluation of the Long Range Transmission of Air Pollutants in Europe, The Core Inventory of Air Emissions in Europe (CORINAIR), Atmospheric Emission Inventory Guidebook .3rd edition

IMO (2000): Study of Greenhouse Gas Emissions from Ships. Study by Marintek, Econ Centre for Economic Analysis, Carnegie Mellon University and DNV

Loginovs, L. (2009): The Freeport of Riga: Connecting East and West. Report on Logistics and Intermodality Case Studies, International Association of Ports and Harbors, May

Psaraftis, H.N. and Kontovas, C.A. (2008): Ship Emissions Study. National Technical University of Athens, report to Hellenic Chamber of Shipping, http://www.martrans.org/emis/emis.htm, May

Psaraftis, H.N. and Kontovas, C.A. (2009a): CO_2 Emissions Statistics for the World Commercial Fleet. WMU Journal of Maritime Affairs 8(1), pp.1-25

Psaraftis, H.N. and Kontovas, C.A. (2009b): Ship Emissions: Logistics and Other Tradeoffs. 10th Int. Marine Design Conference (IMDC 2009), Trondheim, Norway, 26-29 May

UNFCCC (1999): Kyoto Protocol to the United Nations Framework Convention on Climate Change. [Online], http://unfccc.int/resource/docs/convkp/kpeng.htm, 1999

12. Ansätze zur Realisierung von Green-Shipping

J. Andreas Hübscher, Institut für Seeverkehrswirtschaft und Logistik

12.1. Vorstellung

Dipl. Ökonom J. Andreas Hübscher (1958) studierte von 1980 bis 1984 Betriebswirtschaft und Wirtschaftswissenschaft an der Fachhochschule Bremen sowie der Universität Bremen. Nach dem Studium seit 1986 Mitarbeiter des Instituts für Seeverkehrswirtschaft und Logistik (ISL) in Bremen mit den Schwerpunkten Umwelt und Verkehr sowie Kosten-Nutzen Berechnungen.

Im Rahmen des ISL Bearbeitung und Projektleitung einer Vielzahl von umweltrelevanten Projekten, dabei in den letzten Jahren: „Assessing concepts, systems and tools for a Safer, Efficient and environmentally Aware and friendly Maritime transport", „Benchmarking im Fährverkehr für ausgewählte Fährschiffe im Deutschland-Schweden Verkehr", „Elimination Units for Marine Oil Pollution", „Market Based Instruments for Abatement of Emissions from Shipping - A pilot project for the Baltic Sea" sowie „Entwicklung eines Modells zur Quantifizierung der maritimen Luftschadstoffe" für einen europäischen Großhafen.

12.2. Schifffahrt im Fokus seiner Emissionen

Nicht erst seit der aktuell geführten Klimadiskussion werden in der Seeschifffahrt Maßnahmen zur Reduzierung von Schadstoffabgaben (in Form von Abgasen und dem Eintrag von flüssigen und festen Schiffsabfällen) durch den Betrieb von Seeschiffen diskutiert. So führte beispielsweise unter dem Eindruck der „Exxon Valdez" Haverie (die im März 1989 vor der Küste Alaskas auf das Bligh Riff im Prinz William Sund auflief und rund 240.500 Barrel Rohöl emittierte)[1] durch Drängen der USA (auf die Einführung einer Doppelhülle für Öltanker zur Verhinderung einer Ölfreisetzung bei leichten Grundberührungen)[2] zu einem Beschluss der International Maritime Organisation (IMO) im Jahr 1992 mit entsprechender Ergänzung der Anlage I von MARPOL 73/78[3] (Regel 13 F/G). Durch den IMO Beschluss wurde geregelt, dass alle Tanker, die ab 1996 gebaut werden und über 5.000 t Transportgewicht haben, mit einer Dop-

---

1 Oil Spill case history 1967-1991, Report No. HMRAD 92, 11.09.1992, S. 80
2 OPA-90 (Oil-Pollution Act 1990)
3 International Convention for the Prevention of Pollution From Ships, 1973 as modified by the Protocol of 1978

pelhülle ausgestattet sein müssen.[4] Nach einem erneuten spektakulären Unfall an der Küste der Bretagne, bei der der sinkende Öltanker „Erika" im Dezember 1999 eine Ölpest durch 10.000 m³ Schweröl über eine Küstenlänge von ca. 400 km verursachte[5], verschärfte die IMO die Vorschriften dahingehend, dass ab 2015 nur noch Öltanker mit doppelwandigen Außenhüllen die Weltmeere befahren dürfen[6]. Auch wenn die spektakulären Unfälle der „Exxon Valdez", „Erika" und „Prestige" die Öffentlichkeit in regelmäßigen Abständen aufrütteln, stellt jedoch neben den großen (Öl)-Havarien die Entsorgung von Ölrückständen aus dem Bilgen-Wasser, bis zur Pflicht der Einführung eines Bilgenwasserentölers[7] (mit einem Grenzwert von 15 ppm (parts per million) Öl im Bilgenwasser, d.h. 15 g Öl je 1.000 Liter Bilgenwasser) sowie dem Führen von Öltagebüchern mit Eintragung der gebunkerten Brennstoffe und der entsorgten Ölschlamme (Sludge), eine große Belastung für die Umwelt dar.

Aber nicht nur spektakuläre Einzelunfälle verursachen ein zunehmendes Bewusstsein für umweltrelevante Auflagen an die Seeschifffahrt. So führte beispielsweise der Nachweis von hohen Schadstoffkonzentrationen an TBT (Tributylzinn) aus der Verwendung als „Antifouling"-Substanz in Schiffsanstrichen und dem Auswaschen dieser Schiffsanstriche in die Hauptseefahrtsrouten zu einem weltweiten Verbot von TBT als pestizide Substanz im Schiffsanstrich durch Beschluss der IMO im Oktober 2001. Das Verbot wurde notwendig, nachdem aufgezeigt werden konnte, dass TBT hormonell wirksam ist, bereits weit in der Natur über den Abrieb der Schiffsanstriche verbreitet wurde und u.a. zu Fruchtbarkeitsstörungen und Immunstörungen bei verschiedenen Tieren führen kann. Ausschlag gebend war jedoch die nachweisbare Vermännlichung von weiblichen Meeresschnecken bei bereits niedrigen Schadstoff-Konzentrationen.[8]

Neben dem Umgang mit Schwarz- und Grauwasser sowie Festmüll stand zudem das Ballastwasser aufgrund der Vielzahl der über dieses Medium „eingeschleppten" Invasoren (wie Fische, Krebse, Würmer, Bakterien, Viren und sonstige Mikroben) und den damit einhergehenden Schäden für Flora, Fauna, technische Anlagen und Aqua-Farmen[9] einige Jahre im Mittelpunkt der intensiven Betrachtung. Nach 16 jähriger Debatte hatte die IMO im Februar 2004 ein Ballastwasser

---

4   Entschließung MEPC (Marine Environment Protection Committee) 78(43), 01.07.1999
5   BT-Drucksache 14/6251, 14/6251, Bericht der Kommission für den Europäischen Rat von Biarritz über die Gesamtstrategie der Gemeinschaft für die Sicherheit im Seeverkehr, S. 6
6   MEPC 46/23 mit der Entschließung MEPC 95(46), 27. 04.2001
7   MEPC 107(49), 18.07.2003
8   Watermann, M. et al. (2000), S. 11 (m.w.N.)
9   Hübscher, A. et al. (2001), S. 72ff (m.w.N.)

Übereinkommen verabschiedet[10], wonach Behandlungsanlagen für Ballastwasser ab 2016 auf allen Schiffen vorgesehen sind und für Neubauten ab 2009 gefordert wurden. Im Juni 2008 erteilte das Bundesamt für Seeschifffahrt und Hydrographie (BSH) nach umfassenden Prüfungs- und Genehmigungsprozessen, die weltweit erste Typengenehmigung (Type Approval Certificates) für ein Ballastwasser-Behandlungssystem, das unter Verwendung von aktiven Substanzen arbeitet[11]. Bei der hier verwendete Substanz PERACLEAN® (die von Degussa angeboten wird), handelt es sich um Peressigsäure und Wasserstoffperoxid, die nach Angaben von Bernd Hopf (Projektingenieur in der Anwendungstechnik Active Oxygens der Degussa) komplett biologisch abbaubar sind, da sie in relativ kurzer Zeit zu Essigsäure, Sauerstoff und Wasser reagieren, zuvor jedoch gute Biozid- und Fungizideigenschaften aufweisen sollen. In der Praxis werden jedoch für 1.000 t Ballastwasser voraussichtlich 150 Liter PERACLEAN® Ocean benötigt (entsprechend 150 ppm).

Begleitend wurden Umwelt regelnde Anreize durch das niederländische Green-Award-System (Gründung 1994) mit Anwendung in Rotterdam und im Jahr 2000 durch das „Green Shipping" Programm Hamburgs initiiert. Wobei der Begriff „Green Shipping" mittlerweile jedoch als Synonym für Umweltschutz in der Seeschifffahrt steht.

Angesichts des aufgezeigten Zusammenhangs zwischen CO_2-Emissionen und der daraus resultierenden mittel- und langfristigen globalen Klimaerwärmung[12] mit den daraus resultierenden drastischen Folgen, stehen derzeit alle Emittentengruppen von Treibhausgasen im Fokus der Betrachtung, mithin auch der Seeverkehr, der gut 75%[13] der weltweiten Warenströme (in 2006) repräsentiert.

Die Schifffahrt verbrauchte lt. drei jüngst veröffentlichten Studien der IMO vom Dez. 2007[14], Sept. 2008[15] und April 2009[16] rund 333 bis 369 Mio. t Marine-Kraftstoffe (davon nach IMO Expertengruppe 339 Mio. t für Schiffe ab 400 Gross Tonnes (GT) mit einem Anteil von 15,6% entspr. 53 Mio. t für Destillate). Für Schiffe unter 400 GT werden 30 Mio. t Destillate veranschlagt. Im „Busi-

---

10   IMO (Hg.) (2004)
11   Aktenzeichen: BSH/18228/Hamann-1/Z12 2008
     (http://www.bsh.de/de/Meeresdaten/Umweltschutz/Ballastwasser/Type_Approval_Ham ann.pdf)
12   ICPP (2007), S. 44ff
13   Mandryk, W. (2009); Mit Berechnungen von 75% im Volumen (für 2006) und 59 % in US$; Andere Angaben von 95% bei: Breuch-Moritz, M. et al. (2008) sowie Flottenkommando (Hg.) (2006), S. 11ff; 97% bei: Knoop, H. G. (2000), S. 3
14   IMO (Hg.) (2007)
15   Buhaug et al. (2008)
16   Buhaug et al. (2009)

ness as Usual" Fall schätzt die IMO Expertengruppe, dass der Verbrauch bis 2020 auf fast 486 Mio. t Marine-Kraftstoffe ansteigen wird (mit 382 Mio. t HFO (Heavy Fuel Oil/Schweröl) und 104 Mio. t. Destillaten). Dies würde einen Anstieg der CO_2-Emissionen von derzeit rund 1,12 Mrd. t auf dann 1,475 Mrd. t in 2020 bewirken. Damit emittiert die Schifffahrt gegenwärtig einen Anteil von 4,5 % der globalen Treibhausgas-Emissionen.[17]

Die neuste Studie vom September 2008 / April 2009 beziffert die Zunahme des CO_2-Ausstosses der internationalen Schifffahrt von 0,84 Mrd. t CO_2 auf eine Bandbreite von 0,93 Mrd. t bis 1,07 Mrd. t in 2020 (abhängig von den unterschiedlichen Entwicklungen in Technologie und Weltwirtschaft). Die Containerschiffe haben dabei in 2007 einen Anteil am Kraftstoffverbrauch von knapp 22%, die der Massengutschiffe gut 35 %. Nach Abschätzung der IMO Expertengruppe würde ohne eine Veränderung des Schwefelgehaltes zudem ein Anstieg der SO_x-Emissionen von derzeit 16,2 Mio. t auf 22,7 Mio. t in 2020 erfolgen und die NO_x-Emissionen im Vergleichszeitraum von 25,8 Mio. t auf 34,2 Mio. t ansteigen. Durch eine Absenkung des Schwefelgehalts auf 0,5 % würden die SO_x-Emissionen in 2020 jedoch um 17,8 Mio. t. (entspr. 78 %) auf dann 4,9 Mio. t reduziert werden können. Die PM-Emissionen steigen im „Business as Usual" Fall von 1,8 Mio. t in 2007 auf 2,4 Mio. t in 2020.

Im Fall der Absenkung des Schwefelgehalts auf 0,5 % ist hier jedoch gleichfalls eine drastische Senkung der Feinstaub-Emissionen (PM) um 2,0 Mio. t in 2020 auf 0,4 Mio. t zu erwarten (wegen des engen Zusammenhangs zwischen Schwefelgehalt des Kraftstoffes und der daraus resultierenden PM-Emissionen[18]). Die Absenkung des Schwefelgehaltes im Marinekraftstoff auf 0,5 % wird jedoch nach Berechnungen der IMO durch eine Ausweitung der CO_2-Emissionen im Raffinierungsprozess um bis zu 133 Mio. t erkauft[19].

Der im Schrifttum publizierte quantitative Vergleich der CO_2-Emissionen des maritimen Sektors mit den Größenordnungen des Luftverkehrs ist in der Sache stimmig, berücksichtigt jedoch völlig ungenügend die unterschiedliche Transportleistung beider Verkehrsträger, da der Seeverkehr gut 75%[20] der weltweiten Warenströme repräsentiert, wohingegen die Anteile beim Luftverkehr deutlich geringer ausfallen.[21]

---

17 Kulik, G. (2008)
18 Kurok, C. (2008), S. 118-122
19 IMO (Hg.) (2007), S. 30
20 Mandryk, W. (2009)
21 Nach Daten von „MergeGlobal" lag das interregionale Luftfrachtaufkommen für 2008 bei ca. 150 Mrd. Tonnen-Kilometern (tkm). Hinzu kommen noch die Binnen-Luftfracht sowie die Luftfracht innerhalb einer Region (intraregionale Luftfracht). Den größten

Ansätze zur Realisierung von Green-Shipping

Zu einer abschließenden Beurteilung, wie der Schiffsverkehr jetzt und in Zukunft durch seine derzeit nur auf Verbrennungsmotor orientierten Antriebsleistung mit Luftschadstoffen auf das Klima einwirkt und inwieweit Reduzierungen hier möglich sind, ist über die Zeitachse hinsichtlich operativer, strategischer und taktischer Maßnahmen je Flottensegment für den Schiffsneubau und die bereits bestehende Flotte zu differenzieren. Dabei zeigen sich deutliche Unterschiede in der Altersstruktur der jeweiligen Schiffstypen. So ist beispielsweise die Containerschifffahrt durch einen Neubauanteil in den letzten fünf Jahren (und damit einhergehendem technisch höheren Standards) auf 42,3 % (dwt), 44,6 % (TEU) und 32,5 % (Anzahl) zu beziffern wohingegen bei der General-Cargo Flotte 44,9 % (auf Basis Anzahl; per 1. Jan. 2010; ab 300 GT) älter als 25 Jahre sind.

12.3. Ganzheitliche Betrachtung erforderlich

Zur Realisierung des Ziels, die Luftemissionen zu reduzieren, sollten ganzheitliche Betrachtungen der jeweiligen Einflussgrößen aus den Hauptgruppen „Widerstand", „Wirkungsgrad" und „Operation" erfolgen.

Dabei können dem Bereich „Operation" beispielsweise Einflussgrößen wie Fahrgeschwindigkeit (Slow Steaming, Ultra Slow Steaming, Super Slow Steaming), Treibstoffwahl (Schwefelgehalt, Destillate, LNG[22], Bio-Kraftstoff[23], Wasserstoff etc.), Abgas-Nachbehandlungsanlagen (Scrubber, SCR), Trimmoptimierung, Flottenplanung, Ladungstransport etc. zugeordnet werden, während dem Bereich „Wirkungsgrad" Hauptkomponenten wie „Propeller", „Motor" (Motorgröße, Dual-Fuel-Motor, dieselelektrische POD´s, Hybridantrieb, DWI, HAM, Brennstoffzelle, etc), „Abgaswärme-Rückgewinnungs-System" sowie windbetriebene Assistenz-Systeme („Sky Sails", „Flettner Rotoren") mit ihren jeweiligen Teilbereichen zugewiesen werden können. Unter dem Bereich „Widerstand" lassen sich die den Widerstand determinierenden Größen wie Schiffsdesign (Vorschiffsrumpfform (Wulstbug, Kielraum), Mittel- und Achterschiffsrumpfform (Wasserlinienwinkel, Propellernabe, Heckwulst, Heckdehnung mit und ohne Trimm) etc.), Wahl des Antifouling sowie „Air Cavity System"[24] einordnen.

Anteil an der intraregionalen Luftfracht hat dabei nach MergeGlobal die Region Asien-Pazifik mit knapp 19 Mrd. tkm in 2008 (http://www.bpb.de/files/PBTMFP.pdf)
22 Meyer, J. (2010), S. 24-26
23 MER (Hg.) (2010), S. 22-24
24 Meyer, J. (2009), S. 41

Neben den o.g. Einflussgrößen determinieren zeitlich differenzierte territoriale oder globale (politische) Rahmenvorgaben die durch die Schifffahrt emittierten Luftschaftstoffmengen. Beispiele für solcher Rahmenvorgaben sind u.a. einzuhaltende Emissionsgrenzwerte bei den Stickoxiden[25], Schwefellimits (in Sulphur Emission Control Area's (SECA)[26], die Verwendbarkeit von Kraftstofftypen (z.B. Substitution von HFO durch Destillate)[27], Vorgaben zum Anschluss an Landstromversorgung[28] oder Einbeziehung der Schifffahrt in den Emissionshandel. In absehbarer Zeit werden zudem die USA, Kanada und Mexiko ein Emissionssondergebiet (NECA) einrichten, das neben Schwefel auch den Wert der NO_x begrenzt. Weitere Sondergebiete an der norwegischen Küste und im Mittelmeerraum sind zudem in der politischen Diskussion.

Am Beispiel der höheren Preise für schwefelreduzierte Kraftstoffe und dem Wunsch des operativen Einsatzes von Feederschiffen in der Ostsee lässt sich zeigen, dass eine genaue Abwägung erfolgen muss, ob der Einsatz von schwefelarmen Treibstoffen oder Abgasreinigungsanalgen (Scrubber) im Einzelfall kostengünstiger ist. Die Investitionen für Reinigungsanlagen an Bord sind dabei erheblich. Ein Scrubber kostet ca. 40 bis 60 US$ je installiertem kW der Hauptmaschine, die Trockenanlage etwa 120 US$ je kW und schwefelarmes Schweröl ist etwa 100 US$ je Tonne teurer als schwefelhaltiges Schweröl.[29] Welcher „Weg" letztlich der kostengünstigere ist, ist im Einzelfall genau zu analysieren. Jedoch sind die Interdependenzen der jeweiligen Maßnahmen auf alle Luftschadstoffe in Gänze zu berücksichtigen.

Als Fazit aus dem o.g. lässt sich derzeit eine Reduktion der Welt-CO_2-Emissionen im operativen Seeverkehr durch Absenkung der Reisegeschwindigkeit erreichen und erkennen. Mit der nachlassenden Nachfragedynamik 2008

---

25 Regelung zur Reduktion von NO_x-Abgasen in „Tier I" bis „Tier III" Stufen in MARPOL 73/78, Annex VI, Regulation 13, für alle ab dem 01.01.2010 installierten neuen Schiffsmotoren (ohne Notstromaggregate) mit mehr als 130 kW, wobei bestehenden Anlagen als „neu" eingestuft werden können, wenn diese wesentlich verändert wurden.
26 SECA in Nord- und Ostsee mit max. 1,5 % Schwefelgehalt im Kraftstoff bis zum 01.07.2010; 1% ab 01.07.2010; 0,1% ab 01. 01.2015 (Angleichung an Liegeplatzbestimmungen nach SchwefelRl)
27 So sprach sich beispielsweise Bundesverkehrsminister Tiefensee (SPD) (schon während der deutschen EU-Präsidentschaft) auf der Pressekonferenz: "Die künftige Meerespolitik der EU" in Bremen am 03.05.2007 für einen Wechsel vom „hochgiftigem Schweröl" zu „modernem und umweltverträglichem Schiffsdiesel" aus. (http://www.tagesschau.de/ inland/meldung34588.html)
28 Policy Research Corporation (Hr.) (2009), Landstromversorgung wird im Schrifttum auch als AMP (Alternative Marine Power), Shore Side Electricity oder Hafensteckdose bezeichnet
29 Sietz, H. (2010), S.T1

reagieren die Reeder auf den langen Fahrtstrecken bereits mit deutlicher Geschwindigkeitsreduzierung. Statt mit Reisegeschwindigkeiten von ca. 21-22 Knoten, sind sie mit bis zu zehn Knoten weniger im operativen Einsatz. Maersk operiert dabei sogar im „Super-Slow-Steaming" Modus auf den langen Routen mit einer Geschwindigkeit von zwölf Knoten und Hamburg Süd hat für einen Teil seiner Dienste eine Reisegeschwindigkeit von 16 Knoten festgelegt. Nach einer Meldung der Verkehrsrundschau vom 05. Januar 2010 geht der Germanische Lloyd davon aus, dass sich eine Geschwindigkeit um 14 Kn durchsetzen wird.[30] Neben der Absenkung der Reisegeschwindigkeit steht der Einsatz eines differenzierten Technik-Mix, dessen Stärken jedoch hauptsächlich im Schiffsneubau und nicht im Retrofitting zum Tragen kommen.

Wie Mewes aufzeigt, führt eine Absenkung bei VLCS, die auf eine Dienstgeschwindigkeit von 25 kn und mehr ausgelegt sind und die mit 20,7 kn um 4,3 kn reduziert fahren, zu einem um 37 % geringeren Brennstoffverbrauch bei gleichzeitigem Halten des Transportaufkommens durch Ausweitung der Flotte um 19%. Wird jedoch im gerechneten Fall von vorn herein das Schiff um eine 10 % niedrigere Geschwindigkeit entworfen, werden die Einsparungen noch größer, da dann Motor und damit der Maschinenraum deutlich kleiner sind (acht Zylinder Hauptmaschine statt zwölf Zylinder), Propeller und Wellenanlage leichter werden und dadurch verringerte Kapitalkosten bestehen und es im Schiff gleichzeitig mehr Raum für bezahlte Ladung gibt[31].

Eine dauerhaft bestehende Absenkung der Fahrgeschwindigkeit wird jedoch durch eine dann benötigte höhere Flotte (bei Beibehaltung der Transportleistung unter der Prämisse der Auslastung der Flotte) zum größten Teil kompensiert. In Gänze werden unter den Annahmen eines weiter global wachsenden Transportaufkommens (nicht nur im Container, sondern auch im Bulk-Markt, dort insbesondere für Warenströme mit den BRIG-Staaten China und Indien, jedoch auch Brasilien sowie Destinationen in der Ostsee im Short Sea Shipping mit Russland) die erreichten Einsparungen auf einzelnen Destinationen wieder (über) kompensiert.

12.4. Wie und in welchen Schiffen können schadstoffarme und klimafreundliche Treibstoffe eingesetzt werden?

Der Einsatz von schadstoffarmen Destillaten ist im Allgemeinen nicht fahrzeuggebunden. Im Falle einer Änderung des Brennstoff-Typs für einen zuvor nur mit

---

30   Containerschifffahrt: Mehr als 200 Frachter wurden zu Alteisen,
     (http://www.verkehrsrundschau.de/containerschifffahrt-mehr-als-200-frachter-wurden-zu-alteisen-912501.html, 05.01.2010)
31   Mewes, F. (2007), S. 82-83

HFO betriebenen Verbrennungsmotor müssen i.d.R. jedoch einige Anpassungen, wie z.b. die Einstellung des Kraftstoffverbrauchsystems angepasst werden, weshalb in diesen Fällen die Motorenhersteller konsultiert werden sollten, was bei Altmotoren ggf. problematisch ist. Einspritzpumpen sind die am häufigsten betroffenen Austausch-Komponenten. Des Weiteren muss der Einspritzzeitpunkt unter Umständen angepasst werden. Zudem sind Maßnahmen zu treffen, um erhöhte Leckagen in den unter hohem Druck arbeitenden Systemen zu verhindern. Ein niedrigerer Schwefelgehalt erfordert zudem ein anderes Schmier- und/oder Zylinder-Öl. Als Alternative steht im Neubau auch LNG zur Verfügung, zudem wird gegenwärtig die technische Einsatzmöglichkeit von Bio-Kraftstoffen untersucht.[32]

12.5. Ist ein Instrument wie der CO_2-Emissionshandel geeignet für den Schiffsverkehr?

In den letzten Jahren begann auf Ebene der Internationalen Seeschifffahrts-Organisation (IMO) eine Debatte über mögliche Maßnahmen zur Begrenzung der Klimawirkung und insbesondere der CO_2-Emissionen des Schiffsverkehrs. Wie beim internationalen Flugverkehr werden die CO_2-Emissionen des Schiffsverkehrs gemäß Art. 2.2 des Kyoto-Protokolls nicht zu den nationalen Inventaren hinzugerechnet. Jedoch wurde durch die Vertragsstaaten der Klimarahmenkonvention (UNFCCC) vereinbart, dass die UN-Sonderorganisation IMO und ICAO Maßnahmen zur Reduzierung der CO_2-Emissionen für ihren Verkehrsträger entwickeln sollen, was jedoch bislang immer noch nicht gelungen ist. Der internationale Schiffsverkehr unterliegt somit bisher keinen quantitativen Minderungsverpflichtungen. Während die Bemühungen innerhalb der Klimarahmenkonvention derzeit darauf abzielen, die Emissionen der internationalen Verkehrsträger in das Kyoto-Folgeabkommen einzubeziehen, setzen die IMO-Staaten ihre Bemühungen fort, mögliche Maßnahmen zur Begrenzung des Klimabeitrags des Seeverkehrs zu entwickeln.[33] Hierzu gehören neben technischen Maßnahmen wie z.B. der Begrenzung der CO_2-Emissionen neuer Schiffe auch marktwirtschaftliche Instrumente. Eine dabei viel versprechende Möglichkeit ist die Einbeziehung des Schiffsverkehrs in ein internationales Emissionshandelssystem in Form von CO_2-Verschmutzungsrechten (Zertifikaten).

Ende März 2009 wurden in der IMO zudem erste Vorentscheidungen hinsichtlich der Einführung eines EEDI (Energie Effizienz Design Index der vor MEPC 58 unter „CO_2 design index" firmierte) als verpflichtender Neubaustandard getroffen. Dieses alternativ entwickelte System sieht vor, Schiffe anhand techni-

---

32 MER (Hg.) (2010)
33 Jedoch ist auch hier eine unterschiedliche Intensität unter einzelnen Akteuren erkennbar.

Ansätze zur Realisierung von Green-Shipping 181

scher Parameter (wie der Maschinenleistung, Geschwindigkeit, Frachtraum etc.) zu kategorisieren und den Kurvenverlauf des Index durch geeignete Parametrisierung über die Zeit (in Intervallen) abzusenken sowie darauf ggf. aufbauend entsprechende Abgabesysteme bzw. Bauverbote zu instrumentalisieren. Systematisch bedingte Verwerfungen unter den Schiffstypen (z.B. bei RoRo-Fähren, die häufig mit mehreren Hauptmaschinen ausgestattet sind, diese jedoch nur zeitweise alle parallel in Betrieb haben und dennoch mit allen Maschinen in die Kalkulation des EEDI einbezogen würden) werden weiterhin kontrovers diskutiert.[34] Zudem ist derzeit noch im Diskussionsprozess, mit welchen Restriktionen der EEDI ausgestattet werden muss, um seine Einhaltung zu gewährleisten.

Als freiwillige Instrumente werden SEEMP (Ship Energy Efficiency Management Plan)[35] sowie EEOI (Energy Efficiency Operational Indikator) diskutiert. Als alternative Option zum Emissionshandel werden u.a. erhöhte direkte Kraftstoffbesteuerung (bzw. -abgaben) und/oder differenzierte Hafengebühren[36] in Form von Bonus-Malus-Systemen wie sie bereits in einigen Häfen/Ländern mit unterschiedlichem Erfolg praktiziert werden/wurden (Green-Shipping-Bonus in Hamburg[37] oder „Fairway and Harbour Dues" in Göteborg, Helsingborg, Malmö und Stockholm[38]), verbunden mit globalen Kompensationsfonds, gefordert. Diese Systeme werden jedoch u.a. von den Befürwortern eines Emissionshandels als unpopulär klassifiziert (insbesondere bei den Hafengebühren), v.a. aufgrund des damit einhergehenden vermuteten intensivierten Wettbewerbs um den Schiffsverkehr zwischen benachbarten Regionen.[39] Zudem sind die finanziellen Anreize dieser Systeme häufig nicht wirklich ein ökonomischer Anreiz[40] zur Investition gegenüber den zum Teil hoch kostenintensiven Investitionen in Reduktionstechniken.

Eine derzeit in der Diskussion wenig berücksichtigte Steuergröße stellt die aktuelle Entwicklung in den Kraftstoffpreisen selbst dar, die für Reeder angesichts steigender Bunkerkosten einen starken Anreiz darstellen, den Kraftstoffverbrauch und damit direkt die CO_2-Emissionen zu reduzieren. Dieser Anreiz wird ggf. „potenziert", wenn die Umstellung im Kraftstoffverbrauch von HFO auf

---

34 IG Metall Bezirksleitung Küste - Hans Böckler Stiftung (Hg.) (2009), S. 15; EMSA (Hg.) (2009), S. 3ff
35 MEPC Circular 683, 17.08.2009
    (http://www.imo.org/includes/blastDataOnly.asp/data_id%3D26406/683.pdf)
36 Bremische Bürgerschaft (Hg.) (2002), S. 2, U.a. wurde bereits 2002 die Einführung eines MEPS (Marine Environmental Protection and Safety Dues) beim Bremischen Senat diskutiert.
37 Krause, K. (2002) (m.w.N.)
38 Lemieszewski, S. (2000), S. 18
39 Sames, C.S. (2008), S. 18 (m.w.N.)
40 Hübscher, A. (2008) (m.w.N.)

Destillate erfolgen sollte, bei denen bereits in den letzten drei Jahren (2005-2007) eine Preisdifferenz von 245 US$ bis 306 US$ pro t Kraftstoff bestand und für die 503 US$ bis 655 US$ je t zu zahlen waren. Nach dem Tief der Bunkerpreise im Dez. 2008 für HFO (180 CST) in Höhe von 236,70 US$ bzw. 410,00 US$ für MDO sind mit Stand Jan. 2010 bereits wieder Bunkerpreise in Höhe von 503,00 US$ für HFO bzw. 663,30 US$ für MDO zu zahlen, was dem Niveau von Nov. 2007 bei HFO vor der Finanzmarktkrise entspricht und eine Spanne von 160 US$ an Mehrkosten pro t entspricht, bei einem Wechsel von HFO zu Destillaten.

Bei der einzigen Wahl zwischen Bonus-Malus Systemen auf der einen Seite und CO_2-Emissionshandel auf der anderen Seite, wird von einer Vielzahl von Experten die Einführung eines Handels mit Emissionszertifikaten vorgezogen, da es die internationalen Warenströme nicht behindert, hinsichtlich der Wettbewerbsbedingungen, in der Art belastungsneutral ist (da alle gleich belastet werden) und zudem Spielräume für die Einführung kosteneffektiver Lösungen bietet.

Wie Sames (Leiter für Strategische Forschung und Entwicklung beim GL, Hamburg) darlegt, sind bereits praktikable Lösungsansätze in Form von (derzeit frei-willigen) schiffs- bzw. fahrzeugspezifischen CO_2-Indizes, durch die die CO_2-Emissionen nach Schiffstypen überwacht werden können, verfügbar.[41] Die Normen für die Bestimmung der CO_2-Emissionen von Schiffen könnten durch die IMO festgelegt werden. Die Zuständigkeit für die Durchsetzung der Zertifizierung und die notwendige Aktualisierung der CO_2-Indizes würde dann dem jeweiligen Flaggenstaat unterliegen können. Somit kann davon ausgegangen werden, dass das Prinzip des CO_2-Index die Grundlage für einen zukünftigen Handels mit CO_2-Emissionen bilden wird. Die zukünftige Zuteilung von Schiffsemissionsrechten wird jedoch weiterhin kontrovers diskutiert. Welcher Lösungsansatz sich letztlich durchsetzen wird, ist derzeitig nur spekulativ zu beantworten. Für Stefan Krüger, Professor für Schiffsentwurf an der TU Harburg, wird mit den CO_2-Emissionszertifikaten allerdings am falschen Ende gestartet, da Schiffe hinsichtlich des CO_2-Ausstosses das umweltfreundlichste Transportmittel darstellen, was derzeit verfügbar ist[42].

Zusätzlich besteht Bedarf an der Ermittlung der Transaktionskosten auf dem Zertifikate-Markt (Kosten vor dem Handelsabschluss (Such-, Verhandlungs-, Informations- und Zustimmungskosten) und die Kosten nach dem Handel der Zertifikate (Überwachungs-, Durchsetzungs- und Versicherungskosten)).

---

41 Sames, C.S. (2008), S. 18
42 Stürmlinger, D. (2007)

Das Instrument des CO_2-Emissionshandels als Werkzeug zur Senkung von Luftemissionen ist jedoch nur dann als Instrument für den Schiffsverkehr geeignet, wenn die Zertifikate nicht (wie bei Kraftwerken in der Vergangenheit geschehen) unentgeltlich übereignet werden, sondern die Zuteilung über einen Marktmechanismus erfolgt und die Quelle „alternativer" CO_2-Zertifikate (international via CDM's (Clean Development Mechanism)) auch tatsächlich nachhaltig ist und nicht aus puren Mitnahmeeffekten von Investoren oder im schlimmsten Fall von „dubiosen" CDM's [43] resultieren.

Inwieweit die weitere Entwicklung im MEPC wie EEDI[44] (Energy Efficiency Design Index) für neue Schiffe (und hier insbesondere bei Short Sea Shipping und RoRo Schiffe)[45] und EEOI (Energy Efficiency Operational Indicator, zuvor „operational CO_2-index"[46]) und SEEMP (Ship Energy Efficiency Management Plan) für bereits im Einsatz befindliche Schiffe, als ein Instrumente zur Erreichung der ambitionierten Ziele, zur Reduzierung von Treibhausgas-Emissionen zum Schutz des Klimas sind, wird in weiteren Expertenrunden mit den betroffenen Akteuren zu klären sein. Bei der 60. Sitzung des MEPC (22.-26. März 2010 in London) wird Deutschland nach Angaben des BMU vom Februar 2010[47] ein Arbeitspapier zu den Ergebnissen der vom BMU beauftragten Studie über die Fortentwicklung eines Emissionshandelssystems für den internationalen Schiffsverkehr und insbesondere mit der Untersuchung möglicher wirtschaftlicher Auswirkungen auf den Schiffssektor sowie auf unterschiedliche Ländergruppen und Regionen[48] vorlegen. Außerdem legt Deutschland gemeinsam mit Großbritannien, Frankreich und Norwegen auf der 60. Sitzung des MEPC ein Papier vor, das die gemeinsame Anstrengung aller Länder für ein Emissionshandelssystem im internationalen Schiffsverkehr unterstreicht.

---

43 Öko-Institut (Hg.) (2007) sowie Thomas, E.-M. (2008) und Demmer, A. (2008) (m.w.N.)
44 Anink, D. et al. (2009), Auf der 2. internationale Konferenz zu „Ship Efficiency" am 14.10.2009 in Hamburg wog Prof. Dr. Stefan Krüger (TU Hamburg-Harburg, Institut für Schiffsdesign und Schiffssicherheit) die Vor- und Nachteile des EEDI gegeneinander ab und verwies auf die Baseline-Definition, die einzig auf der Bruttotragfähigkeit des Schiffs und des Schiffstyps beruhe. Dies führe dazu, dass ein Schiff als effizient gelte, wenn es groß und langsam sei. Um den Index praktikabel zu machen, schlug er daher vor, die Bruttotragfähigkeit durch die Nutzlast zu ersetzen, da sonst der Anreiz für Schiffsdesigner, effizientere Designs zu entwickeln, zu gering sei.
45 Deltamarin (Hg.) (2009)
46 IMO (Hg.) (2005)
47 http://www.bmu.de/verkehr/schifffahrt_haefen/doc/41893.php
48 Faber, J. et al. (2010)

12.6. Brauchen wir Sektorziele im Verkehr, die jedem Verkehrsträger eine Reduktionspflicht zuschreiben?

Zur allgemeinen Planungssicherheit für Investoren werden Sektorziele benötigt, die in der Langlebigkeit von Seeschiffen (25 bis 30 Jahre) ihre Begründung haben. Bei der Findung der Zielvorgabe muss jedoch einer tatsächlichen Realisierbarkeit Rechnung getragen werden, um gerade gewünschte Verlagerungsoptionen zum Verkehrsträger „Schiff" nicht zu behindern.

Neben einer eher die Transportobjekte (hier Schiffe mit ihren bau- und betriebstechnischen Parametern) betrachtende Diskussion (im Themenfeld des Green Shipping), gilt es in stärkerem Maße die Warenströme selbst in den Fokus zu rücken. So gilt es beispielsweise, die logistischen Ketten zu optimieren, um Leerfahrten und Leertransporte (Anteil Leercontainerumschlag in den vier Nordrange Häfen Rotterdam, Antwerpen, Hamburg, Bremische Häfen im Jahr 2000: 14,7% und in 2007 bereits 19,5%) zu reduzieren bzw. zu vermeiden.

Sollte eine Einigung auf Ebene der IMO zur Reduzierung der CO_2-Emissionen nicht gelingen, könnte die Schifffahrt möglicherweise mit einer Vielzahl unterschiedlicher Vorschriften konfrontiert werden.

Literatur

Anink, D. / Krikke M. (2009): The IMO Energy Efficiency Design Index, A Netherlands Trend Study, CMTI Report No. 3064, Zoetermeer, Janaur 2009

Arndt, E.-H. (2008): Einsparpotenziale für Brennstoff im Fokus, in: Schiff & Hafen, Nr. 10, Oktober 2008, S. 14-15

Beuthe, M. / Gasca, J. / Greene, D. / Lee, D. S. / Muromachi, Y. / Newton, P.J. / Plotkin, S. / Sperling, D. / Wit, R. / Zhou, P. (2007): Transport and its infrastructure, Chapter 5, in: Climate Change 2007: Mitigation. Contribution of Working Group III to the Fourth Assessment Report of the Intergovernmental Panel on Climate Change, Cambridge University Press, verfügbar über www.ipcc.ch, 2007

Bremische Bürgerschaft (Hg.) (2002): Drucksache 15/1171, Entwicklung eines Modells für ein integratives und international einsetzbares Bonussystem „Quality Shipping", Bremen, 2002

Breuch-Moritz, M. / Bethge, P. (2008): Ausblick - Was tut die Bundesregierung? Vorhaben auf internationaler, europäischer und nationaler Ebene, Schiffsemissionen an der nordeutschen Küste, Dokumentation der Aktionskonferenz Nordsee, Hamburg, 12. Februar 2008

Ansätze zur Realisierung von Green-Shipping

Buhaug, Ø. / Corbett, J. J. / Endresen, Ø. / Eyring, V. / Faber, J. / Hanayama, S. / Lee, D. S. / Lee, D. / Lindstad, H. / Mjelde, A. / Pålsson, C. / Wanquing, W. / Winebrake, J. J. / Yoshida, K. (2008): Updated Study on Greenhouse Gas Emissions from Ships: Phase I Report (MEPC 58/INF.6), International Maritime Organization (IMO), London, 01. September 2008

Buhaug, Ø. / Corbett, J. J. / Endresen, Ø. / Eyring, V. / Faber, J. / Hanayama, S. / Lee, D. S. / Lee, D. / Lindstad, H. / Mjelde, A. / Pålsson, C. / Wanquing, W. / Winebrake, J. J. / Yoshida, K. (2009): Prevention of Air Pollution from Ships, Second IMO GHG Study 2009, Update of the 2000 IMO GHG Study, Final report covering Phase 1 and Phase 2 (EPC 59/Inf.10), International Maritime Organization (IMO), London, 9. April 2009

Bollig, S. / Cordes, M. / Rauser, T. (2008): Die schwere Last der Erderwärmung, in: VerkehrsRundschau, Nr. 9, 2009, S. 22-25

Bündnis 90 / Die Grünen (Hrg.) (2007): Für sauberes Klima im Hafen und auf See, Grünes Fachgespräch: Schlechtes Klima zu Wasser und zu Land - Instrumente gegen Schiffsemissionen, 13. Dezember 2007

Capoor, K. / Ambrosi, P. (2008): State and Trends of the Carbon Market 2008, The World Bank (Hg.), 2008

Das Erste (Hg.) (2007): EU-Meereskonferenz in Bremen, Schiffe sollen bald nur noch mit Dieselöl fahren, Tagesschau vom 03. Mai 2007

Deltamarin Ltd. (Hg.) (2009): EEDI Tests and Trails for EMSA, 11. Dezember 2009

Demmer, A. (2008): Mehr schöner Schein als CO_2-Reduktion, in: Deutschland Radio, Umwelt und Verbraucher, http://www.dradio.de/dlf/sendungen/umwelt/835776/, 22. August 2008

Douvier, S. W. (2004): MARPOL - Technische Möglichkeiten, rechtliche und politische Grenzen eines internationalen Übereinkommens, Diss. Universität Bremen, 2004

EMSA (Hg.) (2009): EMSA Workshop on the GHG emissions from ships, Workshop Report, Lissabon, 10.-11. November 2009

Faber, J. / Markowska, A ./ Eyring, V. / Cionni, I. / Selstad, E. (2010): A Global Maritime Emissions Trading System - Design and Impacts on the Shipping Sector, Countries and Regions, Delft, Januar 2010

Finn Q. / Jensen, B. (2009): Optimierung der Wirtschaftlichkeit im Rahmen der Emissionsvorschriften, in: Schiff & Hafen, Nr. 7, Juli 2009, S. 36-40

Flottenkommando (Hg.) (2006): Fakten und Zahlen zur maritimen Abhängigkeit der Bundesrepublik Deutschland, Jahresbericht 2006 des Flottenkommandos der Marine, Glückburg, 01. August 2006

Froböse R. (2005): Feinchemie verhindert Störung des biologischen Gleichgewichts, http://www.innovations-report.de/html/berichte/umwelt_naturschutz/bericht-51967.html, 2005

Hübscher, A. / Duhme, W. / Lemper, B. / Zachcial, M. (2001): SEAM (Assessing concepts, systems and tools for a Safer, Efficient and environmentally Aware and friendly Maritime transport), DELIVERABLE D6.1: Report on defined scenarios and identified costs/expected benefits, Bremen, 2001

Hübscher, A. (2008): Möglichkeiten und Grenzen für Anreizsysteme, AKN, 12. Februar 2008, http://www.aknev.org/download/ISL_H%FCbscher_Anreizsysteme_12.2.08.pdf, 2008

ICPP (2007): Climate Change 2007 Synthesis Report - An Assessment of the Intergovernmental Panel on Climate Change (IPCC), 2007

IG Metall Bezirksleitung Küste / Hans Böckler Stiftung (Hg.) (2009): Nachhaltigkeit, Ressourceneffizienz und Energieeinsparung, Potentiale nutzen, Herausforderungen für eine arbeitsorientierte maritime Industriepolitik, Düsseldorf, 2009

IMO (Hg.) (1999): Reslution MEPC.78(43), Amendments to the Annex of the Protocol of 1978 Relating to the International Convention for Prevention of Pollution from ships 1973, 01. Juli 1999

IMO (Hg.) (2001): MEPC 46/23 mit der Entschließung MEPC 95(46), Amendments to the Annex of the Protocol of 1978 Relating to the International Convention for Prevention of Pollution from ships 1973, 27. April 2001

IMO (Hg.) (2004): BWM/CONF/36, International Convention for the Control and Management of Ships Ballast Water and Sediments, 16. Februar 2004

IMO (Hg.) (2005): MEPC/Circ.471, Interim Guidelines for Voluntary Ship Co_2-Emission Indexing, 29. Juni 2005

IMO (Hg.) (2007): BLG 12/6/1, REVIEW OF MARPOL ANNEX VI AND THE NOx TECHNICAL CODE, Report on the outcome of the Informal Cross Government/Industry Scientific Group of Experts established to evaluate the effects of the different fuel options proposed under the revision of MARPOL Annex VI, 20. Dezember 2007

IMO (Hg.) (2009): MEPC.1/Circ.683, 17. August 2009

Jenisch, U. (2008): Meeresnutzung, Seerecht und Klimawandel - 3. Green Shipping - Saubere Schiffe gemäß MARPOL, in: Hansa, Nr. 3, März 2008, S. 93-95

Kågeson, P. / Bahlke, C. / Hader, A. / Hübscher, A. (2008): Market Based Instruments for Abatement of Emissions from Shipping - A pilot project for the Baltic Sea, Bremen, 2008

Keller, P. / Winkler D. (2008): Europa gegen der Rest der Welt, in: VerkehrsRundschau, Nr. 32, 2008, S. 28-29

Ansätze zur Realisierung von Green-Shipping   187

Knoop, H. G. (2000): Möglichkeiten und Einführung umweltfreundlicher Technologien und Managementkonzepte, Bremen, 2000

Kurok, C. (2008): Partikelminderung durch Schwefelgrenzwerte, in: Schiff & Hafen, Nr. 9, September 2008, S. 118-122

Krause, K. (2002): Green Shipping Hamburg - Erfahrungen und Perspektiven, Vortrag im Umweltbundesamt im Rahmen des Fachgesprächs zum Meeresumweltschutz, Berlin, 16.09.2002

Krause, K. (2006): Marktorientierte Umweltpolitik im Seeverkehr, Anreize zur Reduzierung atmosphärischer Emissionen aus der Verbrennung von Schiffskraftstoffen, Diss. Universität Hamburg, 2006

Kulik, G. (2008): CO_2-Emissionen der Schifffahrt bisher stark unterschätzt http://www.greenpeace.de/themen/klima/nachrichten/artikel/co2_emissionen_der_schifffahrt_bisher_stark_unterschaetzt/, 13. Dezember 2008

Lauer, P. (2008): Emission standards for marine Diesel engines in the next decade and reduction measures, Präsentation von MAN Augsburg, Bremerhaven, 2008

Lemieszewski, S. (2000): The Swedish incentive scheme of differentiated fairway and harbour dues related to their environmental impact, in: Sustainable Transport Solutions in the Baltic Region, International NGO seminar in Stockholm, 5.-6. März 2000

Mandryk, W. (2009): Measuring Global Seaborne Trade, International Maritime Statistics Forum, New Orleans, 4.-6. Mai 2009

MER (Hg.) (2010): MAN Diesel and the Bio-Fuel Experience, Februar 2010, S. 22-24

Mewes, F. (2007): Optimierung der Schiffsgeschwindigkeit unter Umwelt und Kostenaspekten, in: Schiff & Hafen, Nr. 12, Dezember 2007, S. 82-83

Meyer, J. (2009): Innovativer Bulker mit Luftschmierung, in: Schiff & Hafen, Nr. 1, Januar 2009, S. 41

Meyer, J. (2010): Attraktive Brennstoffalternative – LNG, Angesichts begrenzter Ölvorräte und schärferer Emissionsvorschriften entwickelt sich Gas immer mehr zu einer praktikablen Alternative zu herkömmlichen Flüssigbrennstoffen, in: Schiff & Hafen, Nr. 3, März 2010, S. 24-26

Öko-Institut (Hg.) (2007): Is the CDM fulfilling its environmental and sustainable development objectives? An evaluation of the CDM and options for improvement, Report prepared for WWF, Berlin, 2007

o.V. (2008): SO_x & NO_x: Strengere weltweite Grenzwerte, in: Deutsche Seeschifffahrt, Nr. 5, Mai 2008, S. 48-49 o.V. (2008): „Anstrengungen verdoppeln", Der IMO-Generalsekretär Eftimos Mitropoulos mahnt in seiner Einführungsrede zur letzten MEPC-Sitzung konkrete Ergebnisse an. Die Übersetzung seiner Rede dokumentiert in Auszügen, in: Deutsche Seeschifffahrt, Nr. 5, Mai 2008, S. 50-51

o.V. (2008): Schiffsmesse im Zeichen des Klimaschutzes - Zehn Prozent Einsparung durch Abgasnutzung, http://www.co2-handel.de, 21. September 2008

o.V. (2008): Seeschifffahrt und Klimaschutz. Die deutschen Reeder wollen ihren Beitrag leisten, die CO_2-Emissionen der Seeschifffahrt zu minimieren. Die Position des Verband Deutscher Reeder (VDR) beschreibt Geschäftsführerin Uta Ordemann; in: Deutsche Seeschifffahrt, Nr. 10, Oktober 2008, S. 54-57

o.V. (2009): Mewis Ducat® bewährt sich in der Praxis, in: Schiff & Hafen, Nr. 12, Dezember 2009, S. 78

o.V. (2009): 2. International Conference on Ship Efficiency, Hamburg, 28.-29. September 2009, in: Schiff & Hafen, Nr. 11, November 2009, S. 58

Policy Research Corporation (Hr.) (2009): Tourist facilities in ports, Enhancing substainable growth of cruise tourism in Europe, Antwerpen, August 2009

Reither, K. / Theis, M. (2008): Schiffsemissionen: Schwefel- und Feinstaubminderung, in: Schiff & Hafen, Nr. 4, April 2008, S. 54-57

Sames, P.C. (2008): CO_2-Index für Schifffahrt und Handel mit Emissionsrechten, in: Schiff & Hafen, Nr. 4, April 2008, S. 14-18

Sietz, H. (2010): Die Sauberkeit auf See fordert einen hohen Preis, in: FAZ, Nr. 9, 12. Januar 2010, S. T1

Stürmlinger, D. (2007): Kampf gegen CO_2-Emissionen aus Schiffen, in: Hamburger Abendblatt, http://www.abendblatt.de/wirtschaft/article854618/Kampf-gegen-CO2-aus-Schiffen.html , 17. April 2007

Thielen, C. / Rulfs, H. (2008): Minderung der Stickoxid-Emissionen auf Schiffen, in: Schiff & Hafen, Nr. 4, April 2008, S. 46-52

Thomas, E.-M. (2008): Der Handel mit den Emissionszertifikaten, in: Deutschlandfunk, DLF-Hintergrund, http://www.dradio.de/dlf/sendungen/hintergrundpolitik/858669/, 10. Oktober 2008

Watermann, M. / Haase, M. / Isensee J. / Daehne B. / Michaelis H. / Jakobs R. (2000): Alternativen zu TBT. Erprobung von umweltverträglichen Antifoulinganstrichen auf Küstenschiffen im niedersächsischen Wattenmeer, Abschlußbericht - Phase I und II, WWF, Niedersächsisches Umweltministerium, Bremen, 2000

Wara, M. W. / Victor, D. G. (2008): A Realistic Policy on International Carbon Offsets, Working Paper #74, Stanford University Study, 2008

ZDS (Hg.) (2008): IMO führt neue Grenzwerte für Schiffsemissionen ein, Newsletter des Zentralverbands Deutscher Seehäfen (ZDS), Nr. 65, 13. Oktober 2008

13. Die Verkehrspolitik der Europäischen Union - Ziele, Fortschritte, Hindernisse

Dr. Holger Kramer, Institut für Seeverkehrswirtschaft und Logistik

13.1. Einleitung

Das Zusammenwachsen der Länder innerhalb der Europäischen Union hat zu einer Intensivierung der Wirtschaft- und Handelsbeziehungen zwischen diesen Ländern geführt. Damit einher geht die Notwendigkeit ein hohes Maß an Mobilität im Güterverkehr zu gewährleisten, damit Güter im Rahmen komplexer Logistikketten grenzüberschreitend schnell und effizient vom Hersteller zum Verbraucher transportiert werden. Aufgabe und Ziel der EU war und ist, diese Freizügigkeit zu fördern, indem sie nationale Märkte öffnet und physische sowie technische Hemmnisse abbaut. Innerhalb der Europäischen Union erwirtschaftet der Verkehrssektor gemessen am Bruttoinlandsprodukt (BIP) rund 10% des Wohlstands der EU und stellt mehr als zehn Millionen Arbeitsplätze. Damit ist eine schnelle, effiziente und kostengünstige Beförderung von Gütern ein zentraler Aspekt des Strebens der EU nach einer dynamischen Wirtschaft und gesellschaftlichem Zusammenhalt.

Die Wachstumsraten des Verkehrs in den vergangenen Jahren haben dabei gezeigt, dass eine solche Zielsetzung ständige Anpassungsmaßnahmen erfordert, um ein auf Dauer tragbares Verkehrssystem in der EU zu gewährleisten. Dieses anhaltende Wachstum im Güterverkehr stellt eine enorme Belastung für die europäischen Verkehrssysteme dar. Hiervon betroffen sind im wesentlichen Infrastrukturüberlastungen im Straßen- und Flugverkehr. In der Konsequenz nimmt die Wirtschaftlichkeit ab, während der Kraftstoffverbrauch und die Luftverschmutzung zunehmen.

Aufgrund des im Vertrag über die Europäische Gemeinschaft aufgenommenen Subsidiaritätsprinzips fallen zweifelsohne zahlreiche verkehrspolitische Aspekte in die Zuständigkeit der Mitgliedsländer – dennoch ist es notwendig, aufgrund der Entwicklungen in der EU den Rahmen für eine europäische Verkehrspolitik zu schaffen. Hierzu gehören u.a. der Ausbau und die Harmonisierung der Infrastrukturen, gemeinsame Umweltschutzmaßnahmen oder auch die Anbindung von peripheren Regionen. Die rechtlichen Grundlagen zu einer gemeinsamen europäischen Verkehrspolitik wurden bereits im Römischen Vertrag festgelegt und im Vertrag von Maastricht wurden die politischen, rechtlichen und institutionellen Grundlagen hierfür verstärkt.

Um sich diesen Anforderungen zu stellen, hat die Europäische Kommission 2001 ein zweites Weißbuch zu einer gemeinsamen Verkehrspolitik veröffentlicht.

13.2. Ziele im Weißbuch zur europäischen Verkehrspolitik bis 2010

Bereits 1992 hatte die Europäische Kommission ein Weißbuch zur Verkehrspolitik vorgelegt – der Schwerpunkt lag damals auf der Öffnung der Verkehrsmärkte innerhalb der EU. Das 2001 veröffentliche Weißbuch zur europäischen Verkehrspolitik sieht den Fokus in der Nachhaltigkeit der Verkehrspolitik und enthält hierzu konkrete Ziele sowie eine Reihe von Maßnahmen, die es umzusetzen gilt, um diese verkehrspolitischen Ziele im festgesetzten Zeitraum bis 2010 umzusetzen.[1]

Bereits bei der Veröffentlichung des Weißbuchs wurde festgelegt, dass 2005 eine Halbzeitbilanz zu erstellen ist, um zu untersuchen, inwieweit die quantitativen Ziele realisiert werden konnten und ob gegebenenfalls Modifikationen bei den Maßnahmen notwendig sind.

Im Weißbuch von 2001 schlägt die Europäische Kommission fast sechzig Maßnahmen vor, um ein nachhaltiges Verkehrssystem zu entwickeln und die bisherige Verkehrspolitik zu überarbeiten. Ziel ist es, die Verkehrspolitik nachhaltiger zu gestalten und große wirtschaftliche Verluste, die durch Staus, Verschmutzung oder Unfälle entstehen, zu vermeiden.

Maßgeblich hierfür waren eine Reihe von Herausforderungen vor denen die europäische Verkehrspolitik stand, d.h.

- die ständige Zunahme des Güterverkehrs und Personentransports
- Infrastrukturüberbelastungen (z. B. Staus)
- Umweltverschmutzung
- Sicherheitsprobleme und Beeinträchtigung der Lebensqualität

Zur Lösung dieser Probleme stellte die Kommission in ihrem Weißbuch über Verkehrspolitik im Wesentlichen die nachfolgend aufgeführten modebezogenen Ziele auf:

---

1 Vgl. Europäische Kommission: Die europäische Verkehrspolitik bis 2010: Weichenstellungen für die Zukunft; KOM(2001) 370, 12. September 2001.

Die Verkehrspolitik der Europäischen Union – Ziele, Fortschritte, Hindernisse   193

- Entkopplung des Wirtschaftswachstums vom Anstieg des Verkehrsaufkommens
- Schaffung eines ausgewogenen Modal Splits zwischen den Verkehrsträgern bis 2010, indem die starke Nutzung des Straßenverkehrs durch Preismechanismen verringert wird und der Schienen- und Seeverkehr sowie die Binnenschifffahrt dadurch wieder attraktiver werden (Intermodalität)
- die steuerliche Belastung der verschiedenen Verkehrsmittel sollte die tatsächlichen Kosten widerspiegeln, die durch sie verursacht werden, etwa durch Umweltschäden, Infrastrukturüberlastungen und Verkehrsunfälle
- sämtliche Verkehrswege sollten effizienter und sicherer werden.

Konkret bedeutete das für die einzelnen Verkehrsträger Straße, Schiene und See-/Binnenschiffsverkehr folgende Ziele:

Straßenverkehr

Die wichtigsten Ziele für den Straßenverkehr waren eine Verbesserung der Effizienz des Straßenverkehrs und eine bessere Anwendung von bestehenden Rechtsvorschriften durch Verstärkung von Sanktionen und Kontrollen.

Der Hintergrund war die Tatsache, dass die Straße der Hauptverkehrsträger im Güter- und Personenverkehr war (und ist) und 44 % des Güterverkehrs zu bewältigen hatte. Der Güterverkehr stellte dabei einen großen Schwerpunktbereich dar, da Vorhersagen mit einer Steigerung um 50 % bis heute 2010 rechneten. Hierdurch wurde mit einem starken Anstieg bei den volkswirtschaftlichen Kosten durch Staus als auch bei den verkehrsbedingten Emissionen gerechnet.

Um diese Probleme in den Griff zu bekommen schlug die Kommission im Weißbuch die folgenden Maßnahmen vor:

- Angleichung der Lenkzeiten: durchschnittlich maximal 48 Wochenstunden (außer für selbstständige Fahrer)
- Annäherung der nationalen Rechtsvorschriften über das Fahrverbot von Lastkraftwagen am Wochenende
- Einführung einer Fahrerbescheinigung, mit der die Ordnungsmäßigkeit des Arbeitsverhältnisses des Fahrers kontrolliert werden kann
- Weiterentwicklung der Berufsausbildung
- Förderung einer einheitlichen Gesetzgebung für den Straßenverkehr
- Harmonisierung der Sanktionen und der Bedingungen für die Stilllegung von Fahrzeugen
- Erhöhung der Anzahl von Kontrollen
- Förderung des Informationsaustauschs

- Erhöhung der Straßenverkehrssicherheit, um die Zahl der Straßenverkehrstoten bis 2010 auf die Hälfte zu reduzieren
- Gewährung einer harmonisierten Kraftstoffbesteuerung im gewerblichen Straßenverkehr durch Eindämmung der Wettbewerbsverzerrungen auf dem liberalisierten Straßenverkehrsmarkt

Schienenverkehr

Für den Schienenverkehr galt es, diesen durch Schaffung eines integrierten, leistungsstarken, wettbewerbsfähigen, sicheren und für den Güterverkehr im Binnenmarkt geeigneten Eisenbahnraumes zu revitalisieren. Zuvor war der Anteil des Schienenverkehrs im Bahnfrachtverkehr von 21 % in 1970 auf 8,4 % in 1998 gefallen.

Als wesentliche Ursache wird im Weißbuch eine fehlende geeignete Infrastruktur für den modernen Verkehr, eine mangelnde Interoperabilität zwischen den Netzen und Systemen und die geringe Forschung im Bereich innovativer Technologien festgestellt. Um dieser Entwicklung nun entgegen zu wirken hatte die Europäische Kommission ein Maßnahmenpaket zur Wiederbelebung und technischen Harmonisierung im Bereich des Schienenverkehrs verabschiedet. Das Eisenbahnpaket besteht aus fünf Maßnahmen und sollte dank des schnellen Aufbaus eines integrierten europäischen Eisenbahnraums den Schienenverkehr wiederbeleben.

Die fünf neuen Maßnahmen haben im Einzelnen die folgenden Ziele:

- Entwicklung eines gemeinsamen Schienensicherheitskonzepts, um die nationalen Sicherungssysteme schrittweise zu integrieren
- Weiterentwicklung der Interoperabilitätsmaßnahmen, um den grenzüberschreitenden Verkehr zu erleichtern und die Kosten für das Hochgeschwindigkeitsnetz zu senken
- Schaffung eines effizienten Lenkungsinstruments: Die europäische Eisenbahnagentur für Sicherheit und Interoperabilität
- Ausweitung und Beschleunigung der Öffnung des Schienengüterverkehrsmarktes, um den internationalen Frachtmarkt zu öffnen
- Beitritt zur Zwischenstaatlichen Organisation für den internationalen Eisenbahnverkehr (OTIF)

Dieses „Eisenbahnpaket" sollte durch weitere Maßnahmen vervollständigt werden, die im Weißbuch angesprochen werden, z. B.:

Die Verkehrspolitik der Europäischen Union – Ziele, Fortschritte, Hindernisse

- Sicherstellung hochwertiger Schienenverkehrsdienste
- Beseitigung von Eintrittsschranken zum Schienengüterverkehrsmarkt
- Verringerung der Umweltbelastungen im Schienengüterverkehr
- schrittweiser Aufbau eines Schienennetzes für den Güterverkehr
- schrittweise Öffnung des Marktes des Schienenpersonenverkehrs
- Verbesserung der Fahrgastrechte im Schienenverkehr

See- und Binnenschiffsverkehr

Für den Seeverkehr liegen die vorrangigen Ziele im Weißbuch im Ausbau der Infrastruktur, in der Vereinfachung des rechtlichen Rahmens durch die Schaffung von Zentralstellen und in der Einführung von Mindestsozialvorschriften zur Verwirklichung der sog. „Motorways of the Seas".

Im Kontext einer europäischen Verkehrspolitik gelten See- und Binnenschiffsverkehre als wettbewerbsfähige und auch umweltfreundlichere Alternativen zum Straßenverkehr. Dennoch gibt es eine Reihe von Hindernissen, die einer stärkeren Nutzung von wassergebundenen Verkehren im Wege stehen. Daher wurden im Weißbuch auch Maßnahmen zur Verbesserung der Wettbewerbsfähigkeit von See- und Binnenschiffsverkehren vorgeschlagen.

Als wichtige Schlüsselelemente für intermodale Verkehre sollen See- und Binnenschiffsverkehre u.a. Engpässe zwischen Frankreich und Spanien (in den Pyrenäen), zwischen Italien und dem übrigen Europa (in den Alpen), zwischen Frankreich und dem Vereinigten Königreich und in Zukunft auch zwischen Deutschland und Polen entlasten. Hierzu schlug das Weißbuch einen Rechtsrahmen für Häfen vor, der auf Folgendes abzielt:

- Aufstellung neuer klarerer Regeln für die Bereiche Lotsendienst, Umschlag, Stauerei
- Vereinfachung der Betriebsregeln für Häfen; Zusammenfassung der Tätigkeiten aller Akteure der Logistikkette (Verlader, Reeder, Spediteure, etc.) in einer Zentralstelle

Im Binnenschiffsverkehr wurden im Weißbuch die folgenden Ziele dargelegt:

- Beseitigung von Engpässen
- Vereinheitlichung der technischen Vorschriften
- Harmonisierung der Schifferpatente und der Bedingungen bezüglich der Ruhezeiten
- Entwicklung von Navigationshilfen und -systemen

Weitere Bereiche für die im Weißbuch Vorschläge gemacht wurden sind u.a. der Luftverkehr, Finanzierung der Infrastrukturen und der technischen Vorschriften, Tarifierung der Infrastrukturnutzung und die Kraftstoffbesteuerung.

2006 wurde von der Europäischen Kommission eine Halbzeitbilanz erstellt und geprüft, ob und inwieweit die zuvor genannten Ziele und Maßnahmen aus dem Weißbuch zu überarbeiten sind.

13.3. Halbzeitbilanz zum Weißbuch zur europäischen Verkehrspolitik bis 2010

Die Erstellung der Halbzeitbilanz zum Verkehrs-Weißbuch wurde 2005 mit einem öffentlichen Konsultationsprozess eingeleitet und 2006 mit einem Bericht der Kommission mit dem Titel „Für ein mobiles Europa – Nachhaltige Mobilität für unseren Kontinent" abgeschlossen. Mit diesem Bericht möchte die Kommission die Ausrichtung der künftigen EU-Verkehrspolitik neu definieren und setzt dafür neue Akzente. Entscheidend hierfür sind u.a. die Osterweiterung der Europäischen Union und das zu dieser Zeit niedriger als erwartete Wachstum in der EU. Die Hauptthesen in diesem Bericht bestimmen die Mobilität als eine entscheidende Voraussetzung für den Wohlstand Europas, sowie die Freizügigkeit seiner Bürger und die Verringerung der negativen Wirkungen der Mobilität, d.h. Energieverbrauch und Umwelt- wie auch Gesundheitsbelastungen als weiteren Schwerpunkt in einer neuausgerichteten Verkehrspolitik.

Um sich an die veränderten Prioritäten anzupassen hat die Kommission eine Reihe neuer Instrumente eingeführt, um ihr Ziel einer nachhaltigen Verkehrspolitik erreichen zu können. Hierzu gehören u.a.:

Entkoppelung von Verkehrswachstum und den negativen Auswirkungen von Verkehr:

Im Weißbuch von 2001 war die Zielsetzung, Wirtschaftswachstum und Verkehrswachstum voneinander zu entkoppeln. In der neuen Ausrichtung ist nicht mehr die Rede von einer Verringerung des Verkehrsaufkommens - stattdessen sollen nur die negativen externen Effekte des Verkehrs reduziert werden.

Verkehrsverlagerung auf alternative Verkehrsträger - „Modal Shift":

Zwar ist der Modal Shift auch weiter auf der Prioritätenliste der Europäischen Kommission, aber der Schwerpunkt hatte sich nach der Halbzeitbilanz dahingehend verändert, dass sämtliche Verkehrsmittel besser eingesetzt werden sollen („Co-Modality"). So sollen die Verbindungen zwischen den Verkehrsträgern verbessert und die verschiedenen Verkehrsmittel zu einem integrierten Verkehrsnetz ausgebaut werden, wobei auch die Erhöhung der Effizienz einzelner Verkehrsträger möglich ist. Dies wird auch als Ziel im 2007 veröffentlichten Logistikaktionsplans der Kommission genannt.

Liberalisierung:

Durch technologische Innovationen und eine verbesserte Interoperabilität – unterstützt durch Infrastrukturinvestitionen und eine bessere Marktbeobachtung – soll ein wettbewerbsfähiges europäisches Schienenverkehrsnetz geschaffen werden.

Koordinierung Hafeninvestitionen:

Zur Koordinierung von Investitionen in die Häfen und deren Anbindung an das Hinterland wurde das Ziel einer europäischen Hafenpolitik weiterverfolgt und konkretisiert. Hierdurch sollen die Weiterentwicklung der Hochgeschwindigkeitsseewege/Motorways of the Seas und des Kurzstreckenseeverkehrs vorangetrieben werden und dabei besonders die landseitigen Hinterlandanbindungen im Fokus stehen.

Erhöhung der Energieeffizienz:

Entsprechend der europäischen Energieagenda konzentriert sich die überarbeitete Version des Weißbuches auf eine höhere Energieeffizienz im Verkehrssektor. Um die Abhängigkeit vom Erdöl zu verringern und die Nachhaltigkeit des Verkehrs zu verbessern, hat die Kommission 2007 einen strategischen Technologieplan für Energie und 2009 ein weitreichendes Programm für Fahrzeuge mit umweltfreundlichem Antrieb vorgelegt. Die Kommission weist darauf hin, dass die konventionellen Emissionen durch den Straßenverkehr deutlich zurückgegangen sind. Dieser Trend solle auch weiterhin anhalten, der Trend zu höheren CO_2- und Lärmemissionen sich jedoch nicht umkehren. Die Kommission weist darauf hin, dass die Maßnahmen des Weißbuchs nur geringe Effekte auf die Umwelttrends gehabt haben und haben werden.

Intelligente Verkehrssysteme:

Die Kommission fördert in stärkerem Maße intelligente Verkehrssysteme. Hierdurch sollen ein verbessertes Echtzeitmanagement von Verkehrsbewegungen und Kapazitätsauslastungen, sowie die Verfolgung von Verkehrsflüssen, die Senkung von Kosten und die Verbesserung von Umweltqualität und Sicherheit erreicht werden.

Gebührensysteme:

Entwicklung von Methoden zur Erhebungen von Infrastruktur-Nutzungsgebühren – basierend auf einer Einschätzung der externen Kosten und der verschiedenen Folgenabschätzungen zur Berücksichtigung externer Kosten bei sämtlichen Verkehrsmitteln („Smart Charging").

Einführung eines Seeverkehrsraums ohne Grenzen:

Ziel ist die Befreiung des Kurzstreckenseeverkehrs innerhalb der EU von den Meldepflichten sowie die Einführung der elektronischen Übermittlung über international gebräuchliche Standardformulare zur Verbesserung der Effizienz und zur Reduzierung der Kosten des Warenhandels über See.

Aktionsplan NAIADES:

Umsetzung der vorgeschlagenen Maßnahmen im Aktionsplan NAIADES zur Stärkung der europäischen Binnenschifffahrt.

Einige dieser neu- oder umformulierten Ziele wurden bereits erreicht oder zumindest in Teilen erreicht – andere konnten bisher noch nicht umgesetzt werden.

Größere Fortschritte wurden offenbar im Schienenverkehr erzielt, da es hier mit die größten Fortschritte auf politischer Ebene hin zu einem europäischen Schienenverkehrsmarkt gegeben hat. Es gibt Anzeichen, dass die Liberalisierungsmaßnahmen erste Erfolge erzielen, um die Wettbewerbsfähigkeit der Bahn gegenüber der Straße zu erhöhen. Es ist jedoch zu früh, um diese Maßnahmen abschließend zu evaluieren, da die entsprechenden Richtlinien bisher nicht in allen EU-Mitgliedstaaten mit gleicher Geschwindigkeit umgesetzt worden sind. Es gibt jedoch positive Beispiele, die zeigen, dass erfolgreich neue Zugverbindungen als Folge einer europäischen Verkehrspolitik bereits am Markt etabliert wurden.

Zähflüssig erfolgt auch die Beseitigung von Engpässen in der Verkehrsinfrastruktur, z.B. im Rahmen der Transeuropäischen Verkehrsnetze. Gründe hierfür sind u.a. die fehlenden finanziellen Mittel, die i.d.R. auf nationaler Ebene aufgebracht werden müssen, und die unterschiedliche Prioritätensetzung bei grenzüberschreitenden Infrastrukturen.

Gleiches gilt für die Einführung von Infrastrukturgebühren auf Basis des „User-Pay"-Prinzips. Auch hier sind Umsetzungen von Vorschlägen aus dem Weißbuch im Anfangsstadium, da dieses in die Zuständigkeit der Mitgliedstaaten fällt und es nationaler Ebene erhebliche Widerstände hiergegen gibt.

Aus umweltpolitischer Sicht gab es Fortschritte in der Entkopplung von Verkehr und negativen externen Effekten. Ausschlaggebend waren in erster Linie eine höhere Effizienz in der Treibstoffverwertung - besonders im Straßentransport. Andererseits ist weiterhin ein absoluter Anstieg bei den Emissionen zu beobachten gewesen. Hier könnte wohl nur eine Abkehr von fossilen Treibstoffen entgegenwirken, aber hierzu gibt es auf Ebene einer europäischen Verkehrspolitik bisher nur wenige Anzeichen. Generell ist anzumerken, dass eine nachhaltige europäische Verkehrspolitik in großem Maße von den Anstrengungen der nationalen Regierungen abhängt.

13.4. Exkurs: Europäischer Seeverkehrsraum ohne Grenzen

Konkretere Fortschritte aus verkehrspolitischer Sicht lassen sich durchaus für den Bereich maritimen Transports erkennen. So hat die Europäische Kommission Anfang 2009 einen Aktionsplan zur Errichtung eines Europäischen Seeverkehrsraums ohne Grenzen verabschiedet. Die hier genannten Aktionen umfassen verschiedene Legislativmaßnahmen, unter anderem einen Vorschlag zur Vereinfachung der aufgrund gemeinschaftlicher Rechtsvorschriften erforderlichen Verwaltungsformalitäten. Außerdem enthält der Aktionsplan Empfehlungen an die Mitgliedstaaten zur Reduzierung des Verwaltungsaufwands für die Unternehmen des Seeverkehrsgewerbes.

Im Gegensatz zum Landverkehr, wo die Verwaltungsformalitäten durch die Errichtung des Binnenmarkts in den vergangenen Jahren bereits erheblich vereinfacht wurden, sind im Seeverkehr noch immer komplizierte Verwaltungsverfahren vorgeschrieben, selbst wenn ein Schiff zwischen zwei Häfen in der Europäischen Union verkehrt (innergemeinschaftlicher Seeverkehr). Es wurden zwar bereits in der Vergangenheit einige Vereinfachungen eingeführt, doch sind die Verwaltungsverfahren insgesamt noch als so kompliziert einzustufen, dass hierdurch Verlader und Spediteure von der Nutzung von Seeverkehren abgehalten werden.

Durch die Errichtung eines Europäischen Seeverkehrsraums ohne Grenzen soll erreicht werden, dass die Beförderungsnachfrage im Straßenverkehr zurückgeht, die Frachtkosten im Seeverkehr gesenkt werden, seemännisches Know-how erhalten bleibt und die Beschäftigungssituation in den zahlreichen Berufen des Seeverkehrs gefördert wird.

Die Kommission schlägt mehrere Maßnahmen vor, die von den Mitgliedstaaten durchgeführt werden sollen. So werden die Maßnahmen der verschiedenen Kontrollorgane, die in den Häfen für die Einhaltung von Zoll-, Steuer- und Gesundheitsvorschriften sowie der Vorschriften in Bezug auf die Konformität pflanzlicher und tierischer landwirtschaftlicher Erzeugnisse zuständig sind, sehr oft nicht koordiniert - hierdurch entstehen Kosten und Zeitaufwand, die reduziert werden könnten und damit die Wettbewerbsfähigkeit von Short Sea Verkehren in Europa erhöht.

Daher fordert die Kommission die Mitgliedstaaten auf, die in diesen Bereichen angewandten Verfahren, die häufig in die Zuständigkeit lokaler Behörden fallen, zu prüfen und zu vereinfachen.

Wichtiger sind jedoch die legislativen Maßnahmen zur Vereinfachung der Zollverfahren und anderer Anmeldeformalitäten. Der Mitteilung liegt ein Vorschlag für eine Richtlinie des Europäischen Parlaments und des Rates bei, durch die die Meldeformalitäten der Schiffe beim Ein- und Auslaufen in europäische Häfen gestrafft werden sollen. Jedoch können die Verwaltungsdienste in den Häfen weiterhin punktuell unangemeldete Kontrollen durchführen.

Der Aktionsplan umfasst zudem Maßnahmen, die bereits im Rahmen des modernisierten Zollkodex eingeleitet wurden, beispielsweise die Vereinfachung der Formalitäten für die Liniendienste der Gemeinschaft, bei denen auch ein Hafen in einem Nachbarland angelaufen wird. Auch werden Empfehlungen an die Mitgliedstaaten gegeben, um vor allem – immer wenn dieses die lokalen Bedingungen gestatten – die von den verschiedenen Verwaltungsdiensten in den Häfen durchgeführten Inspektionen und Überprüfungen zu koordinieren oder erfahrenen Kapitänen Ausnahmen von der Lotsenpflicht zu gestatten.

Aufgrund der Interdependenzen verschiedener Politikbereiche in der EU, wie z.B. zwischen der Verkehrs-, Umwelt und Energiepolitik, hat die Europäische Kommission 2009 eine Mitteilung mit dem Titel „Strategische Ziele und Empfehlungen für die Seeverkehrspolitik der EU bis 2018" herausgebracht. Sie soll eine Vielzahl von Faktoren berücksichtigen, so z.B. die Auswirkungen der Globalisierung, Tendenzen des Welthandels, den Klimawandel, Sicherheitserfordernisse, Wettbewerbsfaktoren, Logistiktrends und die Preisentwicklung im Energiebereich. Diese Mitteilung fügt sich in den bisherigen Rahmen der Verkehrspolitik, aufbauend auf der Halbzeitbilanz des Weißbuches von 2001, und des „Blaubuchs" für eine integrierte Meerespolitik der EU an.

Weitere Vorhaben der Kommission sind in Arbeit, so z.B. eine Beihilferichtlinie für den Hafensektor und ein Konsultationsprozess zu der Zukunft der Transeuropäischen Transportnetze.

13.5. Ausblick auf das Weißbuch 2010 bis 2020

Vor diesem Hintergrund nun erreichter, veränderter und auch nicht-erreichter verkehrspolitischer Ziele plant die Europäische Kommission ein Weißbuch für eine europäische Verkehrspolitik für den Zeitraum 2010 bis 2020 vorzulegen.

Die Basis hierfür ist die Mitteilung der Kommission mit dem Titel „Eine nachhaltige Zukunft für den Verkehr: Wege zu einem integrierten, technologieorientierten und nutzerfreundlichen System" aus dem Jahr 2009. Dieses neue Weißbuch soll im Anschluss an eine Konsultation zu dieser Mitteilung und nach Vorlage der Stellungnahmen durch das Parlament und dem Rat in diesem Jahr vorgelegt werden. Aufgrund der Tatsache, dass strukturelle Veränderungen in der Verkehrspolitik immer auch entsprechend lange Umsetzungszeiträume voraussetzen, geht der Ausblick hierin bis zum Jahr 2060.

Im Hinblick auf die Entwicklung einer zukünftigen Verkehrspolitik geht die Kommission von bestimmten Rahmenbedingungen aus. Hierzu gehören demographische Faktoren, wie z.B. der Anstieg des Anteils der Menschen über 65 an der Gesamtbevölkerung von derzeit 17% auf 30% bis 2060. Zudem sei ein Arbeitskräftemangel zu erwarten, der sich bereits heute in einigen Teilen des Verkehrssektors abzeichne. Beide Entwicklungen können dabei kompensiert werden durch Zuwanderungen. Entsprechende Zahlen zugrundelegend rechnet die Kommission damit, dass die EU-Bevölkerung durch Zuwanderung bis 2060 um 56 Mio. Bewohner wächst.

Der Klimawandel wird weiterhin eine wichtige Rolle innerhalb und außerhalb der EU spielen. Der Verkehr wird dabei nach Auffassung der Kommission eine Schlüsselrolle bei der Reduzierung der Treibhausgasemissionen spielen.

In Puncto Energie erwartet die Kommission höhere Erdölpreise und eine verstärkte Nutzung erneuerbarer Energien. Sie geht jedoch davon aus, dass die lange Nutzungsdauer vieler heutiger im Einsatz befindlicher Fahrzeuge und der Bau der für die Nutzung erneuerbarer Energien benötigten Infrastrukturen eine solche Umstellung verzögern.

Die Verstädterung wird weiterhin zunehmen, wobei bereits heute nach Angaben der Kommission 40% der CO_2-Emissionen im Straßenverkehr auf den Nahverkehr entfallen. Diese zunehmende Verstädterung werde dementsprechend auch die Wahrscheinlichkeit von Staus und die Luftverschmutzung erhöhen. Auch sieht die Kommission weiterhin keinen Trend hin zu einer Entkoppelung von Verkehrsaufkommen und BIP-Wachstum.

Und auch außerhalb der EU rechnet die Kommission damit, dass der Verkehr stark wachsen wird. Das höhere Verkehrsaufkommen – bis 2050 soll es weltweit bis zu 3 Mrd. PKW geben – wird dabei ein nachhaltiges Wirtschaften stark erschweren, weil es zur Verringerung der verfügbaren Ressourcen beiträgt.

Vor diesem Hintergrund verfolgt die Europäische Kommission mit dem Weißbuch verschiedene verkehrspolitische Ziele, um den Anforderungen der Zukunft gerecht zu werden.

Entscheidend ist aus ihrer Sicht ein integriertes Verkehrsnetz. Es wird daher ein „optimal" funktionierendes Verkehrsnetz anvisiert, welches die einzelnen Verkehrsträger vollständig integriert und Interoperabilität gewährleistet.

Hierbei sollen zunächst bestehende Anlagen durch eine gute Verwaltung und Instandhaltung, sowie durch intelligente Verkehrssysteme (IVS) optimal genutzt werden, um Kosten zu sparen. Erst an zweiter Stelle stehen Bau und Ausbau neuer Infrastrukturen. Entscheidend ist dazu auch der Ausbau von intermodalen Schnittstellen auf Hauptverkehrsachsen, um den Umstieg zwischen den Verkehrsträgern erleichtern. Korridore mit hohem Verkehrsaufkommen sollen dabei getrennte Infrastrukturen für den Personen- und für den Güterverkehr erhalten. Der bereits in Angriff genommene „Seeverkehrsraum ohne Grenzen" soll bis 2018 umgesetzt sein, wodurch vor allem der Kurzstreckenseeverkehr innerhalb der EU attraktiver werden soll.

Bei der Finanzierung der Kosten für Ausbau und Unterhalt der Verkehrsinfrastruktur wie auch bei der Umstellung auf kohlenstoffarme Antriebstechniken geht die Kommission davon aus, dass diese verstärkt von den Verkehrsteilnehmern selbst getragen werden müssen. Zudem sollen bei allen Verkehrsträgern die externen Kosten den Verursachern angelastet werden. Die Kommission schätzt den Umfang einer solchen „Internalisierung der externen Kosten" auf 2,6% des BIP. Dieses ist nach Ansicht der Kommission entscheidend, um Knappheiten aufzuzeigen und Anreize zu setzten und so beim Personen- und Gütertransport die wirtschaftlich und ökologisch beste Option zu wählen. Hierzu hat die Kommission bereits 2008 eine Strategie zur Internalisierung der externen Kosten, insbesondere über den Emissionshandel im Luftverkehr ab 2012 und über Internalisierungsgebühren für schwere Nutzfahrzeuge, vorgeschlagen.

Eine Schlüsselrolle bei der Bewältigung der „Herausforderungen" im Verkehrssektor kommt nach Auffassung der Kommission der technischen Entwicklung zu. So sollen emissionsarme/-freie Fahrzeuge zum Klimaschutz beitragen und gleichzeitig die Erdölabhängigkeit verringern.

Um dieses zu erreichen setzt sich die Kommission EU-einheitliche technische Normen ein, die jedem Wettbewerber die Entwicklung weiterer Systemkomponenten erlauben („offene Normen"). Damit sollen Verkehrssysteme interoperabel, sicher und nutzerfreundlich gestaltet werden können und größtmögliche Spielräume für eine kommerzielle Nutzung zulassen.

Dabei ist die Marktführerschaft von EU-Unternehmen bei der Entwicklung innovativer Verkehrssysteme und Antriebstechniken in dem Weißbuch „ein zentraler Faktor" für die Wettbewerbsfähigkeit der EU insgesamt. Investitionen in Forschung und Entwicklung sollten deshalb subventioniert werden – etwa im Rahmen der EU-Initiative „Green Cars", der Entwicklung Intelligenter Verkehrssysteme, sowie der Umstellung der Infrastruktur zur Automobil-„Versorgung" auf neue Energieträger, wie Strom und Wasserstoff.

Hierzu gehören auch intelligente Verkehrssysteme (IVS) und Verkehrsleitsysteme im Schienen- und Luftverkehr (ERTMS bzw. SESAR), die für eine effizientere Nutzung der Netze sorgen und die Sicherheit verbessern.

Eine weitere zentrale Aufgabe einer zukünftigen europäischen Verkehrspolitik sieht die Kommission in der Vollendung des Binnenmarktes für Verkehrsdienstleistungen. Dadurch will die Kommission verhindern, dass Unternehmen Geschäftsbereiche, die im grenzüberschreitenden Wettbewerb stehen, mit Einnahmen quersubventionieren, die aus vor Wettbewerb geschützten Geschäftsbereichen stammen. Dieses Ziel soll nun erreicht werden durch:

- eine Vereinfachung der Verwaltungsvorschriften
- neue Regeln für die Marktöffnung im Schienenverkehr und die Durchsetzung der bestehenden Regeln
- harmonisierte Umweltschutzauflagen auf hohem Niveau
- eine wirksame Wettbewerbsaufsicht und
- ein einheitlich hohes Schutzniveau bei Arbeitsbedingungen und Nutzerrechten.

Im Zusammenhang mit einer europäischen Umweltpolitik fordert die Kommission einen sparsamen Umgang mit endlichen Ressourcen wie fossilen Brennstoffen und eine „Aktualisierung" der EU-Politik zur Senkung von Lärm und Schadstoffemissionen.

In einigen Verkehrssegmenten erwartet die Kommission einen Verlust an Arbeitsplätzen. Eine solche Entwicklung müsse von der EU „aktiv gestaltet" werden. Insgesamt müssten die Arbeitsbedingungen gewahrt oder verbessert werden, um zu verhindern, dass es zu einer „Nivellierung nach unten" kommt.

Generell sollte sich eine europäische Verkehrspolitik an den globalen EU-Interessen orientieren. Dazu zählt für die Kommission auch die Einbeziehung von Nachbarstaaten der EU, insbesondere den Beitrittskandidaten und Nordafrika, in einem Verbund der wichtigsten gemeinsamen Verkehrsachsen. Auch das aktive Eintreten für EU-Normen und Verkehrssysteme, wie ERTMS und SESAR, in internationalen Gremien, sieht die Kommission als vorranging an, um ihnen globale Geltung zu verschaffen.

Dieses sind die wesentlichen verkehrspolitischen Ziele für ein Verkehrsweißbuch bis 2020. Eine Reihe dieser Ziele sind aus verkehrspolitischer Sicht sicherlich als richtig einzuordnen. So ist das Ziel, eine Steuerung des Verkehrs stärker an Preisen zu orientieren, die Knappheiten signalisieren, ebenso richtig wie eine weitere Liberalisierung, um die Effizienz des Verkehrssektors zu steigern. Inwieweit die hier vorgegebenen Ziele ausreichend sind, um die großen Herausforderungen im Verkehrssektor, besonders im Zusammenhang mit denen in der Energie- und Umweltpolitik, zu lösen, bleibt abzuwarten. Nicht zuletzt wird es auch hier wieder – wie bereits beim Weißbuch für den Zeitraum 2001 bis 2010 – entscheidend sein, inwieweit gesamteuropäische Ziele mit einzelstaatlichen Zielen und Wünschen zusammenfallen oder kollidieren. Denn letztendlich hat sich bis heute immer wieder gezeigt, dass einzelstaatlicher Egoismus immer wieder dazu geführt hat, dass richtige und wichtige Entwicklungen in der europäischen Verkehrspolitik verwässert oder gar verhindert wurden.

Literatur

Europäische Kommission KOM(2001) 370: Die europäische Verkehrspolitik bis 2010: Weichenstellungen für die Zukunft, 2001.

Europäische Kommission KOM(2006) 314: Für ein mobiles Europa – Nachhaltige Mobilität für unseren Kontinent - Halbzeitbilanz zum Verkehrsweißbuch der Europäischen Kommission von 2001, 2006.

European Commission COM(2009) 10: Communication and action plan with a view to establishing a European maritime transport space without barriers, 2009.

Steer Davies Gleave: Evaluation of the Common Transport Policy (CTP) of the EU from 2000 to 2008 and analysis of the evolution and structure of the European transport sector in the context of the long-term development of the CTP, 2009.

Europäische Kommission KOM(2009) 279: Eine nachhaltige Zukunft für den Verkehr: Wege zu einem integrierten, technologieorientierten und nutzerfreundlichen System, 2009.

Europäische Kommission KOM(2009) 8: Strategische Ziele und Empfehlungen für die Seeverkehrspolitik der EU bis 2018, 2009.

Europäische Kommission KOM(2007) 575: Eine integrierte Meerespolitik für die Europäische Union, 2007.

14. Die EU-Ostseestrategie und der maritime Verkehr - Erkenntnisse und Defizite

Prof. Dr. Karl-Heinz Breitzmann, Ostseeinstitut für Marketing, Verkehr und Tourismus, Universität Rostock

14.1. Vorstellung

Prof. Dr. Karl-Heinz Breitzmann leitet das Ostseeinstitut für Marketing, Verkehr und Tourismus an der Universität Rostock. Seine Forschungs- und Publikationsaktivitäten sind vor allem auf die maritime Logistik gerichtet, wobei die Seeverkehrsentwicklung im Ostseeraum im Vordergrund steht. Das schließt ökonomische Fragestellungen des Ro/Ro-, Container- und Massengutverkehrs, der Seehäfen und des Hinterlandverkehrs ebenso ein wie die Zusammenhänge zwischen Seeverkehr und Regionalwirtschaft sowie den maritimen Tourismus. Er gibt die Publikationsreihe „Beiträge und Informationen aus dem Ostseeinstitut" heraus, führt regelmäßig ostseeweite Fachkonferenzen durch und wirkt in einer Reihe von Beratungsgremien mit.

14.2. Einführung

Seit Ende der 1980er Jahre bin ich immer wieder mit Manfred Zachcial zusammengetroffen und konnte eng mit ihm zusammenarbeiten, an Projekten zur Seeverkehrsprognose, bei gemeinsamen Konferenzen im In- und Ausland, im Beirat des ISL. Stets haben mich seine profunden Seeverkehrskenntnisse ebenso beeindruckt wie seine Fähigkeit, auch für komplizierte Fragestellungen erfolgreiche methodische Herangehensweisen zu entwickeln. Weil unsere gemeinsamen Aktivitäten häufig den Ostseeraum betrafen, soll mein Beitrag zur Jubiläumsschrift auf eine aktuelle Thematik aus diesem Bereich gerichtet sein.

Im Oktober 2009 hat der EU-Rat unter schwedischem Vorsitz die von der Kommission vorgelegte „Strategie der Europäischen Union für den Ostseeraum"[1] bestätigt. Sie soll als koordinierender, umfassender Rahmen Lösungsvorschläge für die wichtigen Herausforderungen des Ostseeraumes enthalten, wobei eine Konzentration auf vier thematische Pfeiler erfolgt:

---

1   Mitteilung der Kommission an das Europäische Parlament, den Rat, den Europäischen Wirtschafts- und Sozialausschuss und den Ausschuss der Regionen zur Strategie der Europäischen Union für den Ostseeraum, KOM (2009) 248/endg.

Sicherstellung einer nachhaltigen Umwelt, Steigerung des Wohlstandes der Region, Verbesserung der Zugänglichkeit und Attraktivität sowie Gewährleistung der Sicherheit der Region.

In einem umfangreichen vorläufigen Aktionsplan[2] werden für jeden der thematischen Pfeiler sog. prioritäre Gebiete aufgeführt, die wiederum durch zahlreiche Maßnahmenfelder und Maßnahmen (strategische Maßnahmen, kooperative Maß-nahmen, Beispiele für Flagschiffprojekte) untersetzt sind. Jeder der prioritären Gebiete soll von einem EU-Mitgliedsland aus dem Ostseeraum koordiniert werden. In der EU-Ostseestrategie spielt der Seeverkehr eine wichtige Rolle, der Action Plan enthält eine Vielzahl von Maßnahmen, die sich auf den maritimen Ostseeverkehr beziehen oder eng mit ihm zusammenhängen.

Die Vorbereitung dieser Strategie wurde breit von vielen Ländern, Regionen, Verbänden und Institutionen durch die Abgabe von Stellungnahmen und die Unterbreitung von Vorschlägen unterstützt, und es gab eine Vielzahl von Konferenzen und Seminaren dazu. Man kann deshalb wohl davon ausgehen, dass der umfangreiche Action Plan zum einen das heutige Wissen und die heute dominierenden Auffassungen auch bezüglich der Erfordernisse des Ostseeverkehrs widerspiegelt und damit zum anderen die zukünftige Entwicklung wesentlich beeinflussen wird.

Mit diesem Beitrag soll daher aufgezeigt werden, welche Aspekte des maritimen Ostseeverkehrs in der Ostseestrategie angesprochen werden und mit welcher Zielrichtung (14.3). Daran schließt sich eine Kurzübersicht über die Struktur und die Dynamik des Verkehrs über die Ostsee an (14.4). Von diesen beiden Übersichten ausgehend, werden dann drei Aspekte ein wenig vertieft. Im Abschnitt 14.5 werden die Aussagen der Strategie zum Seeverkehr kritisch vorgestellt. Von erheblicher Bedeutung für den Ostseeverkehr ist der Transport und Hafenumschlag russischer Außenhandelsgüter, dazu gibt es einige Anmerkungen im 14.6. Abschnitt, bevor der Abschnitt 14.7 auf die Umweltaspekte des Ostseeverkehrs in der Strategie eingeht.

14.3. Stellung des Seeverkehrs in der EU-Ostseestrategie

Der maritime Ostseeverkehr spielt in der Ostseestrategie eine recht bedeutende Rolle, insbesondere die Seeschifffahrt, aber auch Hafenentwicklung und Hinterlandverbindungen. Das wird deutlich, wenn man den Aktionsplan durchgeht und

---

2 Commission Staff Working Document accompanying the Communication from the Commission to the European Parliament, the Council, the European Economic and Social Committee and the Committee of the Regions concerning the European Union Strategy for the Baltic Sea Region – Action Plan, Brussels SEC (2009) 712/2

Die EU-Ostseestrategie und der maritime Verkehr

alle Stellen kennzeichnet, in denen der Seeverkehr angesprochen wird (s. Abb. 1). Tatsächlich sind Aspekte des maritimen Verkehrs in allen 4 thematischen Pfeilern des Aktionsplanes und auch in den horizontalen Maßnahmen angesprochen; sie sollen hier kurz durchgegangen werden: Im **ersten thematischen Pfeiler** „die Ostseeregion zu einem ökologisch nachhaltigen Gebiet zu entwickeln", wird die Seeschifffahrt umfangreich unter der Überschrift behandelt, dass die Ostseeregion zu einer Modellregion für saubere Schifffahrt werden soll, als Koordinator für dieses Schwerpunktgebiet wird Dänemark fungieren (Priorität 4).

Thematischer Pfeiler / Prioritäres Gebiet / Koordinator

I. **Die Ostseeregion zu einem ökologisch nachhaltigen Gebiet entwickeln**
(4) **Eine Modellregion für saubere Schifffahrt werden**
Koordinator: Dänemark
(2) **Natürliche Zonen und Biodiversität erhalten**
Koordinator: Deutschland
Begrenzung des Einschleppens von fremden Organismen durch Schiffe (Ballastwasser Management Konvention)
(5) **Eingrenzung von und Anpassung an Klimaveränderungen.**
Koordinator: Dänemark
Modal Shift zu umweltfreundlichen Transportträgern und intermodalem Transport
II. **Die Ostseeregion zu einem prosperierenden Gebiet entwickeln**
(6) **Behinderungen des EU-Binnenmarktes beseitigen**
Koordinator: Estland
Einführung des „Binnenmarktes ohne Grenzen für den Seetransport" in der Ostseeregion
III. **Die Ostseeregion zu einem leicht zugänglichen Gebiet entwickeln**
(11) **Verbesserung der internen und externen Verkehrsverbindungen**
Koordinator: Litauen und Schweden
IV. **Die Ostseerregion zu einem sicheren Gebiet entwickeln (safe and secure)**
(13) **Eine führende Region in maritimer Sicherheit und Gefahrenabwehr werden**
Koordinator: Finnland und Dänemark
(14) **Verstärkung der Kapazitäten zur Reaktion auf maritime Unfälle zum Schutz gegen große Katastrophen**
Koordinator. Dänemark
V. **Horizontale Maßnahmen**
- Entwicklung integrierter maritimer Governance-Strukturen in der Ostseeregion
- Ermutigung der Anwendung der maritimen Raumplanung in allen Anrainerstaaten und Entwicklung eines gemeinsamen Ansatzes für grenzüberschreitende Kooperation *Quelle: Action Plan, a.a.O*

Abb. 1 Stellung des Seeverkehrs in der EU-Ostseestrategie (Action Plan)

Bei den im 5. Schwerpunktbereich angesprochenen Problemen des Klimawandels wird der Seeverkehr nur indirekt im Begleittext erwähnt, indem die Verkehrsverlagerung hin zu umweltfreundlicheren Verkehrsträgern angesprochen wird. Es ist überraschend, dass die Reduzierung der CO_2-Emission durch die Seeschifffahrt hier nicht thematisiert wird, obwohl sie in der aktuellen Klimadebatte und im Arbeitsplan der International Maritime Organization (IMO) eine nicht unerhebliche Rolle spielt.

Im **zweiten thematischen Pfeiler** „die Ostseeregion zu einem prosperierenden Gebiet zu entwickeln" wird auf die Aktivitäten der EU verwiesen, auch im unionsinternen Seetransport die Regeln des Binnenmarktes umzusetzen und zu einem Seeverkehr ohne Grenzen zu kommen. Hierfür hat die EU-Kommission im Januar dieses Jahres eine „Communication" herausgegeben.[3]

Bis heute werden Schiffe, die Transporte zwischen EU-Ländern durchführen, wie Schiffe behandelt, die zu Drittländern verkehren, d.h. sie unterliegen einer Reihe von administrativen Vorschriften beim Verlassen der Territorialgewässer und damit dem Zollgebiet der EU und ebenso beim Wiedereintritt. Die damit verbundene Bürokratie wird als einer der Gründe dafür angesehen, dass die Shortsea-Schifffahrt z.B. gegenüber dem internationalen Straßenverkehr über die grüne Grenze benachteiligt ist. Diese Vorschriften sollen nun, das hat der EU-Rat inzwischen im März 2009 beschlossen, zügig abgeschafft oder zumindest reduziert werden. Immerhin werden 40 % der Verkehrsmengen zwischen den EU-Ländern auf dem Seeweg abgewickelt, insofern ist dieses Vorhaben von erheblicher Bedeutung.

Im **dritten thematischen Pfeiler** haben der Verkehr und damit auch der Seeverkehr ihre eigentliche Heimat in der Ostseestrategie. Unter der Überschrift „die Ostseeregion zu einem leicht zugänglichen und attraktiven Gebiet entwickeln" ist Priorität 11 auf die Verbesserung des internen und externen Verkehrs gerichtet; Koordinatoren sind Litauen und Schweden. Hier werden eine ganze Reihe von Aufgaben und Projekten genannt, auf die der Abschnitt 4 des Vortrages näher eingehen wird.

Um den Ostseeraum als sichere Region geht es im **vierten thematischen Pfeiler**. Dabei sieht der Schwerpunktbereich 13 vor, eine führende Region auf dem Gebiet der maritimen Sicherheit und Gefahrenabwehr zu werden; Finnland und Dänemark sind die Koordinatoren. Im Schwerpunktbereich 14, unter Koordina-

---

3 Communication from the Commission to the European Parliament, the Council, the European Economic and Social Committee of the Regions: Communication and Action Plan with a view to establishing a European maritime transport space without barriers, COM (2009) 10 final, Brussels 21.1.2009

tion durch Dänemark, geht es um die Stärkung der Kapazitäten zur Unfall- und Katastrophenbekämpfung und um die bessere Koordination zwischen den Ostseeländern. Auf diese Aspekte des 4. Thematischen Pfeilers wird hier nicht eingegangen.

Schließlich ist auch auf die sog. **horizontalen Aktionen** zu verweisen. Hervorhebenswert ist hier der Bezug zur maritimen Raumplanung, zum Integrierten Küstenzonenmanagement, dessen Bedeutung beispielsweise bei der Flächenplanung und der Flächenvorsorge für die Entwicklung der Seehäfen und der Industrie- und Logistikansiedlung in und an den Häfen hervortritt.

14.4. Der maritime Ostseeverkehr – Kurzübersicht über Struktur und Dynamik

Zutreffend führt der Schwerpunktbereich 11 mehrere Aspekte auf, welche die Bedeutung leistungsfähiger Verkehrsverbindungen für den peripher gelegenen und dünn besiedelten Ostseeraum begründen. Die schon heute gegebene und die zukünftig wünschenswerte Rolle des maritimen Ostseeverkehrs aber wird in der Darstellung nicht genauer herausgearbeitet. Überhaupt gewinnt man den Eindruck, dass das Wissen über den maritimen Verkehr auf der Ostsee immer noch zu wünschen übrig lässt. Es wird hierzu im Action Plan nur eine Zahl genannt und die ist falsch indem behauptet wird, der Seetransport auf der Ostsee würde 15 % des Weltgütertransportes ausmachen. Lassen Sie uns deshalb einen kurzen Blick auf die Struktur des Ostseeverkehrs werfen, auf seinen Umfang und seine Dynamik und auch auf die Auswirkungen der jüngsten Finanz- und Wirtschaftskrise.

Die Ostsee als kleines Nebenmehr des Weltozeans gehört zu den verkehrsintensivsten Seegebieten der Erde, eine große Zahl von Schiffen ist hier ständig unterwegs und 2007 ebenso wie 2008 wurden rund 620 Mio. t Güter transportiert. Der Ostseetransport macht damit fast 8 % des Weltseetransports aus (s. Tab. 1), während der Bevölkerungsanteil der Ostseeregion an der Weltbevölkerung bei etwa 1 % liegt.

Jahr	Welt-Seeverkehr (Mill. t)	Seeverkehr im Ostseeraum (Mill. t)	(%)
1929	470	59	12,6
1937	490	78	15,9
1960	1.080	110	10,2
1989	3.891	300	7,7
2000	5.872	400	6,8
2007	8.022	625	7,8

Quelle: Heeckt, H.: Die Seehäfen in Skandinavien und im übrigen Ostseeraum. Handbuch der europäischen Seehäfen Band II, Hamburg 1968; UNCTAD: Review of maritime transport, New York and Geneva, verschiedene Ausgaben; eigene Schätzungen

Tab. 1 Seeverkehr im Ostseeraum und seine Stellung im Weltseeverkehr

Mehr oder weniger alle aus dem Weltseeverkehr bekannten Schiffstypen, Transport- und Umschlagstechnologien und Betriebsarten findet man auch im Ostseetransport, allerdings öfter in spezifischen Ausprägungen. Grundlegend für diese Spezifik ist der Umstand, dass die Schiffsgrößen durch die maximale Wassertiefe in den Ostseezugängen bei der Fahrt um Skagen herum begrenzt sind, voll abgeladen sind Tanker- und Massengutfrachter bis 100.000 tdw möglich.

Aus der Sicht der Ostseestrategie mit ihrem starken Fokus auf Umweltaspekte ist die Güterstruktur des Ostseetransports von besonderer Wichtigkeit (s.Tab. 2).

Gütergruppe	2007		2008	
	Menge (Mio. t)	Anteil (%)	Menge (Mio. t)	Anteil (%)
Flüssige Güter	313,1	41,1	317,6	41,5
Schüttgüter	172,4	22,6	182,0	23,8
Ro/Ro-Güter	132,9	17,5	128,7	16,8
Songstige Güter	80,9	10,6	74,2	9,7
Containergüter	62,2	8,2	63,5	8,3
Alle Güter	761,5	100,0	766,0	100,0

Quelle: berechnet nach EUROSTAT und russischen Hafenangaben

Tab. 2 Güterumschlag der Ostseehäfen nach Gütergruppen

In dieser Tab. 2 wird der Güterumschlag der Seehäfen als Maßstab genutzt. Alle Seehäfen des Ostseeraumes brachten es 2007 und 2008 auf jeweils fast 830 Mio. t. Allerdings liegt nur für die Häfen ab 1 Mio. t Jahresumschlag die Güterstruktur vor, daher zeigt die Aufstellung nur 761 Mio. t 2007 und 766 Mio. t 2008.

Die mit weitem Vorsprung dominierende Gruppe sind die **flüssigen Güter** mit mehr als 40 %. Dieses Umschlags- und Transportsegment besteht aus 2 großen

Teilen. Die skandinavischen Länder sind überwiegend Ölimporteure, verschiffen aber auch Ölprodukte aus ihren Haupthäfen mit ihren Ölraffinerien. Die Menge stagniert seit Jahren auf hohem Niveau. Stark gewachsen sind dagegen die Exporte aus Russland, die ursprünglich vor allem im Transit über Häfen der baltischen Republiken, in den letzten Jahren aber immer stärker über dafür neu gebaute und erweiterte Häfen Russlands laufen.

Die zweite große Gütergruppe, die **Schüttgüter**, beinhaltet Eisenerzexporte aus Russland und Schweden, Kohleexporte aus Russland und anderen GUS-Staaten sowie Polen, Düngemittel und Düngemittelrohstoffe, Getreide (z.B. aus Mecklenburg-Vorpommern), Baustoffe (wie Zement, Splitt und Kies), Schrott und Torf.

Dem Umfang nach folgen an dritter Stelle die **Ro/Ro-Güter**. Fast 4 Mio. LKW und Trailer und 100.000 Bahnwagen werden hierbei im ostseeinternen Verkehr von Fähr- und Ro/Ro-Schiffen befördert (s. Tab. 3).

Relation	1995		2000		2008		2008: 1995 (%)
	LKW/ Trailer	Bahn- wagen	LKW/ Trailer	Bahn- wagen	LKW/ Trailer	Bahn- wagen	Total
1. Deutschland-Schweden	484	144	704	115	1.006	72	172
2. Dänemark-Schweden	454	13	461	71	628	-	134
3. Deutschland-Dänemark	287	189	324	-	477	-	100
4. Schweden-Finnland	197	16	254	-	332	-	156
5. Schweden-Polen	54	50	96	19	317	22	326
6. Finnland-Deutschland	3	26	-	17	454	-	n.v.
7. Finnland-Estland	57	-	100	-	209	-	367
8. Dänemark-Norwegen	86	-			130	-	151
9. Deutschland- Litauen	21	21	56	10	60	6	158
10. Schweden-Estland	21	-	40	-	20	-	97
11. Deutschland-Norwegen	37	-	37	-	44	-	120
12. Dänemark-Litauen	7	-			32	-	461
13. Schweden-Lettland	0	-			0	-	n.v.
14. Schweden-Litauen	-	-	3	-	42	-	n.v.
15. Deutschland Lettland	-	-			28	-	n.v.
16. Norwegen-Schweden	13	-			23	-	174
Gesamt	1.721	459	2.075	232	3.804	100	179

Tab. 3 Fähr- und Ro/Ro-Verkehr – Hauptrelationen, Trailer und Bahnwagen (1995 bis 2008, in 1.000 Einheiten); Quelle: berechnet nach ShipPax Halmstad

Demgegenüber werden die hochwertigen Investitions- und Konsumgüter im ostseeexternen Transport vom Containerverkehr übernommen. Der Containertransport zu und von Ostseehäfen erfolgt durch Feederdienste von den Hubports an der Nordsee. Der Containerumschlag in allen Ostseehäfen ist von 2,1 Mio. TEUR 1995 und 3,0 Mio. TEU 2000 auf 7,4 Mio. TEU 2007 und 7,9 Mio. TEU 2008 gewachsen (s. Tab. 4). Damit war der Containertransport das am schnellsten steigende Segment des Ostseeverkehrs.

Land/Hafen	1995	2000	2004	2007	2008
Finnland	520	914	1.297	1.554	1.599
Russland	92	306	846	1.950	2.196
Estland	39	77	113	181	269
Lettland	120	85	152	212	231
Litauen	30	40	174	321	373
Polen	154	228	449	768	859
Deutschland	94	82	130	280	276
Dänemark	456	487	538	789	729
Schweden	624	797	1.110	1.389	1.305
Gesamt	2.129	3.016	4.809	7.444	7.839
Quelle:	Ocean Shipping Consultants; Eurostat; nationale Statistikämter; Hafenangaben					

Tab. 4 Containerumschlag in Ostseehäfen nach Ländern (in 1.000 TEU)

Die **Sonstigen Güter** der EU-Statistik schließlich bestehen vor allem aus Massenstückgütern, aus Holz und Metallen, sie schließen aber auch alle Arten von traditionellem Stückgut und von Schwergut ein.

Der **Ostseeverkehr insgesamt** hat seit 1995 erhebliche Steigerungen durchlaufen. Die jahresdurchschnittliche Wachstumsrate lag von 2000 bis 2007 bei 4,7 % und von 2000 bis 2008 bei 4,1 % (s. Abb. 2).

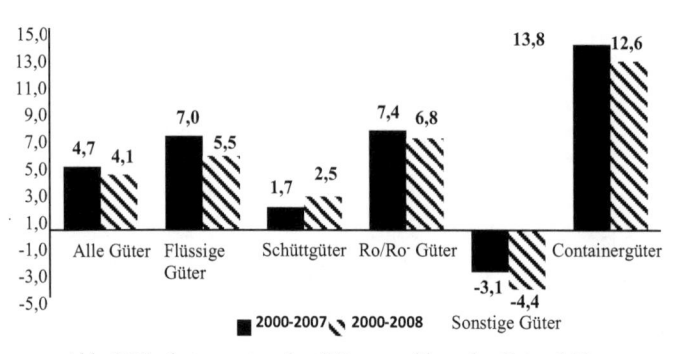

Abb. 2 Wachstumsraten des Güterumschlags der Ostseehäfen

Die EU-Ostseestrategie und der maritime Verkehr

Dabei erreichte der Containerverkehr 12,6 %, die Fähr- und Ro/Ro-Schifffahrt 6,8 %, die flüssigen Güter 5,5 % und die Schüttgüter 2,5 %, während der Umfang der Massenstückgüter rückläufig war.

Mit der Finanz- und Wirtschaftskrise ist auch im Ostseeraum die Wirtschafts-, Außenhandels- und Verkehrsentwicklung seit dem letzten Drittel des Jahres 2008 stark zurück gegangen. Das Jahr 2008 in Summe hat nochmals die Seeverkehrsmengen von 2007 erbracht, im Verlauf von 2009 hat die Krise jedoch voll durchgeschlagen (s. Tab. 5).

Segment	Rückgang Sept./Okt. 2009 x) (in %)	Bemerkungen
Containerverkehr	./. 25	./. 30 Russlandverkehr
Fähr- und Ro/Ro-Verkehr	./. 20-25	./. 18 Lübeck, Dänemark
Flüssige Güter	stabil	leichter Zuwachs der russischen Exporte
Schüttgüter	./. 25-30	Zuwachs bei Kohle
Massenstückgüter	./. 30-40	starker Rückgang bei Holz, Metalle
Gesamtverkehr	./. 14-16	

Tab. 5 Krisenwirkung im maritimen Ostseeverkehr

Insgesamt wurde der Tiefpunkt im ersten Quartal 2009 erreicht, Ende Mai lag der Gesamtverkehr nach unseren Recherchen um 15 – 18 % unter dem Niveau von 2007, Ende September noch um 14 – 16 %. Die leicht wachsenden Ölexporte Russlands schlagen hier durch, in den anderen Hauptsegmenten war der Fall weitaus stärker. Eine leichte Aufwärtsbewegung ist nun seit dem Herbst 2009 zu spüren.

Tab. 6 zeigt, dass im Russlandverkehr der Containertransport besonders stark gefallen ist, d.h. es geht um die drastisch gesunkenen Importe von Investitions- und Konsumgütern.

Diese tiefe Krise, die in der Ostseestrategie nicht thematisiert ist, wird vorübergehen. Man kann wohl davon ausgehen, dass sich auf längere Sicht Internationalisierung und Globalisierung fortsetzen werden. Allerdings ist anzunehmen, dass wir nach der Krise nicht einfach zu den früheren Entwicklungslinien zurückkehren werden, sondern dass sich zumindest teilweise neue Industriestandorte und Logistikkonzepte und veränderte Proportionen zwischen Wirtschafts- und Außenhandelsbereichen sowie Regionen und wohl auch reduzierte Zuwachsraten durchsetzen werden.

Hafen	Mio. t	Jan.-Okt. 2009 zu 2008 (%)
St. Petersburg	**41,9**	**81**
Container	11,7	73
Container (1.000 TEU)	*1069,6*	*64*
Stückgüter	9,6	76
Ro/Ro	0,2	231
Schüttgüter	6,6	75
Flüssige Massengüter	13,6	104
Ust-Luga	**8,2**	**144**
Primorsk	**65,9**	**106**
Kaliningrad *)	**9,3**	**77**
Vyborg	**0,9**	**88**
Gesamt	**126,2**	**95**
*) Januar – September Quelle: russische Hafenangaben		

Tab. 6 Entwicklung des Güterumschlags in russischen Häfen Januar bis Oktober 2009

14.5. Der Verkehrsschwerpunkt der Ostseestrategie zum maritimen Ostseeverkehr

Im dritten thematischen Pfeiler ist – wie schon erwähnt – der Schwerpunktbereich 11 auf die Verbesserung der EU-internen und externen Verkehrsverbindungen gerichtet. Hier wird betont, dass die Ostseeregion stark vom Außenhandel abhängt und dass deshalb eine gut funktionierende Verkehrsinfrastruktur für das Wirtschaftswachstum benötigt wird.

Als „kooperative Maßnahme" wird für den maritimen Verkehr eine außerordentlich komplexe Aufzählung vorgenommen:

- „Increase the role of the Baltic Sea in the transport systems of the region" through, inter alia, identifying and implementing Motorways of the Sea and Marco Polo actions; developing ports and their adequate connections to the hinterland in particular by rail and inland waterways; increasing sea shipping competitiveness and efficiency through the prompt introduction of EU Maritime Transport Space without barriers and through the gradual introduction of e-freight and e-maritime concepts; supporting safe, energy efficient and sustainable short sea shipping and port operations.

Die richtige Zielstellung ist also, die Rolle des maritimen Transports zu erhöhen. Und als Mittel zur Erreichung dieses Ziels werden die Motorways of the Sea und Marco Polo als Förderprogramm die Entlastung des Straßentransports durch Umstieg auf für den kombinierten Verkehr sowie der EU-Seeverkehrsraum ohne

Grenzen genannt. Weiter werden auch die Entwicklung der Häfen und der Hinterlandverbindungen angesprochen und die sehr breiten Ziele, einen sicheren, energieeffizienten und nachhaltigen Betrieb der Shortsea-Schifffahrt und der Häfen wie auch für die Einführung von E-Freight und E-Maritime Konzepten durchzusetzen.

Kritisch ist zu sagen, dass der Seeverkehr nicht so in den Vordergrund gestellt wird, wie das aufgrund seiner überragenden Bedeutung für den internationalen Transport in der Ostseeregion erforderlich wäre. Auch sind einige der aufgezählten Aspekte nicht bis zur Ebene von Maßnahmen vertieft worden. Desweiteren werden einige besonders wichtige und aktuelle Fragestellungen, die die maritime Logistikwirtschaft des Ostseeraumes bewegen, nicht thematisiert.

- Beispielsweise wird der Wettbewerb zwischen seegestützten und landgestützten Transportketten im Ostseeraum nicht einmal erwähnt. Aber das ist eine der besonders wichtigen Gegenwarts- und Zukunftsfragen des Ostseeverkehrs. Woran liegt es, dass so viele Transporte von Deutschland und Westeuropa nach Russland nicht den Seeweg nehmen, sondern auf der Straße stattfinden, sogar zwischen Küstenstädten. Das widerspricht klar dem verkehrspolitischen Ziel der EU, den Seeverkehr zu stärken, das die Ostseestrategie wiederholt. Wenn schon die Erwähnung des Problems fehlt, dann können evtl. Maßnahmen schon gar nicht erwartet werden.

- Oder als zweites Beispiel soll auf die Interreg-Programme verwiesen werden. Seit vielen Jahren werden Interreg-Programme für die Ostseeregion mit vielen Projekten betrieben, die sich auch mit dem Ostsee-Seeverkehr befassen; das wird nicht angesprochen.

- Nicht erwähnt wird auch die Innovationsthematik, wenn man von e-freight absieht.

Bisher also – das ist die Schlussfolgerung – werden zwar in einer sehr komplexen Aufzählung Ziele und Aufgaben für den maritimen Ostseeverkehr genannt, die Eindringtiefe der Maßnahmen ist aber eher gering und einige wichtige Fragen werden nicht angesprochen. Nur eingeschränkt erreicht die Ostseestrategie ihren Koordinierungs- und Bündelungsanspruch für den maritimen Ostseeverkehr. Wenn man das erreichen will, muss in der Umsetzungsphase noch viel Arbeit geleistet werden. Vielleicht kann dabei die für den Ostseerat angekündigte Expertengruppe zur maritimen Politik Aufgaben übernehmen.

Nur kurz erwähnt werden sollen schließlich die anderen Aufgaben bzw. Maßnahmen zum Verkehr aus dem Maßnahmenplan, die in Verbindung mit dem Seeverkehr stehen:

- Koordinierung der nationalen Verkehrspolitik und Infrastrukturinvestitionen, insbesondere hinsichtlich der TEN-T Prioritäten

- Komplettierung der bestehenden TEN-T Prioritäten wie Bahn- und Straßenachse Gdansk – Wien, Feste Querung Fehmarn Belt, Rail Baltica

- Erleichterung effizienter Ostseetransport- und Logistiklösungen (Grenzabfertigung, intermodaler Verkehr, Green Corridors etc.)

- Verbesserung der Verkehrsverbindungen mit Russland und anderen Nachbarstaaten

14.6. Verkehrsbeziehungen mit Russland in der Ostseestrategie

Völlig zu Recht betont die Ostseestrategie, dass eine enge Zusammenarbeit der EU mit Russland erforderlich ist, um gemeinsam zahlreiche regionale Herausforderungen zu bewältigen. Das trifft auch für den maritimen Ostseeverkehr voll zu.

Russlands Bedeutung im Ostseeverkehr hat sich in den letzten 10 Jahren erheblich verändert, man kann sagen: dramatisch verändert. Das soll mit drei Zahlen belegt werden (s. Tab. 7):

	2000 (%)	2008 (%)
Anteil Russlands am Güterumschlag aller Ostseehäfen	6	21
Russland und baltische Republiken	25	37
Anteil Russlands am Containerumschlag aller Ostseehäfen	10	26
Russland und baltische Republiken	17	36
Anteil Russlands am Ölumschlag aller Ostseehäfen	26*	35
Russland und baltische Republiken	51*	53
* 2004 / Quelle: eigene Berechnungen auf der Grundlage von EUROSTAT und russischen Hafenangaben		

Tab. 7 Stellung Russlands im maritimen Ostseeverkehr

Da der Güterumschlag in den Häfen der baltischen Republiken zu 70 – 80 % aus Transiten besteht, kann man schätzen, dass 2008 ca. ein Drittel aller Gütertransporte auf der Ostsee russische Außenhandelswaren waren. Sie laufen über die

Die EU-Ostseestrategie und der maritime Verkehr 219

enorm ausgebauten eigenen Häfen Russlands und über Transithäfen in den baltischen Republiken und in Finnland.

Aber auch die umgekehrte Betrachtungsweise ist aufschlussreich, die Bedeutung der Ostseetransporte für Russland. Nehmen wir dazu das Öl als Beispiel. In den russischen Ölexporten spielen die Verschiffungen über die Ostsee eine Schlüsselrolle (s. Tab. 8). Nicht – wie oft angenommen wird – Pipelinetransporte stehen im Vordergrund, sondern Seewege über die Ostsee und das Schwarze Meer. Bei einer Erdölförderung Russlands 2008 von 488 Mio. t und einem Export von 243 Mio. t wurden nach unserer Schätzung mehr als 150 Mio. t über Ostseehäfen versandt. Die Ostsee ist der Transportweg für mehr als 60 % der russischen Ölexporte. Ähnlich sind auch die Größenordnungen für die Importe Russlands an Investitions- und Konsumgütern im Container.

Hafen	Land	Umschlag* (Mill. t)		
		2000	2007	2008
Primorsk	Russland	-	74,2	75,6
Göteborg	Schweden	19,9	20,0	22,9
Sköldvik	Finnland	12,8	19,8	21,5
Talinn	Estland	18,0	22,3	20,5
Brofjorden	Schweden	19,3	17,3	20,0
Ventspils	Lettland	26,4	19,8	17,4
St. Petersburg	Russland	7,4	14,7	15,1
Vysotsk	Russland	-	11,7	13,1
Fredericia	Dänemark	13,5	15,3	12,4
Klaipeda	Litauen	6,0	9,0	11,0
Gdansk	Polen	6,1	12,1	10,6
Butinge	Litauen	3,5	4,6	9,1
Statoil Port	Dänemark	9,0	7,3	7,7
Kopenhagen/Malmö	Dänemark/ Schweden	8,2	7,4	7,6
Kaliningrad	Russland	k.A.	9,0	7,4
Rostock	Deutschland	3,1	4,0	4,9
Naantali	Finnland	2,7	6,9	4,7

* Flüssige Massengüter (nach EUROSTAT für alle europäischen Länder; für Russland: Hafenangaben für Erdöl bzw. Erdölprodukte), ebenso für Estland, Lettland, Litauen vor 2004 nach Hafenangaben

Tab. 8 Wichtige Ölhäfen in der Ostsee

Beide Seiten sowohl die EU-Ostseeländer als auch Russland – haben damit an einer weiteren Entwicklung des Ostseeverkehrs ein deutliches gemeinsames Interesse. Die Ostseestrategie verweist hierfür auf die sog. Nördliche Dimension (ND) als Instrument der Zusammenarbeit der EU mit Russland, Norwegen und Island, die 1999 etabliert und 2006 reaktiviert wurde. Im Jahre 2008 wurde beschlossen, eine Northern Dimension Partnership on Transport and Logistics zu bilden (s. Abb. 3). An den Zielen und Mitteln dieser Partnerschaft wird gearbeitet, sie soll 2010 rechtlich in Kraft treten.

Northern Dimension Partnership on Transport and Logistics (NDPTL)

- Im Nov. 2007 Beschluss ND Senior Officials, NDPTL auszuarbeiten; Vorbereitungsgespräche im Rahmen EU-Russia Transport Dialogue/Final Report Juni 2008, Beschluss durch ND Ministerial Meeting Okt. 2008

- Ausgangspunkt High Level Group on Networks for Peace and Development (Loyola de Palacio) für Ausbau Verkehrswege mit EU-Nachbarstaaten (Northern and Central Axis)

- Ziele:
  - Zusammenarbeit zur Verbesserung der Haupt-Transportverbindungen
  - Beschleunigung der Einführung von Verkehrs- und Logistik-Infrastrukturprojekten
  - Beschleunigung der Beseitigung von nicht-Infrastruktur-Engpässen
  - Einsetzen effektiver Strukturen für das Monitoring über die Einführung der Projekte und Maßnahmen

- Konzentration auf
  - Hauptprojekte der Nördlichen Achse
  - Straße, Bahn, Binnenwasserstraßen, Häfen, Flughäfen; Infrastruktur kombinierter Verkehr
  - Zusätzliche Anlagen wie Grenzkontrollstationen, Service Stationen, Güter- und Passagierterminals

- Organisation durch High Level Meetings, Steering Group, Permanent Secretariat

---

Abb. 3 Northern Dimension Partnership on Transport and Logistics (NDPTL)

Wenn wir uns für die Entwicklung der Verkehrsverbindungen mit Russland interessieren, dann müssen wir in Zukunft somit bei der Nördlichen Dimension nachlesen.

14.7. Die Ostsee als Modellregion für saubere Schifffahrt

Unter den vier Pfeilern der Ostseestrategie wird ganz sicher der erste von vielen Seiten als der wichtigste angesehen, in dem es darum geht, die Ostsee zu einer ökologisch nachhaltigen Region zu machen. Die Anwohner des Baltischen Meeres kennen seine Spezifik und wir wissen wie notwendig und wie schwierig es ist hierbei voranzukommen. Es geht vor allem um die Euthrophierung durch

Die EU-Ostseestrategie und der maritime Verkehr

Nitrat-, Phosphat- sowie andere Nährstoffeinträge vor allem aus der Landwirtschaft und die Zunahme der Algenblüten mit ihren negativen Wirkungen für den Tourismus sowie die Kleintier- und Fischbestände, die Belastung durch vielfältige gefährliche Substanzen bis zu Schwermetallen, die die Biodiversität und die Fischbestände bedrohen.

Auch für die ökologische Nachhaltigkeit entwirft die Ostseestrategie keine eigenen Ziele und Mittel, sondern fasst die bereits in den zuständigen Organisationen und Dokumenten vorgesehenen Maßnahmen zusammen. Hier ist vor allem auf die Helsinki Commission (HELCOM) zu verweisen, in der die 8 EU-Anrainer und Russland intensiv zusammenarbeiten. In der HELCOM wurde 2007 das Ziel definiert, einen guten ökologischen Status der marinen Umwelt bis 2021 wiederherzustellen. Dafür enthält der Baltic Sea Action Plan (BSAP) der HELCOM ein ambitioniertes, komplexes Maßnahmenpaket.

Auch wenn der Seeverkehr nur zu einem geringen Teil zu den Umweltbelastungen der Ostsee beiträgt, so muss er selbstverständlich in die Umweltmaßnahmen einbezogen sein. Der Action Plan sagt hierzu, dass die wichtigsten negativen Einflüsse der Seeschifffahrt von ihren Luftschadstoffemissionen, von illegalen und unfallbedingten Einleitungen von Öl, gefährlichen Stoffen und Abfällen und vom Einschleppen fremdartiger Organismen ins Ballastwasser ausgehen. Als strategische Aktion wird zusammenfassend die Einführung von Maßnahmen zur Reduzierung von Schiffsverschmutzungen bezeichnet, wobei auf den Baltic Sea Action Plan der HELCOM, auf Maßnahme der International Maritime Organisation (IMO) und der EU verwiesen wird (s. Abb. 4).

Schwerpunkt 4 führt eine Reihe von Aufgaben und Projektbeispielen auf. Dabei wird deutlich gemacht, dass freiwillige Aktivitäten der Reedereien, der Häfen sowie der lokalen und regionalen Behörden erwartet werden, um die Umweltziele zu unterstützen. Die Rede ist z.B. von Fazilitäten zur Aufnahme von Schiffsabwässern, von der Landstromversorgung, von einer Differenzierung der Hafengebühren in Abhängigkeit von Umweltstandards der Schiffe u.ä. Für alle diese Fragen gibt es bereits heute positive Beispiele, an denen angeknüpft werden kann.

To become a model region for clean shipping
Strategic action: Implement action to reduce ship pollution (in the IMO, the EU and HELCOM) **Cooperative actions:** Encourage ports, local and regional authorities, and shipping companies to adapt voluntary measures reducing waste water discharges from shipping and boating and providing facilities in ports for preventing or limiting the air emissions of vessels **Flagship projects** (as examples): • Promote measures to collect ship generated waste (no special-fee system) • Promote measures to reduce emissions from ships and enhance the development for shore side electricity facilities or for emission treatment in all major ports • Introduce differentiated port dues depending on the environmental impact of ships • Eliminate the discharge of sewage from ships, especially from passenger ships by establishing the Baltic sea as a special area according to Annex IV of MARPOL • Improve the waste handling on board and in ports (Baltic aster II) Quelle: Action Plan, a.a.O.

Abb. 4 To become a model region for clean shipping

Die Ostsee wurde von der IMO 2005 zur Particulary Sensitive Sea Area erklärt und zur ersten SO_x Emission Control Area (SECA). Für diese Gebiete hat die IMO im Annex VI der MARPOL Konvention festgelegt, dass der Schwefelanteil im Bunkeröl von gegenwärtig 1,5% auf 1,0% ab 1. Juli 2010 auf 0,1% ab 1. Januar 2015 gesenkt werden muss. Das wird so im Maßnahmenplan der Ostseestrategie wiedergegeben. Nicht erwähnt werden aber die heftigen Auseinandersetzungen, die gegenwärtig in dieser Angelegenheit geführt werden. Insbesondere die Fährreeder verweisen darauf, dass die 0,1%-Forderung wegen der dann notwendigen Nutzung hochwertiger Treibstoffe zu ganz erheblichen Kostensteigerungen führen werden. Das wiederum – so die Argumentation – wird die Wettbewerbsstellung des Shortsea-Verkehrs verschlechtern, so dass noch größere Transportanteile vom Straßenverkehr übernommen werden. Damit würde genau das Gegenteil der verkehrspolitischen Zielstellung herauskommen, die ja eine Stärkung des Seeverkehrs im Konzert der Verkehrsträger propagiert. Und der Straßenverkehr belastet die Umwelt wesentlich stärker als der Seeverkehr, vor allem bei der Emission von Klimagasen. Die überproportionale Senkung des Ausstoßes von SO_4 durch die Schifffahrt würde zu erhöhten Emissionen von CO_2 als Klimagas durch den Straßenverkehr führen. Inzwischen ist diese Problematik erkannt worden, werden doch nicht nur die Fährreedereien, sondern ebenso die Containerfeederreeder und alle anderen Schifffahrtsunternehmen, die Seehäfen und ihre Kooperationspartner und auch die verladende

Wirtschaft berührt. In Finnland[4] und in Schweden[5] wurden hierzu Studien angefertigt, in Deutschland und in der EU sind entsprechende Studien noch in Arbeit.

Die schwedische Studie z.B. schätzt ein, dass sich die Treibstoffkosten der in Schweden registrierten Schiffe um ca. 50% erhöhen würden, die Frachtraten um 20–28%, was die Produkte der als Beispiel berechneten Holz- und Stahlindustrie verteuern und ihre internationale Wettbewerbsfähigkeit beeinträchtigen würde. Verwiesen wird auch auf das Risiko der Verlagerung hin zum Straßenverkehr. Zugleich würden die SO_x-Emissionen aus der Schifffahrt um 80 % gesenkt werden.

Es bleibt die Frage unbeantwortet, wie es zu der überstürzten Festlegung des 0,1%-Limits kommen konnte, ohne dass die offenbar sehr komplexen Zusammenhänge durchdacht und durchgerechnet wurden. Und es tritt auch die Frage auf, warum diese Problematik nicht in der Ostseestrategie erscheint. Im Konsultationsprozess zur Ostseestrategie gab es 72 Stellungnahmen an die EU-Kommission, aber weder Seeverkehrs- noch Hafenverbände haben sich beteiligt und auch von den betroffenen Regionen ist diese Thematik nicht angesprochen worden. Wir sollten aus diesen Vorgängen für die Zukunft wichtige Lehren ableiten.

14.8. Schlussbemerkungen

Mit der EU-Ostseestrategie liegt ein komplexer und koordinierender Rahmen für die weitere Entwicklung unserer Region vor, die Zusammenarbeit wird neuen Schwung erhalten und der Ostseeraum macht in Europa stärker auf sich aufmerksam. Die Strategie enthält auch für den Seeverkehr viele wichtige Aufgaben, ist aber keineswegs perfekt. Das heißt, bei der Umsetzung kommt es nun auf die Tätigkeit der Koordinatoren an, im Seeverkehr sind das Dänemark, Litauen und Schweden, und es kommt auf die Aktivitäten aller Stakeholder an, diesen Rahmen auszufüllen und die Möglichkeiten zu nutzen.

---

4   Swedish Maritime Administration: Consequences of the IMO's new marine fuel sulphur regulations, Nörrköping, 15.04.2009

5   Ministry of Transport and Communication Finland: Sulphur content in ships bunker fuel in 2015. A study on the impacts of the new IMO regulations on transportation costs, Julia Kalli, Tapio Karvonen, Teemu Makkonen, Centre for Maritime Studies, University of Turku, Helsinki, 09.04.2009

Maritime Logistik / Maritime Logistics

Herausgegeben von Prof. Dr. Hans Dietrich Haasis, Prof. Dr. Burkhard Lemper
und Prof. Dr. Frank Arendt

Band 1 Burkhard Lemper / Manfred Zachcial (eds.): Trends in Container Shipping. Proceedings of the ISL Maritime Conference 2008. 9th and 10th of December, World Trade Center Bremen. 2009.

Band 2 Hans-Dietrich Haasis / Holger Kramer / Burkhard Lemper (Hrsg.): Maritime Wirtschaft – Theorie, Empirie und Politik. Festschrift zum 65. Geburtstag von Manfred Zachcial. 2010.

www.peterlang.de